ORIENT ET ITALIE

Paris. — Imprimerie A. PILLET fils aîné, rue des Grands-Augustins, 5.

MAXIME DU CAMP

ORIENT & ITALIE

SOUVENIRS

DE VOYAGE ET DE LECTURES

PARIS

LIBRAIRIE ACADÉMIQUE

DIDIER ET Cᵉ, LIBRAIRES-ÉDITEURS

35, QUAI DES GRANDS-AUGUSTINS, 35

1868

A

Madame A. HUSSON.

Permettez-moi de mettre votre nom en tête
de ce livre, qui vous rappellera peut-être ces bonnes
causeries que vous dirigez avec tant de charme au
milieu du petit groupe d'amis dont vous êtes l'âme et
la joie.

M. D.

ORIENT ET ITALIE

SOUVENIRS DE VOYAGES ET DE LECTURES

I

L'ILE DE CAPRI

Vers le milieu du mois de mai 1862, à Naples, je pris place, un matin, dans un wagon de chemin de fer. Je venais d'observer la vie moderne dans toute sa violence, dans toute sa mobilité pittoresque; je voulais maintenant contempler l'Italie méridionale sous d'autres aspects et lui demander ce qu'elle a gardé de la vie antique. C'est vers l'île de Capri que je me dirigeais.

Le train mit une heure à me conduire à Castellamare, où, après avoir été tiré pendant vingt minutes à trente cochers qui se disputaient l'honneur de me transporter, je pus prendre enfin une voiture attelée de trois chevaux empanachés de plumes de faisan, qui partirent à bonne vitesse sur la route de Sorrento. Je ne dirai rien de cette route, que tout le monde connaît, qui surplombe en corniche une mer plus bleue que le ciel, et où chaque détail est une merveille. Les citronniers et les orangers avaient encore quelques fleurs dont le parfum se mêlait aux senteurs de la brise imprégnée de l'âcre odeur des goëmons. A Sorrento, je déjeunai sur la terrasse de je ne sais plus quelle auberge, pendant que des musiciens ambulants, accourus au seul bruit de la voiture, me donnaient un concert en écorchant à qui mieux mieux les airs de Verdi et de Mercadante. Les hirondelles voletaient autour de moi et semblaient se mêler à des bandes de pigeons qui passaient le long de la falaise. Il y a des hirondelles à Baïa, il y en a à Portici : pourquoi n'en voit-on jamais une seule à Naples? C'est une question que je livre aux naturalistes.

Je descendis un escalier à pic qui rampe aux flancs du rocher pour déboucher sur le rivage par une voûte de construction antique, et j'arrivai jusqu'à la mer, où m'attendait une *lancia* manœuvrée par six rameurs vigoureux, dépenaillés, mais fort polis du reste, qui me saluaient d'ensemble et ne manquaient pas de dire en chœur : *Felicita!* toutes les fois que le soleil me faisait éternuer. Ils criaient fort, maniaient allégrement leurs grands avirons et s'encourageaient entre eux. « Allons, disaient-ils, ramons, il y a là un bon monsieur qui nous donnera de quoi acheter du macaroni! » La chaleur les alanguissait; ils sifflaient la brise, qui ne venait pas; ils s'inclinaient plus mollement sur leurs

rames, qui ne faisaient plus grincer les tolets; ils reprenaient alors : « Ah! ah! ah! un bon coup! Ah!
ah! ah! et nous aurons du macaroni! » En somme, ils
résumaient assez bien l'existence, où chacun rame de
son mieux pour atteindre le macaroni de ses rêves.

I

L'île de Capri apparaît comme deux immenses blocs
de rochers reliés entre eux par une longue colline éva-
sée, ruisselante de végétation et parsemée de maisons
blanches; le soleil la baigne de lueurs éclatantes qui
unissent dans l'intensité d'une harmonie lumineuse
l'azur profond de la mer, le ton grisâtre des falaises et
les teintes sombres des arbres verdoyants. Un étroit
rivage chargé de galets où des barques sont tirées à
sec, une rangée de maisons à toits plats alignées en
face de la mer, c'est la *Marine*, et nous y abordons. A
peine la *lancia* a-t-elle touché le rivage qu'elle est envahie par un troupeau de femmes qui piaillent, s'injurient, se prennent aux cheveux, se renversent et se
démènent pour s'emparer de mon bagage. Sachant
par expérience que la femme est naturellement et obstinément rebelle à toute sorte de raisonnements, je les
laisse faire sans même essayer de défendre un malheureux sac de nuit qui risquait fort d'être mis en
pièces pendant la bagarre. Après un long combat,

celles qui restèrent maîtresses du terrain chargèrent
virilement les paquets sur leur tête, et je les suivis
humblement, ainsi qu'il convient à un homme ré-
signé.

Un chemin étroit, pavé de pierres luisantes, toujours en rampe, parfois en escalier, circulant à travers
des jardins défendus par des murailles frissonnantes
d'herbes sauvages, me mène jusqu'à la ville de Capri,
que semblent protéger quelques vieux restes de fortifications et trois portes, dont l'une est encore garnie
de son pont-levis. Étendue en quart de cercle sur un
des ressauts de la colline qui réunit les deux montagnes dont l'île se compose, la ville se présente d'une
façon pittoresque, vue d'en bas, avec ses maisons ju-
chées sur de hautes fondations glissant comme les glacis d'une citadelle à travers des masses de verdure qui
en cachent les pieds. Recrépie à la chaux, elle a de loin
une apparence proprette que dément trop vite la réalité ; elle n'est cependant ni plus ni moins sale que
toute autre ville de l'Italie méridionale. Les rues sont
hantées par de petits porcs noirs qui fouillent du groin
les tas d'ordures où bourdonnent les mouches et sur
lesquels jouent des enfants en guenilles. La ville est
petite, ramassée sur elle-même, percée de rues resserrées, toutes en pente, souvent voûtées, et où deux personnes peuvent rarement passer de front ; les maisons
basses, carrées, ouvertes à fleur de sol, et laissant pa-
triarcalement voir leur intérieur, lui donnent un aspect étrange qui rappelle l'Orient et le moyen âge ; le

vêtement moderne y paraît une anomalie; une bourgeoise pompeuse, coiffée d'un chapeau à plumes, passa près de moi et me choqua comme une fausse note dans une symphonie. Le costume d'ailleurs n'a plus rien d'original; les hommes, j'entends les gens du peuple, sont vêtus à la marinière et ressemblent, sauf la chaleur du teint, aux matelots de nos côtes; les femmes vont pieds nus, en robe d'indienne, les cheveux tressés en couronne sur la nuque et traversés par une large brochette d'argent. Quant aux rares bourgeois qui habitent Capri, ils font tout ce qu'ils peuvent pour ressembler aux *messieurs* de Naples, qui eux-mêmes s'ingénient à ressembler aux *messieurs* de Paris. Il est inutile de dire que leurs femmes les imitent. Il faut aller bien loin maintenant pour trouver des costumes nationaux et des mœurs locales; il serait puéril de s'en plaindre, mais on peut le regretter.

Il y a une place à Capri, légitime sujet d'orgueil pour les habitants, une vraie place carrée, et qui exige au moins une minute pour en faire le tour; là sont venus converger les divers éléments publics et privés qui constituent la vie des peuples : le corps de garde, le café, le bureau de poste et l'apothicaire. Un assez large escalier conduit indirectement à l'église, qui ne se montre que de profil à l'angle de la place. C'est une étrange construction, lourde avec des prétentions à la légèreté, et composée d'un système de contre-forts plein cintre avoisinés de petites coupoles surmontées de lanternes, qui jurent singulièrement avec une façade d'ordre bâtard et indéfini, semblable à celles que la Compagnie de Jésus a plaquées devant toutes ses églises. A l'intérieur, c'est une grange badigeonnée au lait de chaux. Comme les rochers qui constituent la charpente de l'île de Capri sont en calcaire, la chaux y est abondante et à bon marché; aussi la plupart des maisons s'accordent à peu de frais le luxe d'un bain annuel qui, en blanchissant leur surface, les fait paraître brillantes, propres et presque neuves au milieu des épaisses verdures qui les entourent. Cet usage ne contribue pas peu à donner à la campagne de l'île un aspect plein de gaieté et d'imprévu. Si l'on ajoute à cela que les maisons, à toits aplatis ou surmontés de légères coupoles affaissées, sont en général côtoyées par un escalier extérieur abrité sous une vigne que soutiennent des piliers carrés, on se figurera facilement l'effet charmant de ces habitations répandues sur les côtes, derrière des haies de myrtes, de nopals et d'aloès.

Ma première visite fut naturellement pour les ruines du palais de Tibère. Les douze villas qu'il avait dédiées aux douze grands dieux furent rasées après sa mort par ordre du sénat; celle qui était consacrée à Jupiter, que le vieil empereur habitait par prédilection, où il resta enfermé sans en sortir pendant neuf mois après la mort de Séjan, et qui s'élevait au sommet ardu de la pointe nommée aujourd'hui *lo Capo*, offre seule encore quelques restes de substructions aussi solides que les rochers sur lesquels elles ont été bâties. Je partis donc au matin, par un beau soleil qui mettait les champs en fête. La route circulait à travers des blés déjà hauts et des jardins où les néfliers du Japon se mêlaient aux orangers, aux figuiers et aux oliviers. Dans ce pays pauvre, où la roche tend sans cesse à se faire jour, on économise la terre avec un soin pieux, et le chemin laisse à peine à un homme la place pour passer. On monte longtemps et toujours pour arriver enfin, après une heure de marche, à un amas de ruines qui furent le palais de Tibère. Çà et là, un fût de colonne brisée, un degré écorné, un fragment de corniche, prouvent que le marbre fut employé dans la construction; mais la masse même des débris est en briques posées en losanges, reliées par l'indestructible ciment romain et disposées dans le système que les anciens appelaient *opus reticulatum*. Les hommes, le temps, le tonnerre, ont ruiné ces ruines et les ont faites indéchiffrables. Tout est effondré, confondu, sans destination apparente; les toits ont disparu, les stucs sont tombés, les marbres ont été pulvérisés; quelques voûtes seules existent encore et abritent des chambres où n'apparaissent ni inscription ni peinture, et dont les habitants voisins se sont emparés pour en faire des étables. Des bœufs ruminent, des ânes dorment là même où le maître de la terre, semblable aux dieux, promenait ses inquiétudes et étourdissait sa terreur à force de débauches. Quelques mosaïques blanches cernées d'une bordure noire rappellent seules le souvenir des élégances antiques; une salle semi-circu-

laire, où s'ouvraient des logettes indiquées par des
tronçons de muraille régulièrement alignés, est donnée
comme le théâtre du palais, tradition rapportée par les
guides, que rien ne confirme, qui ne s'appuie que sur
la forme semi-sphérique, et que dément l'exiguïté des
lieux. On a beau interroger la ruine, elle est muette;
elle ne dit rien des *scellarii* ni des *spentriæ* dont s'in-
dignait Tacite; elle n'a point gardé trace de son farouche possesseur, elle ne sait plus rien de l'ennui qui le
dévorait. Si, comme Chateaubriand, qui, dans les
champs où fut Sparte, cria : « Léonidas! » j'avais
appelé Tibère, nul écho n'eût répondu à ma voix. Sans
les historiens qui ont raconté l'hôte de Caprée, personne ne devinerait, parmi ces monceaux de décom-
bres, quel fut le maître de ces demeures. La place, du
reste, était bien choisie; c'est l'isolement au milieu
d'une nature splendide. Perché au sommet des rochers
qui terminent l'île vers le couchant, le palais décou-
vrait une vue immense et un horizon qui n'a de comparable au monde que la rade de Rio-de-Janeiro et les
abords de Constantinople. Derrière la mer, dont la
plaine azurée sert de premier plan, apparaissent les
îles d'Ischia et de Procida, bleuies par l'éloignement et
découpant sur le ciel la silhouette de leurs lignes har-
monieuses; au delà, c'est le cap Misène, où Tibère
devait trouver la mort dans la maison de Lucullus;
puis cette côte charmante, chargée de villages et de
végétations, s'arrondit jusqu'à Naples, qui l'égaye d'une
large tache blanche, se creuse plus profondément, re-

çoit la mer qui baigne Torre del Greco, Torre dell'Annunziata, Castellamare, jaillit tout à coup au cap Campanella, et s'enfonce encore, près de l'îlot des Sirènes, pour former le golfe de Salerne. Au-dessus de toutes ces beautés, le Vésuve se lève comme le gardien des flots et des rivages. De l'autre côté, au sud et au couchant, on aperçoit la mer immense qui va vers la Sicile et vers l'Espagne.

Sur la plus haute chambre du palais tibérien, un ermite a bâti sa cellule et s'ingénie tout seul à construire une chapelle. Il vit là d'aumônes, dans une retraite qui n'est point déplaisante; expliquant d'une voix monotone, et comme une leçon apprise, les crimes de Tibère; accourant dès qu'il voit paraître un voyageur; faisant une cuisine qui ne semble point mauvaise, cultivant un petit jardin circonscrit par le mur d'une ancienne salle dont la voûte a été enlevée, où s'épanouissent des rosiers et des syringas magnifiques; dormant au bruit du vent sur une natte rembourrée de deux matelas, buvant à la citerne une eau limpide qu'il colore avec beaucoup de vin blanc, et travaillant de son mieux, disent les mauvaises langues, à l'accroissement de la population dans l'île de Capri. Vue de l'ermitage, c'est-à-dire de haut en bas, la ruine ressemble à un vaste bloc de terre grise; elle n'a aucune précision dans sa forme, nul angle ne la dessine; c'est un mamelon couvert d'herbes folles, car là, comme partout où elle n'est pas contrariée par l'homme,

L'impassible nature a déjà tout repris;

1.

elle a profité de tous les interstices de murs écroulés, de chaque grain de terre végétale apporté par les brises, pour semer à profusion cette flore sauvage qui est la régénération des ruines, leur ornement et parfois leur excuse. Les soucis, les giroflées, les églantiers, les genêts, les liserons en fleur donnent une vie parfumée à ce squelette des monuments qui ne sont plus. Des lézards d'émeraude glissent à travers les feuilles, que dans leur vol frôlent les hirondelles.

A quelques pas du palais, une petite plate-forme, entourée d'un parapet de construction récente, s'avance au-dessus de la mer, et s'appelle le Saut-de-Tibère. C'est de là, selon la tradition, que les victimes étaient précipitées jusqu'au bas de la falaise, où des hommes les attendaient qui les assommaient à coups d'aviron : du moins la légende le prétend, et Suétone le raconte. « On montre à Caprée le lieu des supplices d'où les condamnés, après des tourments longs et choisis, étaient jetés à la mer en sa présence et par son ordre : les cadavres étaient frappés à coups de croc et de rame par les mariniers jusqu'à ce qu'il n'y restât plus aucun souffle [1]. » Une pierre lancée à toute volée par un bras vigoureux ne peut parvenir jusqu'à la mer; la trajectoire parabolique la ramène forcément sur les rochers qui servent de base à la falaise; à plus forte raison un corps humain, inerte et pesant, ne pouvait être précipité jusque dans les flots : il s'en allait rou-

---

1. Suétone, *ap. Tib.*, § 62.

lant le long de ce rempart abrupt, bondissant à la saillie des rochers, et n'arrivait en bas que meurtri et mort depuis déjà longtemps. La précaution de poster des bourreaux pour achever les suppliciés me paraît tout à fait superflue, et ressemble fort à un de ces enjolivements d'historien qu'on appelle une figure de rhétorique. Quoi qu'il en soit, le Saut-de-Tibère a onze cent trente-cinq pieds d'élévation, et une pierre de moyenne grosseur qu'on fait tomber sans projection met vingt-sept secondes à le franchir. Le rocher, naturellement taillé à pic, descend droit comme une muraille, se soulevant çà et là en pointes aiguës, portant quelques touffes de verdure qui animent sa teinte grise, et baignant ses pieds dans une toute petite anse où la mer se brise en beaux flocons d'écume.

Plus loin encore, et presque sur la même ligne que cet emplacement de sinistre mémoire, en haut d'un mamelon de forme pyramidale, s'élève une ruine isolée, morne, grise, rajeunie par un escalier moderne, nouvellement blanchi à la chaux, et qui conduit jusqu'à son sommet. C'était un phare, dit-on. Je veux bien le croire, quoiqu'à cet endroit il ne pût indiquer ni l'entrée d'un port, ni un écueil à éviter. Ne serait-ce pas plutôt de là que Tibère faisait examiner, *ex altissimâ rupe,* les signaux qu'il avait ordonné d'établir au loin, afin de savoir ce qui se passait, dans la crainte que ses courriers ne fussent arrêtés [1]? De ce point élevé,

----

1. Suétone, ap. *Tib.*, § 65.

en effet, on embrasse l'île entière et la mer qui l'entoure ; l'œil le moins exercé verrait facilement un feu allumé sur les côtes de Campanie. Ou, mieux encore, ces ruines ne sont-elles pas celles de l'observatoire où il contemplait les astres? car il était très-versé dans l'astrologie, qu'il avait étudiée pendant sa retraite à Rhodes. Le récit de Tacite laisse peu de doute à cet égard ; le paysage est resté le même : voilà les détours et les rochers, *avia ac derupta,* que domine la maison; la mer est au fond du précipice ; l'affranchi ignorant, mais vigoureux, *litterarum ignarus, corpore valido,* peut facilement y pousser l'astrologue consulté, si le maître a découvert en lui quelque artifice ou veut simplement s'assurer de son silence [1]. Au reste, qu'importe? Aujourd'hui c'est un bloc de briques cimentées et agencées dans le mode de l'*opus spicatum ;* le temps l'égrène sous ses doigts; des ravenelles fleurissent dans ses fentes, le voyageur y monte pour admirer l'horizon, et depuis deux ans la foudre l'a frappé trois fois. Un escalier taillé dans le roc même conduisait jusqu'à la mer, ou peut-être à une vaste grotte située en contre-bas et inaccessible aujourd'hui. Les degrés ont été cassés ou détruits, quoique les traces en subsistent très-visiblement; il serait périlleux d'essayer de les descendre, et le pied nu des Capriotes eux-mêmes n'oserait s'y risquer.

On s'attend bien à ce que, dans l'île de Capri, il ne

---

1. Tacite, *Ann.,* liv. VI, § 21.

soit question que de Tibère : tout vient de lui. Ce puits, c'est lui qui l'a creusé ; ces citernes, c'est lui qui les a fait construire ; cette muraille, c'est lui qui l'a bâtie ; ce rocher, c'est là qu'il venait s'asseoir pour regarder du côté de Rome ; cette grotte, c'est là qu'il sacrifiait aux dieux infernaux ; cette caverne, c'est là qu'il enfermait ses prisonniers. Et de tout ainsi. On raconte les anecdotes rapportées par Suétone et par Tacite ; on sait quand il est venu ici, on sait quand et comment il est mort ; il n'y a pas d'enfant qui ne bégaye son nom ; les anciens du pays en parlent comme s'ils l'avaient connu. Il a laissé une trace ineffaçable ; sa légende est impérissablement gravée dans toutes les mémoires ; les Capriotes parlent de lui avec un certain amour-propre : l'un d'eux me disait : *Nostro Tiberio* (notre Tibère). Cela ne me surprenait pas ; mais, malgré moi, je me rappelais les vers d'Auguste Barbier :

> Et vous ! passez, passez, monarques débonnaires,
> Doux pasteurs de l'humanité.

J'ai peu de goût en général pour les Césars ; depuis le plus grand jusqu'au plus petit, depuis « le chauve adultère » jusqu'à Firmicus, qui régna deux jours et nagea dans le cirque avec des crocodiles, ils me semblent tous avoir été la superfétation malsaine d'une civilisation égoïste jusqu'à l'odieux. Cependant je ne puis m'empêcher parfois d'entrer en réaction contre cette bouche publique qui, depuis des siècles, crache sur des hommes qui après tout n'ont été que ce qu'on les a laissés être. Toutes les bassesses, toutes les lâchetés se sont réunies et pour ainsi dire condensées afin de les faire ce qu'ils ont été. On courut au-devant de César quand, franchissant le ruisseau défendu, il mit la république à néant. On en fut quitte pour inventer je ne sais quel fantôme de pâtre colossal qui avait marché devant lui en lui montrant la route. Le lendemain d'une victoire, il se trouve toujours quelque prodige pour l'expliquer, l'imposer et lui rallier les consciences indécises en faisant intervenir ces signes divins qui s'appelaient jadis la foudre de Jupiter, et se nomment aujourd'hui le miracle de saint Janvier. Sous Tibère, la servilité était telle qu'un homme fut condamné à mort, comme criminel de lèse-majesté, pour avoir fait frapper un de ses esclaves qui avait sur lui une drachme marquée à l'effigie de l'empereur [1]. Parmi tant d'admirables vérités, la Bruyère en a dit une qui est terrible : « Les hommes veulent être esclaves quelque part et puiser là de quoi dominer ailleurs. » C'est le besoin de servir qui a fait les Césars; on leur a donné une puissance sans frein : quelles bornes pouvaient-ils y mettre? Qui s'est opposé à eux? qui n'a courbé la tête? qui n'a été heureux de la courber? La responsabilité de leurs crimes revient plus au peuple romain qu'à eux-mêmes. Ce qui le prouve, c'est que presque tous, Tibère, Néron lui-même, ont été doux et bons au début de leur règne.; puis, à force de s'entendre appeler les maîtres de la

---

1. *Vie d'Apollonius de Tyane*, par Philostrate, trad. par Chassang, liv. 1er, § 15.

terre, à force de voir leur image placée parmi les statues des dieux dans la *cella* des temples, ils ont fini par croire sincèrement à leur divinité, et ils se sont laissés glisser sur la pente de la cruauté et de la débauche, où les poussaient l'humilité des peuples et la corruption d'une société gangrenée jusqu'au cœur. Placés en haut et comme couronnement de cette pyramide immense qui était l'empire romain, le miracle serait que la tête ne leur eût pas tourné. La folie césarienne est une maladie spéciale, la maladie de la toute-puissance; des tsars en sont morts et des sultans aussi. Qui ne se rappelle la fameuse phrase de Tacite? Sans que l'auteur en ait eu la conscience, elle explique Tibère et Caligula, et toute cette suite de fous furieux de pouvoir et d'ennui. « Cependant (c'est après la mort d'Auguste), à Rome, consuls, sénateurs, chevaliers se ruent vers la servitude : plus on était illustre, plus on était menteur et empressé[1]. » Il est difficile d'exiger d'un homme qu'il respecte chez les autres une liberté qu'ils ne respectent pas eux-mêmes et qu'ils sont les premiers à jeter en litière sous les pieds de celui qui monte à la puissance. La libre possession de soi-même semble épouvanter les hommes, et l'on pourrait croire qu'ils ont toujours hâte de se donner à quelqu'un. N'est-il pas vrai de dire que l'excès du pouvoir est plutôt fait de la servilité de tous que de la volonté d'un seul? Il suffit d'avoir vu une révolution pour s'en convaincre.

---

1. Tacite, *Ann.*, liv. 1er, § 7.

Tibère serait fort surpris s'il revenait aujourd'hui dans cette demeure d'élection qu'il avait environnée de cachots toujours pleins et qu'il faisait garder par des bourreaux toujours prêts. En effet, à l'heure actuelle, il n'y a pas un seul coupable dans la prison de l'île. Ici les mœurs ont une mansuétude exceptionnelle ; on laisse volontiers sa porte ouverte pendant la nuit, et lorsqu'on est absent ; il n'y a guère d'exemple qu'un vol soit essayé : à peine çà et là signale-t-on quelque maraudeur de verger ; mais le vol proprement dit est presque ignoré à Capri. Cette douce et travailleuse population s'administre, se conduit et se garde elle-même ; il n'y a pas un seul gendarme dans l'île entière, et les choses n'en vont pas plus mal. On cite deux assassinats commis autrefois ; on en répète les détails, on montre l'endroit ; cela se raconte comme un fait rare et monstrueux, et encore faut-il dire que les héros de ces meurtres, restés populaires par l'horreur qu'ils ont inspirée, étaient deux vétérans calabrais envoyés disciplinairement à Capri. Ce petit peuple se connaît, chacun y est appelé par son nom ; dans un espace si resserré et pour un si petit nombre d'habitants, la vie n'a pas de mystère ; par la force même des choses, le voisin surveille son voisin ; un mauvais sujet serait vite deviné, démasqué et contraint au départ ou au changement de conduite. La paresse est difficile ici ; la terre est pauvre, ou pour mieux dire, la terre est rare, et chacun est responsable de sa propre existence. Et puis cette vie de travail au grand air, sous le soleil, dans des champs qu'il faut surveiller sans cesse, dont il faut remonter le mur que la pluie a entraîné, dont il faut redresser la récolte que le vent a courbée, dont il faut soufrer la vigne que l'oïdium envahit, qu'il faut arroser à grands efforts de bras parce que le ciel est sans nuage depuis un mois, cette vie fatigue, occupe et exclut ces rêveries souvent dangereuses que causent invariablement les occupations sédentaires. A la mer pour pêcher, à la terre pour lui arracher la vie quotidienne, le Capriote se tient pour satisfait du sort, s'il gagne sans trop de misère le bout de l'année. La plupart des habitants de l'île n'en sont jamais sortis. L'un d'eux avait été à Naples ; il en était revenu émerveillé et racontait à tout venant qu'il avait vu des voitures traînées par des chevaux, et il s'épuisait en vaines descriptions pour faire comprendre à ses auditeurs la construction d'un *corricolo* ; en effet, il n'existe dans l'île ni voiture, ni charrette. A quoi pourraient-elles servir? les chemins ne sont que des escaliers. Le récit de ce bonhomme me rappela qu'à Venise un vieux gondolier m'avait dit avec orgueil : « J'ai vu des chevaux, moi, de vrais chevaux vivants ; on les promenait sur la plage du Lido ; ils appartenaient à cet Anglais boiteux que sa maîtresse battait si fort. » Il voulait parler de lord Byron.

Les Capriotes sont en général de taille moyenne, musculeux, gais, bavards, maigres et rapides comme des montagnards, bruns comme les hommes qui vivent sous le double hâle de la mer et du soleil. Leur type n'a rien de remarquable et tire naturellement vers l'Italien du midi, auquel il ressemble par les yeux noirs et les cheveux bouclés. Les femmes n'ont point cette beauté qui saisit chez les Romaines ; sauf une certaine nonchalance d'attitudes et une extrême douceur dans la voix, je ne leur ai rien reconnu de particulier. L'usage d'aller pieds nus et d'étaler des cheveux mal peignés, outrageusement graissés d'huile, n'est pas fait pour les rendre attrayantes ; on les dit honnêtes, et je le crois sans peine. Depuis qu'un Anglais riche et désabusé s'est marié avec une Capriote qui n'est point laide, toutes les femmes de l'île s'imaginent volontiers qu'on va les épouser pour en faire des pairesses d'Angleterre ; une pareille espérance aide prodigieusement à la vertu. Quelques-unes de ces femmes sont très-grandes et paraissent fières de leur taille élevée ; elles constituent une sorte d'aristocratie singulière, car la légende prétend qu'elles descendent en ligne directe des concubines de Tibère. Les gens du pays vous disent avec un aplomb imperturbable et comme s'ils le savaient de source certaine : « Tibère ne pouvait souffrir que les femmes d'une très-haute taille, car lui-même il était si grand qu'il ressemblait à un géant. » Les historiens ne paraissent point d'accord sur le portrait qu'ils ont tracé du terrible gaucher qui y voyait la nuit. « Il était gras, robuste et d'une stature au-dessus de la moyenne, large des épaules et de la poitrine ; de la tête aux pieds, ses membres étaient bien faits et bien proportionnés, » dit Suétone[1]. « Sa longue stature était grêle et voûtée, son front dégarni de cheveux, son visage rongé d'ulcères et presque toujours plaqué d'emplâtres, » dit Tacite[2]. Ces femmes tirent vanité de leur origine ; c'est presque un honneur que de les épouser. Je livre le fait pour ce qu'il vaut ; il constatera une fois de plus l'inconcevable besoin qu'éprouvent les hommes de se diviser en catégories arbitraires, basées sur des distinctions de hasard qui n'ont rien de commun avec le talent, l'intelligence et la vertu.

J'eus l'occasion, dès mon arrivée, de voir toute la population réunie ; car c'était la fête de san Costanzo, le saint très-vénéré de la ville de Capri, où l'idée de Dieu n'existe guère plus que dans le reste de l'Italie. C'était le 14 mai ; cette fête étant la seule qu'on célébre à Capri, on lui donne la plus grande solennité possible. Cependant la ville est pauvre, le conseil municipal n'est pas prodigue de ses écus, et les saints n'ont point coutume de payer les feux d'artifice qu'on tire en leur honneur. Aussi, chaque dimanche de l'année, on va quêter de porte en porte pour la fête de san Costanzo ; chacun donne ce qu'il peut, un grain, deux grains ; au bout des douze mois révolus, on compte la somme et on l'emploie en festoiements. Pour cette fois, on avait fait venir la musique de la garde nationale de Massa, petite ville juchée à mi-côte sur le promontoire de Sorrento, en face même de l'île

1. Suétone, *ap. Tib.*, § 68.
2. Tacite, *Ann.*, liv. IV, § 5.

de Capri. Les pauvres diables de musiciens, groupés sur la place qu'ils remplissaient presque tout entière, soufflaient dans leurs trombones et battaient leur grosse caisse depuis le matin jusqu'au soir, à la plus grande joie des habitants, qui les entouraient pour les écouter, et aussi pour bien constater si on leur en donnait pour leur argent. Le prix fait d'avance pour deux jours et demi et vingt-cinq musiciens était de 20 piastres (100 francs); il fut bien gagné, j'en réponds. Le répertoire se composait d'une demi-douzaine de valses, de deux ou trois marches militaires et du fameux hymne de Garibaldi, qui revenait régulièrement de quart d'heure en quart d'heure, et que chacun accompagnait *sotto voce* toutes les fois qu'on le jouait. On avait suspendu quelques verdures sur les murailles du poste de la garde nationale, dont le drapeau flottait pour la circonstance; les bourgeois avaient endossé leur redingote neuve ; sous les voûtes de l'église, les chantres hurlaient des cantiques dans un latin invraisemblable approprié à leur patois ; de temps en temps on tirait des pétards, et tout le monde paraissait heureux.

Qu'est-ce que san Costanzo ? Je l'ignore ; je l'ai demandé au curé lui-même, qui n'a jamais pu me le dire. Tout ce qu'on sait de lui, c'est qu'il est venu de Constantinople il y a bien longtemps, bien longtemps, comme dans les contes de fées. Tout ce qu'on en a, c'est un fémur qui guérit les malades, fait tomber la pluie pendant la sécheresse et apaise les orages. C'est le plus grand saint du paradis ; il aime beaucoup les Capriotes, et leur rend encore plus de services que saint Janvier n'en rend aux Napolitains.

Autrefois il n'était représenté que par un modeste buste en bois qu'un artiste indigène avait taillé dans un tronc d'olivier, à l'imitation de ces *Dédales* que l'antiquité adorait dans les temples de Grèce ; mais un curé se rencontra, ambitieux, humilié en sa personne de l'humble matière dont le pauvre san Costanzo était fait, et, prenant ses paroissiens à partie, il leur fit honte de laisser en bois un saint si précieux : il énuméra longuement tous les saints d'or, d'argent, de vermeil qu'il connaissait, et demanda si la ville de Capri ne ferait pas enfin pour son patron ce que tant d'autres villes avaient déjà fait pour le leur. Les Capriotes rougirent de leur indifférence, et, malgré une ou deux voix quasi-voltairiennes qui s'élevèrent pour dire qu'un saint de bois n'était pas plus mauvais qu'un autre, il fut décidé que san Costanzo aurait une effigie en argent. On la commanda à un orfévre de Naples trèsexpert à travailler les saints, et on ne tarda pas à recevoir un buste d'argent en costume d'évêque, barbu, coiffé de la mitre, tenant la crosse d'une main et bénissant de l'autre. Avec le buste, on envoya la facture ; elle se montait à 1,500 ducats. La ville, atterrée, ne se doutant pas qu'un saint dût coûter si cher, s'aperçut qu'elle n'avait pas de quoi le payer. On prit des arrangements, on paya les intérêts à 7 pour 100 ; le principal est toujours dû, et le plus clair des revenus de

Capri passe à solder les arrérages d'un saint dont par le fait elle n'a que l'usufruit.

La principale cérémonie de la fête consiste à tirer le saint de sa niche habituelle et à le descendre en grande pompe et gala dans une assez curieuse petite église byzantine ornée de vieilles colonnes arrachées aux ruines romaines, munie d'une chaire carrée ménagée dans la muraille, qui s'élève à quelques pas de *la Marine*, où il doit séjourner pendant vingt-quatre heures. Le chemin est long, difficile, fatiguant pour une procession par ces pentes glissantes où le moindre faux pas peut précipiter la précieuse image.

A onze heures du matin, le cortége s'ébranla au bruit des cloches et des *boîtes* qu'on tirait de tous côtés. Il y avait des bannières, des étendards, des enfants de chœur, les trente-quatre prêtres de la paroisse, des chantres qui se tordaient les mâchoires, des cierges que le vent étreignait. Sous un dais, portée par quatre hommes habillés avec de vieilles tapisseries, l'idole apparut couverte de bouquets et entourée de chandelles allumées. Le soleil brillait dessus et en tirait des grimaces étranges, qui variaient à chaque angle de la lumière. Derrière, tête nue et cierge en main, marchait le conseil municipal, fier de sa place et précédant la garde nationale, exclusivement composée de *bisets*, dont les lignes avaient des fluctuations peu militaires. La musique escortait le tout en jouant l'hymne de Garibaldi. Jouer l'hymne de Garibaldi dans une circonstance semblable, c'est un peu mettre le diable dans un bénitier. Le simple peuple venait ensuite, pendant qu'un groupe de femmes chantait un cantique en patois avec d'insupportables voix de tête. Sur le passage de cette théorie païenne, on s'agenouillait, et les pétards éclataient avec un bruit dont les petits enfants s'épouvantaient. Les détonations successives et de plus en plus éloignées nous annoncèrent que le saint continuait heureusement sa marche triomphale à travers les adorations de la foule et les fleurs qu'on jetait sur lui du haut des terrasses.

Je descendis à la *Marine* dans la journée pour voir ce que la fête y devenait. Le saint reposait sous des tentures de calicot rose, ouvrant de gros yeux fixes à l'angle desquels apparaissaient encore quelques traces du blanc d'Espagne qui l'avait débarbouillé le matin et l'avait refait brillant pour le reste du jour. Quelques femmes agenouillées priaient autour de lui. J'allai m'asseoir au bord de la mer, devant les maisons dont la porte ouverte dévoile l'intérieur, qui a quelque chose de touchant dans sa simplicité : la chambre est grande ; du haut des solives enfumées pendent les filets ; les avirons sont rangés contre les murailles ; le lit, large et haut sur pied, apparaît au dernier plan, à côté du vieux bahut où s'étagent les plats ébréchés ; puis dans un coin une barque est là, tirée à l'abri sous le toit même, auprès du foyer. Des flancs d'un de ces canots j'entendis sortir un vagissement : je m'approchai ; au fond, il y avait un court matelas, et sur le matelas un petit enfant qui s'éveillait. Les barques sont rangées au rivage sur un lit de gravier. Quand la mer est grosse elle vient battre contre les maisons, enfonce les portes et noie la chambre. Si l'on demande aux matelots pourquoi ils ne construisent pas leur demeure plus haut, sur la colline, loin des vagues, ils haussent les épaules et répondent : Ç'a toujours été comme ça ! — Les marins de Capri sont renommés ; ils gagnent la haute mer, pêchent le poisson qu'ils vendent à Naples, et s'en vont jusque sur les côtes de Barbarie arracher le corail et les éponges.

Le soir, pour terminer victorieusement cette belle journée, on tira sur la place de la ville de Capri un feu d'artifice qui ne fut vraiment pas laid. La dernière fusée avait lancé dans l'espace sa gerbe lumineuse, le dernier soleil s'était éteint en tournant, et je me disposais à rentrer à l'*albergo di Tiberio* (toujours Tibère !), lorsque je fus accosté par un honnête Capriote qui me pria d'assister, le soir même, à un bal que les habitants se donnaient entre eux. J'acceptai avec empressement, car j'avais gardé un précieux souvenir des *saltarelle* que j'avais vu danser autrefois à la villa Borghèse, pendant le petit carnaval de Rome, par les belles *popolane* du Transtevere. Je me dirigeai donc vers la maison indiquée, me réjouissant d'être appelé à voir quelque chose de vraiment local et d'une réelle originalité. En approchant, mes oreilles furent surprises par un air connu, si connu que je ne pouvais les en croire. Je m'arrêtai, j'écoutai : c'était bien ce même air, cette vieille rapsodie que savent tous les gamins de nos colléges. Je franchis le seuil de la maison ; il n'y avait point à s'y tromper, on sautait en mesure en se frappant dans les mains : on dansait le *Carillon de Dunkerque !* O déconvenue des voyages ! ô mânes de Tibère ! En fait de rafraîchissements, on passait des verres de vin rouge pleins à déborder et de forts biscuits bien nourrissants. Au *Carillon* succéda une polka, puis une sorte de contredanse singulière mêlée de valse et de rondes. Un danseur conduisait la bande et indiquait à haute voix les changements de figure. Chose étrange, les commandements se faisaient en français : « Balancez, — changez de dame, etc. » Et comme j'exprimais mon étonnement à haute voix, il me fut gracieusement répondu qu'à la guerre et en galanterie les Français étant les maîtres, il n'était point surprenant qu'on eût adopté leur façon de commander dans les bals et les batailles. Je répliquai, ne voulant pas être en reste, et pendant dix minutes j'échangeai avec mon interlocuteur des compliments de même farine. J'attendais toujours quelque danse nationale, mais il n'en venait guère. Une fenêtre ouverte me consola de ma mésaventure en me permettant d'admirer un paysage splendide. La lune, toute pleine, donnait d'aplomb sur la haute montagne de Solaro, qui forme la portion ouest de l'île ; sa lumière dessinait, dans leurs contours magnifiques, les immenses roches dénudées au sommet desquelles brillait la blanche coupole d'un ermitage ; les masses de verdure, frissonnant à la brise, se noyaient sous des pâleurs nacrées qui leur donnaient un éloignement prodigieux ; entre les deux pitons d'une colline, j'apercevais la mer tranquille où se reflétaient les étoiles.

La ville s'étend au centre de deux petites collines dont elle reliait les sommets à l'aide d'un rideau de murailles terminées à chaque extrémité par un château fort. Cela est bien détruit maintenant, et tout à fait hors de service. La muraille n'était qu'une *chemise*, ainsi que l'on dit en termes techniques ; elle s'est écroulée en bien des places, et les habitants en ont ramassé les pierres tombées pour raccommoder les clôtures de leur jardins. Ces vieilles fortifications inutiles font bon effet cependant, et donnent un charme de plus au paysage. L'un des forts s'appelle le *Castello*, l'autre *forte San-Michele*. Ils sont déshabités. Tous deux ils dominent la mer et commandent les lieux de débarquement. Quatre vieilles tours carrées font saillie sur les murs décrépits ; un beau chèvrefeuille en a entrepris l'escalade, il grimpe vaillamment à l'assaut, gagnant une pierre aujourd'hui, demain une autre : il jette un peu de gaîté sur ces teintes plates et grises. Il y avait des canons autrefois, on les a retirés ; le recul seul des pièces aurait suffi à renverser ces pauvres castels du moyen âge, dont la carapace lézardée enferme aujourd'hui un enclos où poussent des lupins et des tomates. J'y suis monté, j'ai parcouru ces deux ruines ; je suis surpris qu'elles soient encore debout, et que pendant les nuits d'équinoxe le vent d'ouest ne les ait pas déjà renversées. C'est en descendant du *Castello* vers Capri que l'on rencontre, dans un jardin plein d'amandiers, des constructions voûtées que l'on donne pour les anciennes prisons où Tibère faisait enfermer ses condamnés. Ceci est encore une explication légendaire que nulle preuve écrite ou visible ne vient confirmer. Dix-neuf chambres, séparées les unes des autres par des murailles épaisses de quatre pieds, se suivent et se commandent en ligne droite; elles reçoivent le jour par des *regards* creusés dans la voûte, dont les briques apparaissent là où le revêtement de stuc ne s'est pas conservé. Il est possible en effet que ce soient d'antiques latomies, ou les caves d'une construction supérieure actuellement disparue, ou simplement des habitations semi-troglodytiques, comme les pays de rochers en offrent tant d'exemples, et comme l'usage s'en est conservé même en France, dans certains cantons de Normandie et de Touraine. Plus près encore de Capri, à quelques pas de la ville, le long d'un chemin qui sert de promenade aux habitants, on distingue très-nettement des restes d'arcades aujourd'hui détruites. Elles sont sur deux rangs séparés l'un de l'autre par une distance d'environ soixante pas, et sont précédées par une muraille construite de matériaux énormes, dits de *grand appareil,* comme si elle avait été destinée à supporter un monument colossal. Elles sont disposées symétriquement contre deux talus rocailleux qui décrivent un arc de cercle parallèle très-étendu. Beaucoup de ces arcades, bloquées aujourd'hui par les clôtures des jardins, sont à moitié enfoncées sous terre.

On dit qu'il y en a cent, et on les nomme les *cento camerelle*. Les gens du pays disent que ces « petites chambres » étaient les boutiques du *forum* de Caprée. Quelques savants prétendent que ce sont les substructions d'un double *pœcile* hémisphérique, dont les autres parties ont été renversées et dispersées par les tremblements de terre, qui jadis étaient fréquents dans l'île. D'autres enfin, forçant à mon avis le sens de l'histoire, s'appuient sur le texte de Suétone : « des chambres à coucher (*cubicula*), diversement disposées, furent ornées de tableaux et de statuettes (*sigilla*) représentant des sujets obscènes, etc. [1], » pour trouver dans ces arcades, à peine indiquées par une saillie insignifiante, les restes des cabinets secrets où Tibère livrait sa vieillesse à toute sorte de débauches. A l'abondance des ruines qui couvrent l'île, et que l'on rencontre encore à chaque pas, on peut se figurer ce qu'elle était dans les temps antiques. Tous les terrains, envahis par les palais, les villas et les temples, devaient disparaître sous les constructions, et laisser à peine place à quelques jardins. On dit que le gouvernement italien a l'intention de faire exécuter des fouilles : il fera bien au point de vue philanthropique, car c'est toujours une œuvre pie que de donner à travailler aux pauvres gens ; mais au point de vue archéologique je doute fort qu'il obtienne une seule découverte importante, ou seulement curieuse. Ici tout a été bâti sur le roc vif qui sert de

---

1. Suétone, *ap. Tib.*, § 43.

fondation première ; il n'a donc pas pu y avoir enterrement d'édifices, comme sur la Voie Appienne et au
Campo-Vaccino, ni disparition sous un écoulement
de lave, comme à Herculanum, ni ensevelissement
sous les cendres, comme à Pompéi. Le sol de Capri est
resté le même ; il ne s'est ni exhaussé ni abaissé ; aux
premiers coups de pioche, on trouvera le roc. Les matériaux, qui étaient des briques cimentées, ont été
pour la plupart utilisés par les habitants : il n'existe pas
de murailles modernes où ne se retrouvent quelques
blocs antiques ; les tremblements de terre ont fait
beaucoup de ruines ; la culture a nivelé partout où
elle a eu l'espoir de rencontrer de la terre végétale ;
il est donc bien difficile de savoir quelque chose de
positif au sujet des monuments anciens, sur lesquels du
reste les textes sont muets. On sait qu'ils existaient ;
mais sauf la *villa Jovis*, dont Suétone indique à peu
près l'emplacement, on ne sait rien de plus. Ainsi,
des douze palais, on en connaît un avec quelque
certitude ; quand aux onze autres, il est loisible d'en
voir les débris dans chacune des ruines que l'on rencontre. A ce compte, les habitants de l'île en montrent
tant que l'on en veut voir. Il en est un cependant
dont les traces ne me semblent pas douteuses : il
s'élevait au bord de la mer, à l'ouest de *la Marine*,
étendu sur le rivage et appuyé à la falaise, dans
laquelle il devait, pour ainsi dire, être encastré.
J'engage ceux qui le visiteront à ne point s'y rendre à
pied, en marchant sur les rochers que baigne le remous

des flots : c'est une route à se casser les jambes ; et je les engage aussi, pour rejoindre les chemins battus, à ne point gravir la falaise à pic, où nul sentier nè se dessine : c'est un chemin à se rompre le cou. La construction est en briques ; des chambres, des couloirs, des conduits destinés sans doute à l'écoulement dès eaux, apparaissent encore très-nettement ; une salle semi-circulaire se dresse comme une niche immense, montrant sa muraille solidement bâtie et l'admirable agencement de ses matériaux. A la base de cette muraille, parmi des débris et des rochers, j'aperçois des tronçons de colonnes géminées, en marbre grisâtre, simplement dégrossis. Une des salles s'étendait jusque dans la mer, où elle devait former une grande piscine carrée. Est-ce là que Tibère nageait avec ceux qu'il appelait ses *pisciculi ?* Il n'y a plus que les fondations; le reste a roulé au sein des flots, qui l'ont emporté bien loin. Un pan de muraille s'est abattu, et semble de loin un vaste rocher. La mer le lave incessamment : pendant les orages, elle le secoue et le roule ; mais elle n'a pas su arracher une seule des pierres au vieux ciment qui les unit. Dans le pays, cette ruine se nomme *Palazzo di mare.* Plus haut, en remontant vers la ville de Capri, on montre, à un endroit appelé *la Fontana*, deux grandes citernes qui naturellement sont les citernes de Tibère. La plus grande a environ trente pieds dans sa longueur et huit de profondeur; l'eau, claire et froide, reflète la voûte revêtue d'un enduit épais verdi par l'humidité. Au-dessus du rocher troué qui forme l'entrée, des lycopodes ont suspendu leurs minces rameaux et leurs feuilles découpées, que la lumière rend transparentes. Ces réservoirs, alimentés par des sources venues de la montagne, constituent une réelle fortune pour celui qui les possède, car il ne manque jamais d'eau, et peut largement arroser les arbres qu'il cultive. Aussi les orangers et les citronniers sont merveilleux, amples, touffus, chargés de fruits dont les teintes éclatantes brillent à travers le feuillage sombre et luisant ; les néfliers du Japon sont grands comme des arbres, et la vigne grimpe le long des murs avec une vigueur sans pareille.

Dans toute l'île de Capri, la culture est extrêmement soignée; ainsi que je l'ai déjà dit, la terre y est rare, on la surveille avec jalousie, on la dispute au rocher, on l'étaye de murs, on l'arrête à chaque pas sur sa pente naturelle par des terrasses factices, on l'abrite contre le soleil par l'ombre des arbres, on la garantit du vent par des murailles; aussi elle n'est pas ingrate, elle donne le plus qu'elle peut, et ses produits sont tous de qualité exquise. Les céréales sont parfaites; mais aussi avec quelles précautions on les cultive! On ne sème pas le blé; dans ce pays, exposé à tous les vents, ce serait risquer la semence; le blé est piqué grain à grain, admirable méthode qui donne un rendement considérable, mais qui a contre elle sa lenteur forcée. Les citrons, les oranges y viennent en abondance; cependant la récolte de l'année dernière n'ayant point été bonne, les oranges coûtaient relativement cher et se vendaient 6 grains (à peu près 22 centimes) le kilogramme. Les oliviers, qui sont nombreux, donnent une huile très-riche, qui est même spécialement recherchée pour la table; les mûriers sont suffisants pour nourrir un assez grand nombre de vers à soie; les propriétaires de jardins en utilisent la feuille pour alimenter trois ou quatre corbeilles de bombyx dont on va vendre les cocons à Naples. Dans l'île entière, il n'existe pas une seule magnanerie; l'élève des vers à soie ne serait donc qu'une sorte de distraction, si l'extrême pauvreté du pays ne tirait encore quelques ressources d'un si mince produit. Les figues blanches de Capri sont presque aussi célèbres que les figues de Smyrne; mais la vraie production de l'île est la vigne, qui fournit un vin rouge et un vin blanc renommés parmi les crus italiens. Le vin rouge, légèrement sucré, développe un faible goût de framboise qui n'est pas désagréable; quant au vin blanc, plus sec et même quelque peu aigrelet, il a un goût de violette si accusé que les frelateurs napolitains l'imitent facilement en faisant infuser des racines d'iris dans un vin blanc quelconque. Une bouteille de vin blanc de Capri, qui se vend 5 grains sur les lieux, est chargée, à Naples, de poudre de seltz; alors, sous le nom de vin de Champagne, elle vaut une piastre (5 fr.) pour les Napolitains et 2 piastres pour les étrangers. Que boit-on à Naples sous le nom de vin rouge et de vin blanc de Capri? Je l'ignore, et Dieu sait cependant l'énorme quantité qui en est consommée; mais ce que je puis dire, c'est que l'île ne suffit pas à la consommation de ses seuls habitants ; sauf une très-petite quantité vendue à des particuliers, la récolte des vins est bue par les Capriotes eux-mêmes. Quand la vendange est infructueuse ou que l'oïdium se met au raisin, ce qui a lieu cette année, c'est un désastre.

Nul soin, nulle fatigue ne sont épargnés pour arracher à la terre tout ce qu'elle peut produire ; néanmoins l'île est insuffisante à nourrir ses trois mille cinq cents habitants, elle leur donne à peine assez de blé pour la moitié de l'année : il faut aller chercher le surplus en terre ferme, à Sorrento, à Castellamare, à Naples. D'industrie, il n'y en a pas. Les femmes font quelques ouvrages en fine sparterie, mais c'est si peu de chose qu'il est superflu d'en parler. Les Capriotes vivent donc, comme les hommes primitifs, de pêche et d'agriculture ; ils y ajoutent la chasse aux mois d'avril, de mai, de septembre et d'octobre, car leur île est un lieu de repos dans le passage des cailles, des grives, des tourterelles, des becs-figues et des bécasses. Quand je suis arrivé, les cailles passaient ; depuis longues années, on ne les avait vues arriver en quantité pareille. On ne les chasse pas, on les prend au filet. Tout autour de l'île, partout où il y a assez de terre pour ficher un pieu, on enfonce des mâtereaux de distance en distance, entre lesquels on tend des filets à l'aide d'une corde jouant dans une poulie, absolument comme on hisse une voile à bord d'un navire. Les cailles, par bandes innombrables, arrivent en général une demi-heure avant le lever du jour : elles s'abattent dans les filets, où elles sont ramassées par les chasseurs embusqués. Le passage a été si abondant cette année, que la caille vivante s'est vendue 1 grain (4 centimes) sur le marché de Naples. Il en a été expédié d'immenses quantités en Angleterre. La moyenne de la *récolte* des cailles au passage du printemps varie, pour l'île de Capri, entre quarante et soixante-dix mille. Du reste, à cette époque la caille est mauvaise, amaigrie par les privations de l'hiver, fatiguée de son voyage ; elle n'est vraiment succulente qu'au passage d'automne, lorsqu'elle s'est longuement ravitaillée dans les pays septentrionaux et qu'elle s'est fait cette *pelote de voyage* que les gourmets connaissent bien. La passe des cailles est une des richesses de l'île, et peut-être la plus sérieuse.

La flore naturelle est vigoureuse, et, sans être très-variée, elle suffit pour donner à l'île une verdure charmante. Le souci sauvage abonde en massifs pressés qui font au loin de grands tapis d'or ; les églantiers, les liserons, les clématites courent le long des murs et entremêlent leurs fleurs. Il est à remarquer, du reste, que les fleurs ont ici un parfum extrêmement fort et pour ainsi dire quintessencié ; les genêts exhalent une odeur exquise, mais si pénétrante qu'elle en est incommode ; quant aux géraniums sauvages, ils sentent absolument le musc. L'absinthe n'est pas rare ; elle s'épanouit en touffes veloutées d'un vert si pâle qu'il en paraît gris ; on la respecte, et cette admirable plante

officinale n'est point encore utilisée dans ce naïf pays
pour fabriquer l'horrible poison qui fait plus de mal à
nos armées que le choléra, le typhus et la guerre. Les
essences de bois sont assez diverses et appartiennent à
plusieurs climats : si par les aloès, les nopals, les caroubiers, les myrtes, les lentisques, l'île de Capri paraît appartenir au sud, elle se rapproche des pays tem-
pérés par les pins laryx, les arbousiers, les amandiers,
les peupliers, et elle touche au nord par ses nombreux
sorbiers et ses chênes, qui sont d'assez belle venue;
mais la rareté végétale de Capri est un palmier qui a
poussé en pleine terre dans le jardin d'une auberge.
On le cite dans les *guides*, on va le voir : tous les peintres qui ont fait quelques études dans l'île ont « tiré
son pourtraict, » et il est maintenant aussi connu dans
les ateliers que ce fameux pin parasol retombant, à
Rome, au-dessus d'une muraille blanche, et qui a été
reproduit tant de fois qu'il porte un nom public que je
n'oserai point rapporter ici. Quel triste palmier pourtant, si on le compare à ceux qui, dans la haute
Égypte et la Nubie, mirent leurs têtes verdoyantes
dans les eaux du Nil! Parmi les plantes vénéneuses,
je n'ai guère vu que la petite euphorbe, qui prend ici
des proportions inusitées en France, sans cependant
devenir arborescente comme sur les bords de la mer
Rouge. On l'utilise pour la pêche, on en prend quelques tiges, on les écrase, on les glisse dans les grottes
visitées par la mer, et le poisson ne tarde pas à en sortir; mais le poisson pris ainsi doit être mangé immé-

diatement, car au bout de peu d'heures il se décompose et tombe en pourriture. L'euphorbe sert aussi à un autre usage que je m'abstiendrai de qualifier. Au moment du tirage à la conscription, les garçons qui redoutent l'état militaire cassent un brin de la plante et en font couler le lait dans un de leurs yeux; le lendemain ils sont borgnes, et par suite exemptés du service.

Il n'y a ici que fort peu d'animaux; en effet, comment pourraient-ils vivre, s'ils étaient nombreux? Il n'existe point de prairie, et on ne peut leur livrer en pâture que la bordure des chemins ou des terrains si rocailleux que l'homme n'a pu parvenir à les défricher. Il y a quelques vaches efflanquées et de toute petite race, à peine plus grandes que nos vaches bretonnes, mais encornées plus haut et de couleur grise; quelques moutons errent le long des murs à la recherche d'une maigre pitance, et des chèvres escaladent les ruines pour aller y brouter les plantes parasites. Le peu de viande qui se consomme dans l'île est acheté en terre ferme. Il y a six ânes pour promener les voyageurs, et trois chevaux moins forts et moins grands que les ânes. Quant aux animaux sauvages, il n'en existe pas, et je ne parle que pour mémoire des serpents, qui sont tous inoffensifs et appartiennent à la famille des couleuvres. Ils sont du reste vigoureusement chassés par quatre paires de busards qui se sont partagé l'île. Lorsque l'un d'eux, entraîné par son vol, pénètre sur le terrain de chasse qu'un autre s'est réservé, ce sont des batailles et des cris que l'on entend dans l'île entière. Ils nichent sur les plus hauts sommets. Quand leurs petits ont atteint une certaine croissance, ils les conduisent sur le continent ou dans l'île d'Ischia, et ils leur donnent impitoyablement la chasse, s'ils reviennent du côté de leur rocher natal.

C'est vers le commencement et vers la fin de la journée que je sortais de préférence, afin de jouir des splendeurs du soleil levant et du soleil couchant, à ces heures où la nature, regardée sous une lumière particulière, offre le contraste charmant des ombres plus accusées au milieu de clartés plus vives. J'étais en général accompagné dans mes courses par un vieux Français qui peut-être mérite d'être présenté au lecteur. C'est un ancien soldat de Lutzen, où il fut laissé pour mort sur le champ de bataille avec trois coups de crosse qui lui avaient ouvert la tête et fracassé la clavicule. Il ne s'en porte pas moins bien aujourd'hui et rit beaucoup en racontant ce qu'il appelle « cette petite aventure. » Il se nomme Joseph Bourgeois, il est venu au monde à Bastia d'un père né à Valenciennes. Il s'engagea de bonne heure, fit la campagne de 1812 et de 1813; il a gardé un mauvais souvenir de Wilna. Il était sergent dans la garde : après l'abdication de Fontainebleau, il suivit Napoléon à l'île d'Elbe, où il resta, pendant les cent jours, pour garder Madame mère et la princesse Pauline. Retourné en Corse après Waterloo, il s'y ennuya et vint à Naples pour y voir un de ses parents qui avait servi dans les troupes de

Murat. A Naples, il entendit parler de la Grotte d'Azur et voulut la visiter. Il vint à Capri avec l'intention d'y passer un jour. Il trouva le pays à son goût, le petit vin blanc lui parut agréable, les femmes ne lui semblèrent point déplaisantes, et il est ici depuis quarante-six ans, marié, fort estimé de tous et ayant rempli d'importantes fonctions municipales. Il a été juge de paix, deux fois syndic (maire), capitaine de la garde nationale; mais un jour il eut l'idée fort naturelle de réclamer au ministère, à Naples, une somme de cent trente ducats qu'il avait dépensée pour le gouvernement : on s'aperçut alors qu'il était Français, que jamais il n'avait été naturalisé, que c'était indûment qu'il avait exercé les charges de juge de paix, de syndic, de capitaine, et l'on refusa net de reconnaître sa créance, qui ne fut point payée; il en a gardé quelque rancune aux Bourbons. Aujourd'hui c'est un grand vieillard de soixante-dix ans, droit comme un peuplier et fort comme un chêne, malgré une maigreur excessive qui lui donne l'air d'un don Quichotte rustique; il a un corps de fer et des jarrets d'acier : quand tout le jour il a chassé dans l'île ou bêché son jardin, il aime à danser le soir pour se défatiguer. Il n'a qu'un rêve, faire encore une campagne ou deux avant de mourir. Il est à l'affût des étrangers, et dès qu'il apprend qu'un Français a débarqué à *la Marine*, il suspend sa médaille de Sainte-Hélène à sa boutonnière, et se promène orgueilleusement pour être remarqué. Autrefois il faisait du vin et le vendait à Naples; mais

la vigne est malade depuis longtemps, les sophisti-
queurs napolitains sont devenus de plus en plus habiles
dans l'imitation du vin de Capri, et les temps sont
durs maintenant pour ce vieux brave, qui, malgré
l'insouciance dont il fait parade, pense à l'avenir avec
inquiétude. Il a ouvert auprès du palais de Tibère un
petit *bouchon* borgne qu'il a pompeusement intitulé
restaurant de monsieur Bourgeois; il y offre des rafraîchissements aux voyageurs qui visitent les ruines,
mais les voyageurs sont rares, et il n'y a point là de
quoi subvenir à une existence chargée d'années [1].

On se doute bien qu'avec un compagnon pareil j'ai
visité toutes les positions militaires de l'île, positions
insignifiantes aujourd'hui, car elles ont été désarmées
depuis longtemps déjà. Il m'a conduit aux batteries de
San-Francisco et de *Palazzo di mare*, qui avaient
été établies pour protéger *la Marine* contre un débarquement; les larges demi-cercles en pierre où se ma-
nœuvraient les pièces existent encore, mais les canons
n'y sont plus; les merlons sont tombés au pied du
rempart, les ronces ont envahi les barbacanes, les
chaînes du pont-levis ont été enlevées; un four à rougir les boulets reste seul dans un coin, intact et presque
neuf. En se promenant avec moi, mon vieux guide
s'arrêtait parfois à certaines places et me disait : « Là
il y avait un canon, là il y avait un mortier; mais on
a tout ôté, et l'on ne m'a pas payé les cent trente du-

1. J'ai appris avec joie que ce brave homme venait d'obtenir, sur la
cassette impériale, une pension qui le met dorénavant à l'abri du besoin.

cats que l'on me devait; étonnez-vous donc, après cela, de voir tomber les gouvernements! »

Il y avait autrefois dans l'île de Capri deux couvents, l'un de femmes et l'autre d'hommes; les Français, après 1808, en firent des casernes; depuis ce temps, les nonnes et les moines n'y sont pas revenus, et les deux bâtiments, qui sont vastes, servent de dépôt à des invalides. Les invalides mariés habitent l'ancien couvent de femmes, qui est situé dans la ville même de Capri; l'autre, que l'on nomme *la Certosa*, est destiné aux invalides célibataires. Je ne puis m'empêcher de remarquer incidemment que Capri est un endroit bien mal choisi pour y placer des invalides. Il n'y a pas une ligne droite, tout y est en pente, et c'est pitié de voir ces malheureux estropiés, ces aveugles, tâtonnant du bâton, se traîner dans des chemins faits pour épouvanter des chamois. *La Certosa*, immense couvent avec cloître et chapelle, est placée au sud de l'île, au-dessus d'une anse étroite, mais abordable, que l'on nomme *la Petite-Marine*, et qui est, avec *la Marine*, située précisément à son opposite, c'est-à-dire au nord, un des deux points par où l'on puisse débarquer dans l'île. Deux ou trois maisons enclavées dans les rochers, quatre ou cinq petits canots qui servent à la pêche des coquillages, un poste délabré où veille un douanier qui s'ennuie, voilà tout ce qui s'offre aux regards quand on visite *la Petite-Marine*. Un îlot qui est joint au rivage par un pan de maçonnerie s'appelle *la Sirène;* mais ce n'est point là la patrie des sirènes qui chantèrent inutilement pour Ulysse : leur île, un rocher, s'élève dans le golfe de Salerne; on l'aperçoit facilement, par un temps clair, des hauteurs de Capri. De ce côté, l'île est plus abrupte; à la sécheresse de l'herbe, aux terrains brûlés, on voit que le vent d'Afrique, le *khamsin* de là-bas, le *scirocco* d'ici, lui arrive en ligne droite et la dévore de son haleine ardente. C'est l'endroit favori où les cailles s'abattent après leur traversée; aussi les filets y sont nombreux, tendus et surveillés.

Comme je m'étais assis près de *la Petite-Marine*, en compagnie de Bourgeois, il se leva, arracha une pomme de terre dans un champ, et, me la montrant, il me dit : — C'est moi qui ai apporté cela dans l'île, avant moi on ne le connaissait pas. En 1816, quand je vins ici, j'achetai un jour à Naples deux quintaux de pommes de terre : personne n'en avait jamais vu dans le pays; je leur expliquai ce que c'était, chacun m'en demanda; j'en donnai à tous ceux qui voulurent en avoir : maintenant c'est un bon produit de plus pour l'île et dont le monde profite.

— Et qu'a dit le gouvernement de Naples quand il a su que vous aviez rendu ce service à l'île de Capri?

— On a dit que j'avais servi l'usurpateur, et que je devais être un jacobin!

Du reste, le pauvre homme était philosophe, et quand il avait raconté ses déboires, il sifflait un petit air mélancolique qui plus d'une fois me remit en mémoire le *lilla burello* de l'oncle Tobie.

II

Jusqu'à présent, je n'ai parlé que de la ville de Capri et de ses alentours, c'est-à-dire de la partie est de la ville; la partie ouest, qui porte la ville d'Anacapri, mérite qu'on s'en occupe. Cette portion, la plus considérable, mais la moins accessible et la moins habitée de l'île, est formée par le soulèvement du mont Solaro, qui s'élève d'un jet à dix-huit cents pieds au-dessus de la mer dans laquelle il baigne ses pieds. Du côté de la campagne, où s'éparpillent les maisons voisines de Capri, la montagne descend à pic par des flancs abrupts qui constituent un rempart de rochers haut de 300 mètres. De la mer, aucun lieu de débarquement praticable ne conduit vers la petite ville d'Anacapri, dont le nom de formation grecque indique suffisamment l'origine. *La Marine* de Capri est donc aussi celle d'Anacapri, où l'on se rend par une pente de larges paliers qui aboutit à un escalier de cinq cent trente-six marches composées de degrés taillés dans le roc ou de pierres rapportées. Cet escalier déploie ses longs zigzags au flanc même du rocher qui domine la mer; un mur à hauteur d'appui lui sert de garde-fou et l'empêche d'être absolument un précipice. Une petite chapelle dédiée à saint Antoine de Padoue en indique le milieu, et un large banc, appuyé contre la roche, invite à un repos nécessaire avant de reprendre cette ascension, que le vent rend parfois dangereuse, et le soleil toujours fatigante. Les femmes d'Anacapri vont et viennent lestement sur ces interminables escaliers, où ne glissent pas leurs pieds nus. Ce sont elles, comme dans l'île entière, qui portent les fardeaux; j'en ai suivi longtemps des yeux une qui soutenait en équilibre une commode sur sa tête, et qui gravissait les degrés avec une ferme rapidité que je lui enviais. Arrivé à son point culminant, l'escalier passe sous deux portes, entre lesquelles un pont-levis, aujourd'hui privé de ses chaînes, pourrait au besoin se relever et faire un vide infranchissable; quelques meurtrières ouvertes dans le pan de muraille qui accompagne les portes, complètent ce système de défense, qui jamais, je crois, n'a été mis à l'épreuve; il n'a même pu servir en 1808 contre les Français, car c'est à revers qu'ils avaient attaqué la position d'Anacapri. L'ensemble de l'escalier est dominé et commandé par un fortin muni d'une poudrière, qu'on a justement appelé *Capo di monte;* maintenant c'est une ruine. La crainte des pirates et l'épouvante qu'inspiraient leurs incursions inopinées sur les côtes où ils venaient enlever les habitants, qu'ils allaient ensuite vendre sur les marchés de l'islamisme, peuvent seules expliquer l'inabordable situation qu'Anacapri a librement choisie. Les voyageurs qui ont parcouru les mers de l'archipel grec se rappelleront sans doute que dans chaque île la vieille cité, la cité mère, est placée à des hauteurs excessives. Ce n'est que depuis l'extinction de la piraterie barbaresque, depuis que la mer n'est plus la route des forbans, que les villes se sont hasardées à descendre au rivage, où elles n'ont plus à redouter le pillage, le viol et l'incendie; mais de vieilles habitudes attachaient à l'ancien foyer. Les pères avaient fait ainsi : pourquoi ne ferait-on pas comme eux? Le chemin est âpre, cela est vrai, la route est pénible ; mais elle conduit à la maison des ancêtres, à la maison où l'on est né: les tombeaux de ceux que l'on a aimés sont là, peut-on les abandonner et leur dire un éternel adieu pour aller chercher un endroit plus propice où l'on bâtirait des demeures nouvelles? On reste alors, on aime ce nid d'aigle en raison même des difficultés qu'il faut vaincre pour arriver jusqu'à lui, et la ville subsiste, se peuple et s'agrandit; le saint qui est son patron la protége ici, peut-être l'abandonnerait-il ailleurs; sa protection même est un signe qu'il faut vivre là où les aïeux ont vécu, et, malgré les douces tentations de la plage, Anacapri est demeuré fidèle à son rocher et à ses abruptes hauteurs.

Dès qu'on a franchi les derniers sommets de la montagne, on voit que le plateau s'en va, en pentes douces, rejoindre les écueils qui bordent la mer du côté de l'ouest. Comparés aux bondissements et aux soubresauts perpétuels des terrains où s'élève Capri, ceux qui portent Anacapri sont plans et presque réguliers; si la charpente de rochers perce encore çà et là son épiderme de terre et s'élève en gibbosités stériles, c'est à côté de la mer, aux environs d'une baie assez large qu'on nomme *Cala del Rio*. A cette hauteur, où le vent est toujours frais, la végétation est sensiblement plus septentrionale que dans les campagnes abritées du nord et ouvertes au sud qui s'étendent derrière *la Marine*. Ici le noyer abonde, et aussi le sorbier, qui se mêle à des chênes vigoureux ; l'aloès a disparu, et le cactus à raquettes est grêle, pâle, sans grande force. Ici, non plus qu'à Capri, on n'a su utiliser cet arbuste disgracieux ; on se contente de manger ses fruits désagréables lorsqu'ils sont mûrs, mais on n'a jamais pensé à s'en servir pour acclimater la cochenille, comme nous l'avons si heureusement fait en Algérie. J'en ai parlé à des cultivateurs capriotes, je me suis évertué à leur expliquer ce genre de culture et le bénéfice facile qu'il produirait, je n'ai jamais pu réussir à me faire comprendre. A toutes mes démonstrations ils répondaient : « *Elle* (votre seigneurie, votre excellence) se trompe, les vers à soie ne mangent que de la feuille de mûrier, et encore allons-nous renoncer à en élever, car depuis quatre ou cinq ans ils sont malades, et meurent comme des mouches. » J'avais beau leur prouver qu'il n'y a aucun rapport entre la *coceiniglia* et le *bigattolo*, et que lorsque je parlais de la première, je n'entendais point parler du second : on me répondait toujours que le bombyx ne mange que des feuilles de mûrier; de guerre lasse, j'y ai renoncé.

Il ne faut pas être trop étonné de l'ignorance de ces pauvres gens; qui les aurait instruits? Ils vivent dans leur île, loin du monde, sans communication avec lui, comme une colonie de Robinsons. Il y a une école à Capri et une école à Anacapri ; mais pour les deux il n'y a qu'un maître : il passe trois jours dans l'une, trois jours dans l'autre ; de cette façon, ses écoliers n'ont jamais moins de trois jours pour oublier ce qu'ils viennent d'apprendre. A huit ans, on met les enfants à la mer, car ils sont déjà capables de filer une ligne, d'amorcer un hameçon, de renouer une maille, de faire un nœud à l'écoute ou d'assujettir un tolet ; à huit ans, on les envoie aux champs, car ils peuvent arracher les feuilles des mûriers, cueillir les raisins, assembler une gerbe, ramer les haricots et déterrer les pommes de terre. Alors que deviennent l'école, l'instruction, le désir d'apprendre, et la hardiesse d'oser mettre en pratique ce que l'on a appris ? Il y a là un cercle vicieux d'où il est difficile de sortir. Si les enfants vont à l'école, ils ne gagnent pas leur vie ; s'ils gagnent leur vie, ils ne vont pas à l'école. Et puis le grand raisonnement qui pousse le verrou à tout progrès, est bien vite mis en avant : « Nos pères n'en savaient pas plus long que nous ; ça ne les a pas empêchés de vivre, de se marier, d'élever leurs enfants et de mourir sans avoir jamais manqué de pain. » Alors il faut admettre que le docteur Pangloss avait raison et que tout est pour le mieux dans le meilleur des mondes possible ! Ce n'est cependant pas l'opinion de l'inspecteur des écoles de l'île de Capri, qui est un Anglais fort indigné de ce qu'il appelle « cette nonchalance. »

La nécessité où sont réduits les enfants de suffire eux-mêmes à leur vie le plus tôt possible a pour eux un résultat plus désastreux encore que l'ignorance, car dès le plus bas âge elle oblitère chez eux le sens moral de telle façon et si profondément qu'il est souvent bien difficile de le redresser dans la suite; je m'explique : comme le père et la mère veulent que l'enfant *rapporte* afin d'alléger leurs charges, le premier geste qu'ils lui apprennent à faire, c'est de tendre la main; la première parole qu'ils lui apprennent à bégayer, c'est le mot *un'bajocco* (un sou). Muni de cette double instruction, un enfant qui peut à peine parler se traîne devant vous et répète à satiété comme une machine : *Un' bajocco, un' bajocco!* Les voyageurs, du reste, sont fort coupables en ceci, et au lieu de lutter contre cette déplorable habitude, ils l'encouragent. Quand ils rencontrent un petit garçon ou une petite fille dont la figure leur plaît, ils s'arrêtent, les regardent, lui font la *risette*, et comme en général on ne voyage pas avec des provisions de polichinelles et de poupées pour amuser les enfants, ils lui donnent un sou pour acheter du *nanan*. Le lendemain, un étranger passe, l'enfant court après lui et lui demande l'aumône. Puisqu'on lui a donné hier, pourquoi ne lui donnerait-on pas aujourd'hui? Ainsi la mendicité devient un droit; le bambin en use et paraît fort surpris lorsqu'on lui en fait honte. Dans les premiers temps, le père et la mère prennent l'argent ainsi reçu et le font entrer dans la dépense du ménage; mais l'enfant grandit, il court seul loin de la maison paternelle, et alors il mendie pour son propre compte. A quel âge finit l'enfance? Pour la mendicité, il paraît que c'est difficile à déterminer ; car il n'est pas rare de voir de grandes et belles filles de seize à dix-sept ans tendre la main au voyageur en demandant le *bajocco* ordinaire, et se sauver tout effarouchées, si l'on ajoute à son aumône un compliment plus vif qu'il ne faudrait. Quel sentiment de dignité, quelle force morale, quel courage peut-il rester en l'âme après une éducation pareille? Pour ces gens-là, l'étranger est une proie ; ils en vivent, ils se jettent dessus comme sur un butin qui leur appartient. On lui offre des coquillages, des pattes de langouste, des fleurs, des cailloux, pour obtenir le *bajocco*. A Capri, chacun demande et quémande, et l'on s'irriterait de tant de prières faites d'une voix pleurarde, si l'on ne pensait à la misère très-réelle de ces malheureux. Et puis, ne nous indignons pas trop ; il n'y a pas si longtemps qu'en France on était assailli de même manière, et je me souviens qu'en 1847, à Rosporden, un jour de marché, j'ai été entouré par plus de deux cents pauvres, et d'assez près, et d'une façon assez significative pour avoir été tenté d'appeler les gendarmes.

C'est, naturellement, au milieu d'une douzaine d'enfants criant : *Un' bajocco!* que je suis entré à Anacapri, qui ne ressemble en rien à la ville de Capri. Autant cette dernière est ramassée et pressée dans l'étroit espace qu'elle occupe, autant l'autre, voyant une sorte de plaine autour d'elle, s'est étendue à son aise et a éparpillé ses maisons. De grands jardins les avoisinent et les massifs de verdure apparaissent derrière les murailles recrépies à la chaux. Les rues, presque larges, sont d'une propreté relative assez remarquable, et, sauf quelques cochons qui courent aussi au hasard, elles ont sur les rues de Capri une indiscutable supériorité. Si le nom de la ville n'affirmait son origine grecque, la patronne de son église principale la constaterait au besoin. En effet, l'église est dédiée à la divinité chère aux Grecs du Bas-Empire, à la « Sagesse divine, » à sainte Sophie, à celle que le nouveau culte, voulant utiliser l'ancien, a substituée à Minerve, comme il a substitué saint George, protecteur des moissons, au dieu Pan, saint Christophe à Hercule, saint Martin à Mars, Marie à Diane, Madeleine à Vénus, comme il a substitué les trois vertus théologales aux trois Grâces et saint Jean à Apollon. C'est une assez pauvre église du reste, toute blanche, garnie de bancs de bois usés et sans caractère défini; elle est tout entière du xviie siècle, et cependant une inscription menteuse, peinte au-dessus de la porte, en fait remonter la construction à l'an 1000. Elle s'élève devant une place carrée, dans un coin de laquelle on a encastré sur un pan de mur une plaque tumulaire en marbre, ornée d'une inscription en l'honneur de John Hamill, major au régiment de Malte, et qui fut tué à Anacapri, au combat du 4 octobre 1808. En 1831, sa famille fit rechercher son corps, qui avait été enterré

avec les autres morts de cette journée, et on lui donna
cette tardive sépulture, qui est tournée vers le nord-
ouest, dans la direction idéale de l'Irlande, sa patrie.

Je me mis à fureter dans la ville, au hasard des
rues qui se présentaient devant moi, regardant à travers les barrières des jardins pour voir les rosiers
grimpants épanouir leurs fleurs jusque dans les cyprès
qu'ils enlacent, m'arrêtant à écouter une femme qui
chantait une plaintive mélopée en tournant son fuseau,
entrant dans les cabarets où des hommes se disputaient
en jouant à la *scopa* avec des cartes dont le pique, le
cœur, le trèfle et le carreau sont remplacés par le
bâton, l'or, la coupe et l'épée, et j'arrivai, toujours
bayant aux corneilles, jusqu'à une petite place où se
dresse le portail d'une église dédiée à saint Michel.
J'y entrai, et je la recommande aux amateurs de *majolice*. C'est une simple rotonde surmontée d'une
lanterne qui lui donne un jour assez clair; les murs,
sans ornements, ont une blancheur éblouissante, qui
rend plus vives encore les teintes charmantes dont le
pavé est diapré. Ce pavé est composé de carreaux de
faïence peinte, dont l'ensemble harmonieux représente le paradis terrestre au moment où Adam et Ève
en sont chassés par l'ange armé du glaive. Étant donné
la matière et les difficultés à vaincre, ce travail est
d'une beauté remarquable et le plus complet en ce
genre que j'aie jamais rencontré. Le peintre a bien su
profiter de l'espace qu'il avait à décorer; il n'a point
éparpillé son sujet en cartouches séparés, comme le

mauvais goût italien aurait pu l'y convier : il l'a au contraire habilement groupé, et lui a donné une ampleur considérable. Tout est de grandeur naturelle, depuis les arbres jusqu'aux animaux, jusqu'aux personnages. C'est une scène gigantesque à laquelle assistent tous les animaux de la création, et que les astres regardent du haut du ciel. Le long de fleuves azurés qui baignent des prairies vertes comme des émeraudes, qu'abritent des caroubiers et des chênes, des troupeaux paissent tranquillement, mêlés à des animaux féroces qui dorment en paix au milieu d'eux. De grands taureaux gris, comme ceux de la campagne romaine, vont boire dans les ruisseaux, près desquels une licorne chemine lentement à côté d'un porc-épic qui mange une rose, d'un léopard qui étend son mufle sur ses pattes velues et d'un singe gouailleur qui offre une poire à un ours. Un éléphant, un dromadaire, un gros molosse à queue en trompette, une autruche soulevant ses ailes, un crocodile, un sanglier, se promènent les uns près des autres dans une fraternité paradisiaque. Le centre de la composition est occupé par l'arbre du bien et du mal, où se perche une chouette et autour duquel le serpent a tordu ses anneaux. L'ange, armé du glaive flamboyant, chasse devant lui Adam et Ève, déjà vêtus des habits de peaux que Dieu a fabriqués pour eux, et levant les bras au-dessus de leur tête avec désespoir. Sur les plus hautes branches des arbres voisins, les perroquets curieux et les geais babillards regardent cette scène avec étonnement; dans le ciel, où volent des bandes d'oiseaux , apparaissent des étoiles sans nombre, à travers lesquelles une comète voyageuse fait briller son lumineux panache; à gauche, le soleil se couche dans des teintes ardentes, et à droite le croissant de la lune montre ses cornes amincies. La couleur générale est bonne, vive sans crudité, et d'une harmonie qui n'est point déplaisante. Quant au dessin, il est très-remarquable pour les animaux, qui ont pu être étudiés sur nature. Il y a, entre autres, une certaine vache vue en raccourci que peu de peintres auraient le droit de renier. Pour les arimaux de convention, il est conventionnel aussi; pour les personnages, il est mauvais, mièvre, bouffi, ayant cherché la grâce, n'ayant rencontré que la mollesse et très-entaché du mauvais goût de l'époque. Cette vaste composition, qui seule paye les fatigues de la pénible ascension d'Anacapri, est datée et signée: 1761, *Leonardo Chiaiese*. Cette décoration par les *majolice*, appliquée sur une aussi vaste échelle, mérite d'être signalée et d'être offerte en exemple aux architectes qui aiment l'éclat et cherchent l'originalité.

C'est la seule curiosité qu'on puisse indiquer à Anacapri, qui n'est par le fait qu'une bourgade de douze cents habitants. Je traversai de belles plantations de vignes, d'étroits chemins où errent des troupeaux de petites chèvres alertes, car je cherchais un point habité qui s'appelle Artemo, voulant savoir si ce nom grec n'indiquait pas quelque ruine d'un temple autrefois dédié à Diane. Je trouvai une sorte de ferme décorée du titre de *palazzo*, et tout auprès une petite chapelle consacrée à la Vierge. Là était le seul vestige que je devais rencontrer ; s'il y a eu un temple, il a disparu ; s'il y a eu des ruines, elles ont été enlevées et utilisées dans la construction des maisons modernes.

A l'endroit où les terrains s'abaissent pour s'incliner vers la mer, sur les hauteurs qui dominent l'horizon s'élèvent quelques vieilles tours, en partie détruites, qui jadis servaient de sentinelles avancées, à l'époque des incursions maritimes. Il y en a trois principales qui font encore assez bonne figure : au nord-ouest, la tour de *Damacuta*, qui fut assez forte, et assise sur d'assez solides fondations pour avoir pu, au commencement de ce siècle, porter deux pièces d'artillerie ; à l'ouest, et dominant un chemin en escalier qui va vers Anacapri, la tour *Materita*, tour carrée, couronnée de créneaux appuyés sur des restes de mâchicoulis, entourée d'un mur de défense, crevassée par le temps, d'aspect sarrasin, et ne jouant plus dans le paysage que le rôle d'une *fabrique* pittoresquement placée ; enfin, au sud-ouest, la *Torre di Guardia*, construction ronde, dont il ne reste plus que l'enveloppe lézardée et tremblant au souffle des orages. C'est là qu'était suspendue la cloche d'alarme, qu'on sonnait à toute volée quand on voyait approcher les pirates. Il en existait de semblables sur presque toutes les côtes d'Italie depuis qu'en 1588 une bande de musulmans, se jetant inopinément sur l'ancien cap Minerve, qui sépare le golfe de Salerne du golfe de Naples, avait enlevé dans les villes de Massa, de Sorrento et aux environs sept mille individus qu'ils emmenèrent sur leurs chebecks. On éleva une tour garnie d'une cloche au lieu même où les Barbaresques avaient débarqué, et le cap prit dès lors le nom de cap *Campanella*, qu'il conserve encore aujourd'hui.

Dans l'île entière de Capri, il n'y a donc que deux villes: l'une est à l'est, l'autre s'étend vers le soleil couchant. Chacune d'elles a son territoire bien distinct; nulle contestation n'est possible à ce sujet quand les terrains de culture sont séparés par des abîmes; les deux villes ont de rares rapports de commerce, et ne se rencontrent guère que sur le rivage neutre de *la Marine*. On pourrait croire qu'elles vivent en bonne intelligence, ainsi que deux jumelles sorties de là même mère. Hélas ! il n'en est rien : je ne sais quel souffle de discorde a passé sur elles, mais elles se haïssent profondément et ne perdent point une occasion de se témoigner leur haine. A la mer, les pêcheurs s'injurient quand ils se rencontrent ; à l'époque de la passe des cailles, ils vont mutuellement se lacérer leurs filets ; il est rare qu'entre eux il y ait des mariages ; chaque ville a son saint particulier et se moque du saint de sa voisine ; quand les Capriotes montent à Anacapri, ils crachent sur la chapelle de Saint-Antoine-de-Padoue ; lorsque les Anacapriotes descendent à Capri, ils rendent la pareille à l'église de San-Costanzo ; souvent on se jette des pierres quand on se rencontre, et les enfants des deux villes se prennent volontiers

aux cheveux comme de petits Capulets et de petits
Montaigus. Dans la vie des hommes et dans la vie des
cités, ces haines impies ne sont pas rares. Ugo Foscolo
a dit : « Une haine éternelle, une haine de frères. »
Et n'est-ce point Tacite qui a écrit : *Et solita fratribus
odia ?*

Un exemple montrera jusqu'où va cette animosité.
J'ai dit que l'île, n'ayant point une production de
céréales en rapport avec sa consommation, est obligée
de tirer de la terre ferme la farine qui lui fait défaut ;
néanmoins, en prévision de guerre possible, il existe
une réserve de blé suffisante pour nourrir les habitants
pendant six semaines. Cette réserve est située à
Anacapri, c'est-à-dire au point le moins accessible de
l'île, et l'on ne doit y toucher que dans les cas extrêmes. En 1836, le mois de mars fut si plein de
tempêtes que les communications de l'île avec le
continent furent interrompues pendant dix-neuf jours;
la ville de Capri manqua de pain. Joseph Bourgeois
était alors syndic. Il écrivit à son confrère d'Anacapri pour lui demander du blé, afin d'éviter la famine.
Le conseil municipal d'Anacapri s'assembla, et après
délibération répondit à Bourgeois qu'on était prêt à lui
expédier à lui, qui n'était point né à Capri, la farine
dont il avait besoin pour sa consommation personnelle,
mais que rien ne serait envoyé aux Capriotes, qu'on
serait trop heureux de voir mourir de faim. Bourgeois,
qui avait conservé, de son service sous l'empire, des
habitudes peu parlementaires, proposa simplement à

ses concitoyens de prendre des fusils et d'aller chercher les vivres qu'on leur refusait. Il fut seul de
son avis, et l'on fit du pain avec de la fécule de pomme
de terre mêlée à des haricots écrasés.

On comprend dès lors que les habitants d'Anacapri
ne parlent jamais de Tibère; ils affectent d'ignorer son
existence, car les ruines encore existantes de ses palais occupent une portion du territoire de Capri.
J'en fis moi-même la curieuse expérience. Je demandai
à un paysan : « Connaissez-vous dans les environs
quelques ruines remontant à l'époque de Tibère? —
Tibère? répéta-t-il en me regardant, Tibère, est-ce
que ce n'était pas un empereur d'autrefois? — Mais
oui ; vous devez en avoir entendu parler, puisque vous
habitez l'île de Capri? — Ah ! Tibère, reprit-il, oui,
oui, un empereur ! Je sais maintenant. Il n'est jamais
sorti de Rome, et c'est là qu'il faut aller pour voir ses
palais. » Je ne pense pas avoir besoin de dire que,
Capri étant libéral, Anacapri est bourbonien; mais si
Capri tourne au bourbonisme, il est certain qu'Anacapri deviendra libéral, ce qui du moins sera logique
avec sa situation de montagnard. Qui donc a dit cette
phrase si vraie que confirme la géographie morale des
peuples : « La liberté ne peut vivre que sur les
sommets ? »

Le territoire d'Anacapri forme les deux tiers de l'île,
et cependant il ne porte aucune ruine des temps anciens ; l'antiquité semble l'avoir abandonné aux *villani*
et s'être réservé les environs de la ville de Capri. C'est

là en effet que sont groupés tous les débris qui attestent la splendeur de la vieille Caprée. Parmi ces débris, il en est un dont je n'ai pas encore parlé. C'est une ruine cependant qui a quelque importance, et que sa situation spéciale rend curieuse. Au sud-est de l'île, à mi-côte de la falaise, s'ouvre une grotte qu'on appelle la grotte *di Mitramania*, et que les gens du pays, ne comprenant en rien la valeur de ce mot, ont nommée la grotte *di Matrimonio*. Elle était consacrée à Mithra, ainsi que le prouve un bas-relief en marbre qui est actuellement au musée de Naples. Cette caverne naturelle, qui cependant a dû être agrandie à main d'homme, est profonde; une voûte factice, s'arrondissant sous le rocher, la soutenait et empêchait les éboulements. La forme générale de la grotte serait hémisphérique sans la longueur des côtés. Au fond, deux larges gradins, coupés au milieu par un escalier de sept marches, suivent les contours de cette sorte d'abside; la paroi terminale est tellement dégradée qu'il est impossible de reconnaître s'il y existait un autel, comme l'ensemble des lieux le fait supposer. Les gradins sont en briques encore revêtues de stuc, ainsi qu'une assez grande chambre effondrée qui s'enfonçait sous le rocher, à droite, avant l'entrée de ce temple souterrain. L'ouverture, je n'ose dire la porte, donnait vers la mer, qui miroite à cinq cents pieds plus bas; un buisson de ronces y pend aujourd'hui et semble une clef de voûte près de se détacher. Aux débris qui subsistent encore de la coupole écroulée, des chauves-souris suspendues attendent le crépuscule pour prendre leur vol. On parvient à cette grotte, qui mérite d'être visitée, par un sentier âpre, difficile, composé en grande partie d'étroits degrés où l'on distingue encore les vestiges d'un escalier antique. Les gens de Capri prétendent que cette grotte, au fond de laquelle s'élèvent des gradins, servait de tribunal dans le temps des Romains.

J'ai vu au musée de Naples le bas-relief trouvé dans cette grotte ; il est assez semblable aux autres représentations mithriaques, sauf qu'il ne porte pas l'inscription ordinaire : *Deo Soli invicto Mithræ*. Le fils d'Albordj, la montagne sacrée, Mithra, s'appuyant sur le taureau Aboudad, d'une main l'a saisi par la lèvre inférieure, et de l'autre lui plonge un couteau au défaut de l'épaule ; du flanc gauche de la victime sort son âme, Goschoroun, et de son flanc droit naît Kaiomorts, qui, en se modifiant dans les traditions arabes, doit devenir Kaiumarath. Le serpent envoyé par Ahriman s'élance vers le taureau, afin de participer à sa mort, tandis que le chien dépêché par Ormuzd accourt pour lui rappeler Taschter, Sirius, la constellation bienheureuse, emblème de résurrection qui doit reparaître à la fin du monde. Le scorpion, antique symbole équinoxial, mord Aboudad, comme pour tarir en lui les sources de la génération ; Mahpai, sortant de son croissant, et Khorschid couronné de rayons, précédé par son aigle, paraissent dominer cette scène du haut de l'empyrée. Le travail du bas-relief est assez grossier, ce qui est commun à tous les monuments mithriaques que les Romains nous ont légués. Il est douteux que le temple souterrain de Capri ait existé du temps de Tibère, car c'est seulement vers la fin de son règne que le culte de Mithra fut introduit à Rome.

Non loin de la caverne sacrée, parmi les rochers de la côte qui affectent d'étranges attitudes, se dresse dans sa haute majesté l'arc immense connu à Capri sous le nom d'*Arco naturale*. C'est une roche trouée qui forme un porche de six cents pieds d'élévation ; un des jambages plonge dans la mer, l'autre s'appuie, au milieu de la falaise, parmi des touffes de genêts, d'acanthes et de câpriers. L'humidité des pluies, filtrant lentement à travers les pores de la roche et entraînant les parties tendres de son calcaire, a glissé sur sa forte charpente et lui a fait de longues cristallisations opaques qui se sont attachées indissolublement à ses flancs. Quelques petits bouquets de verdure tremblent à son sommet. On dirait l'arc triomphal bâti par la nature primitive pour célébrer les victoires ou la défaite de quelque Briarée. Nous sommes dans le pays des légendes : Encelade gémit écrasé par l'Etna, qu'il ébranle à coups d'épaules, et Jupiter tient Typhon prisonnier sous le mont Épomée. L'arc de Capri est un plein cintre presque parfait, ce qui est assez rare dans de semblables convulsions, qui presque toujours ont pris la forme ogivale. Il est très-imposant et tout à fait grandiose quand on le regarde du haut d'un piton, formé de blocs superposés, qui s'élève à une trentaine de pas. A travers sa baie colossale apparaît, comme une armée de géants pétrifiés, la suite des rochers du rivage, entremêlant leurs pics élancés, leurs masses énormes, leurs promontoires aigus, et se teignant de bleu à mesure qu'ils s'éloignent; tout au fond, par-delà la mer qu'il est impossible de voir, on reconnaît la haute colline boisée où Massa étale ses maisons blanches. L'arc est encore percé de deux petites ouvertures irrégulières à travers lesquelles on aperçoit la mer tout au fond, comme un trou noir sur l'infini. C'était une de mes promenades favorites pendant mon séjour à Capri, et j'ai vu là des couchers de soleil que je n'oserai pas essayer de décrire, mais que je n'oublierai guère. Naturellement les Capriotes ont encore trouvé le moyen de mêler à l'*arc naturel* le souvenir de Tibère; ils prétendent que sous l'arcade une chaîne de fer était pendue, à laquelle on attachait les condamnés par le milieu du corps; le vent les balançait longtemps avant qu'ils pussent mourir, et Tibère se complaisait à regarder leurs convulsions. De cette histoire, je ne crois pas le premier mot.

Malgré la popularité dont il jouit parmi les habitants de Capri, Tibère n'est pas le seul qui vive dans leur souvenir; un autre homme a laissé une trace profonde dans leur mémoire, et, chose particulière, cet homme est Hudson Lowe. On montre encore sa maison; les vieillards du pays l'on connu et m'en ont parlé. « Il n'était point fier, disent-ils, et il donnait volontiers quelque petite monnaie aux enfants. » J'ai vu passer sous les arbres une Capriote âgée qui, malgré la décrépitude de la vieillesse, garde encore quelques traces de beauté ; elle fut sa maîtresse et le suivit partout, à Malte, en Angleterre, en France, à Sainte-Hélène. Si le fait est vrai, qu'était donc cette lady Lowe dont parle le *Mémorial?* Cette femme, qui avait attaché son sort au sort de celui qu'on devait tant maudire, vit à cette heure d'une pension annuelle de 92 livres sterling qu'elle reçoit, dit-on, du gouvernement anglais. Quelle est la vérité sur Hudson Lowe? est-elle bien ce qu'on avait intérêt à dire autrefois ? J'ai lu ses mémoires; on sent un pauvre esprit, étroit et mesquin, un esprit de caporal esclave de sa consigne, épouvanté de la responsabilité qui l'écrase, ne comprenant que la lettre des instructions qu'on lui envoie, n'osant pas en dégager l'esprit, et préparant, à force de niaiseries, les matériaux à l'aide desquels on a depuis édifié la légende. Cependant il est un fait qui m'a toujours fait songer et qui prouve que le geôlier ne se trouvait guère plus heureux que le captif. Je copie textuellement; la scène se passe le 6 mai 1821 au matin : « Eh bien ! messieurs, dit sir Hudson Lowe au major Gorrequer et à M. Henry, tandis qu'ils se promenaient devant la porte de Plantation-House, parlant de l'illustre mort, c'était le plus grand ennemi de l'Angleterre et le mien aussi ; *mais je lui pardonne tout.* »

Sir Hudson Lowe, lieutenant-colonel alors, était

commandant supérieur des forces anglaises qui occupaient Capri depuis que l'amiral Sydney Smith s'en était emparé par le hardi coup de main de 1803. A côté des anciennes fortifications réparées, on en avait construit de nouvelles ; treize batteries protégeaient les abords de l'île ; des défenses multipliées battaient les environs de *la Marine* et de *la Petite-Marine*, les deux seuls points vulnérables par où l'on pouvait raisonnablement redouter une tentative de débarquement ; aux rochers inaccessibles on avait ajouté des murailles pour les rendre plus inaccessibles encore. Hudson Lowe, satisfait de son œuvre, écrivait au général Stuart, commandant les armées anglaises en Sicile, que Capri, qu'il appelait orgueilleusement un petit Gibraltar, était absolument imprenable. Tout alla bien tant que régna le roi Joseph, fort occupé à réduire les brigands, qui dans ce temps-là étaient des armées, au lieu de n'être, comme aujourd'hui, que des bandes en haillons ; mais Murat s'ennuya vite de voir les Anglais si près de sa capitale, et il donna l'ordre au général Lamarque, dont les funérailles devaient être si sanglantes, de s'emparer de Capri coûte que coûte. Pour cette expédition, qui exigeait beaucoup de célérité et une grande hardiesse, on choisit avec habileté les premiers jours du mois d'octobre, époque où généralement règnent les vents d'ouest et de sud-ouest, très-propres à pousser une flotte de Naples vers Capri, et par conséquent opposés aux secours que la Sicile pourrait envoyer aux Anglais. L'événement prouva que le calcul était juste. Le général Lamarque avait pris ses renseignements. Du reste, de la pointe *Campanella*, qui n'est séparée de Capri que par un détroit large d'une lieue, il avait pu étudier les travaux que les Anglais accumulaient dans l'île. Il savait, à n'en pas douter, que le débarquement à *la Marine* ou à *la Petite-Marine* n'offrait que des chances excessivement périlleuses. Dominés par les forts qui couvraient la ville, commandés par les maisons voisines, où les tirailleurs anglais auraient trouvé un sûr appui, protégés en outre par des défenses particulières créées en vue d'une éventualité pareille, ces deux points devaient présenter une résistance presque invincible. Il s'agissait donc, pour s'en rendre maître, de les tourner, de les prendre à revers, résultat difficile qu'on ne pouvait obtenir qu'en descendant vers Capri des hauteurs d'Anacapri. Or la côte d'Anacapri n'offre aucun lieu de débarquement praticable. Ce fut là précisement le motif qui la fit choisir par le général Lamarque.

Le 4 octobre 1808, au point du jour, les vigies anglaises signalèrent une flotte qui de Naples se dirigeait vers l'île de Capri ; elle se composait d'une frégate de 44, d'une corvette de 22, de trente canonnières, et d'une quarantaine de bateaux de transport. La flotte fit mine de vouloir atterrir, et se tint à la hauteur de *la Marine*. Un peu plus tard, une flottille sortie du port de Salerne, forte de sept canonnières et de trente-deux petits navires marchands, fit voile vers le cap Tragara, comme si elle voulait jeter ses troupes à *la Petite-Marine*. D'après ces mouvements, par lesquels les Anglais se laissèrent abuser, il paraissait donc probable que c'était vers la ville même de Capri que porterait le premier effort de l'attaque. En conséquence, le major Hamill, qui commandait à Anacapri, détacha quatre compagnies pour prêter main-forte à Hudson Lowe. L'erreur cependant ne fut pas de longue durée : on vit bientôt le gros de la flotte, ayant laissé quelques navires à la hauteur de *Palazzo di Mare*, se diriger vers l'ouest de l'île. Hudson Lowe renvoya les troupes du Royal-Maltais qu'Hamill lui avait expédiées, et y joignit trois compagnies du Royal-Tirailleur-Corse, sous les ordres du capitaine Church, qui connaissait parfaitement le pays ; mais, pour se rendre sur les hauteurs d'Anacapri, il faut gravir le long escalier où les hommes ne peuvent marcher qu'un à un. Cette opération exigea quelque temps, et lorsqu'on arriva, le moment opportun était passé, les troupes du général Lamarque avaient pris terre. Tournant brusquement à l'ouest, la flotte s'était approchée du rivage, vers une toute petite anse située entre la pointe *del Niglio* et la pointe *Capocchia ;* les canonnières firent promptement taire le feu de deux batteries armées chacune de trois canons, et placées, l'une à la pointe *del Niglio*, l'autre à la pointe *di Campetiello*. Ce fut moins un débarquement qu'une escalade : le rocher a plus de quinze pieds à pic en cet endroit ; les matelots passèrent les premiers, jetèrent des cordes aux soldats ; on établit des échelles comme l'on put, on grimpa de saillie en saillie, et lorsque les renforts anglais apparurent, Lamarque, à la tête de trois cent cinquante hommes, menaçait la tour de *Damacuta*. Au lieu de se précipiter à la baïonnette sur ce corps, qui, manœuvrant sur un terrain très en pente, pouvait facilement être jeté à la mer, les Anglais engagèrent un feu de tirailleurs du sommet des hauteurs qu'ils occupaient. On passa outre pour prendre des positions; le débarquement continuait toujours : quatre cents hommes rejoignirent leurs compagnons. Malgré une vive mousqueterie qui leur causa des pertes nombreuses, les Français ne tardèrent pas à s'emparer de la tour de *Damacuta*, de la tour *Materita*, de la tour *di Guardia*, et d'un moulin à vent placé en vedette sur un piton élevé qui domine la ville d'Anacapri. Les Anglais avaient maladroitement éparpillé leurs lignes de défense. Le major Hamill, commandant à Anacapri, le capitaine Church, dirigeant la défense des environs de Damacuta, ignoraient mutuellement leur sort : ils venaient d'être coupés par leur centre. De nouvelles troupes avaient renforcé le corps d'attaque français. Le général Lamarque marcha de sa personne sur Anacapri, qu'il enleva après un combat assez chaud, pendant lequel tomba pour toujours le major Hamill en défendant l'église où il essayait de se retrancher.

Pendant ce temps, les autres assaillants, divisés en deux bandes et filant, l'une par le côté sud, l'autre par le côté nord, allèrent s'emparer, la première de *Monte-*

Solaro, où existait une redoute qui fut vite enlevée, la seconde de Capo di Monte, qui commande l'escalier, seule route pour se rendre à *la Marine* et sur le territoire de Capri. Les Anglais étaient donc repoussés de toutes les positions. Seul, le capitaine Church, ignorant ce qui se passait autour de lui, s'obstinait à vouloir reprendre la tour de Damacuta. La nuit était venue quand, comprenant enfin l'inutilité de sa persistance, il se mit en retraite. En approchant d'Anacapri, il put se convaincre, à la clarté de la lune, que la ville était entre les mains des troupes du général Lamarque. Il s'avança aussitôt vers Capo di Monte pour se retirer vers Capri; le *qui vive* des sentinelles l'arrêta; avec assez de présence d'esprit, il répondit en français qu'il conduisait un détachement napolitain. La ruse aurait pu réussir, sans les uniformes rouges de quelques soldats du Royal-Maltais, qui donnèrent l'éveil. Le capitaine, se sentant enfermé de tous côtés par un cercle ennemi, et ne voulant pas se rendre prisonnier, prit une résolution héroïque. Malgré la nuit, il se laissa glisser du haut de l'immense rocher qui sépare Anacapri de Capri ; son détachement le suivit à travers cette route impossible ; un seul homme tomba qui fut broyé dans sa chute. Pendant toute la journée, Hudson Lowe, prenant au sérieux une fausse tentative de débarquement vers le *Palazzo di Mare*, demeura à tirailler contre les canonnières et contre les chalands, au lieu de se porter au secours d'Anacapri, dont tous les postes appartenaient le soir au général Lamarque.

Dès le lendemain, les Français se mirent en mesure d'attaquer Capri, d'en déloger Hudson Lowe ou de l'y serrer de si près qu'il fût forcé de capituler. Le premier soin de Lamarque fut d'amener du canon sur les hauteurs de Monte-Solaro, qui non-seulement dominent Capri, mais encore les deux petites collines armées du *Castello* et du fort *San-Michele*, entre lesquelles la ville est assise. L'opération n'était pas facile dans ce pays rocailleux, où nulle route n'est ouverte. On porta les pièces sur les épaules, je ne sais comment, mais on les porta, et bientôt Lamarque put battre de haut les positions occupées par les Anglais. Le vent d'ouest, qui lui amenait des renforts de Naples, empêchait d'arriver ceux qu'Hudson Lowe avait demandés en Sicile. Pendant plusieurs jours, on se canonna sans se faire grand mal ; les habitants restaient neutres. Lorsque Lamarque manquait de munitions, il hissait un signal, et de Naples on lui en expédiait. C'est ainsi qu'une flottille de quatre-vingt-quinze navires, dont trente canonnières, put débarquer sa cargaison de cartouches et de gargousses malgré un vif engagement avec l'*Embuscade* et le *Mercure* de la marine britannique. Lamarque s'était emparé de *la Marine* à l'aide des grenadiers du second régiment napolitain ; le troisième de ligne italien avait pris *la Petite-Marine*, et le régiment Royal-Corse de Naples, suivant l'exemple hardi qui lui avait été donné par les Anglais, était descendu, de rocher en rocher, des hauteurs d'Anacapri, et avait poussé ses approches jusqu'aux maisons

voisines de la ville de Capri, où Hudson Lowe, voyant
ses munitions s'épuiser, n'ayant même point les outils
nécessaires pour réparer les dégâts causés par l'artillerie des assaillants, sans nouvelles des bâtiments de
guerre anglais que le mauvais temps avait chassés,
tenait cependant avec l'admirable fermeté des soldats
de sa nation. Il tint ainsi pendant dix jours, jusqu'au
14 octobre. En ce moment, la brèche ouverte et presque praticable faisait redouter un assaut; les troupes
du roi de Naples se logeaient au pied des murs mêmes
de la ville; la situation n'était plus tolérable. Lamarque envoya un parlementaire et proposa une capitula-
tion dont les termes excessifs furent hautement rejetés
par sir Hudson Lowe. Enfin, après des pourparlers
communiqués à Murat, qui, dans son impatience, était
accouru à Massa pour suivre de l'œil les opérations de
son lieutenant, la place capitula le 16, avec les honneurs de la guerre. Les commandants en chef se féli-
citèrent à l'envi sur le courage respectif qu'ils avaient
déployé, et la ville fut remise aux mains des troupes
de Murat, qui resta tranquille possesseur de Capri
jusqu'en 1815. Par un fait assez singulier, il y avait
un régiment de tirailleurs corses du côté des assaillants et du côté des assaillis; ils s'engageaient mutuellement à déserter, mais en vain. L'amour-propre national les avait piqués sans doute, et ils se battirent
fraternellement. Cette animosité cessa dès que la capi-
tulation fut signée, et la plupart des soldats du Royal-
Tirailleur-Corse anglais passa aux Napolitains. Les

traces du combat existent encore ; plus d'une maison a eu des chambres démolies par les boulets, que depuis on n'a pas reconstruites ; sur les fortins qui s'élèvent près de *la Marine*, on voit les trous des balles, et parfois dans les champs on retrouve quelque bouton en cuivre oxydé, débris de l'uniforme d'un combattant de 1808.

Afin de mieux me rendre compte des difficultés que les troupes commandées par le général Lamarque avaient dû vaincre pour opérer leur débarquement, je voulus faire le tour de l'île, qui n'a que neuf milles, trois lieues, de circonférence. Par un temps calme, et dans une bonne barque, c'est une promenade charmante. A *la Marine*, je pris un canot et je commençai mon périple minuscule. Une demi-heure après être parti, j'arrivais à la célèbre *Grotte d'Azur*, qui s'ouvre au nord dans la paroi d'un rocher haut d'environ douze cents pieds. L'entrée de la grotte est si basse et si étroite que l'on est forcé de désarmer les avirons et de se courber au fond de la barque pour ne point se heurter en passant. Dès qu'on a franchi le trou resserré qui sert de porte, on se trouve en pleine féerie. L'eau profonde, claire à laisser voir tous les détails de son lit, teintée d'une nuance de bleu de ciel adorable, projette ses reflets sur la voûte de calcaire blanc, et lui donne une couleur azurée qui tremble à chaque frisson de la surface humide. Tout est bleu, la mer, la barque, les rochers ; c'est un palais de turquoise bâti au-dessus d'un lac de saphir. Le matelot qui me conduisait se déshabilla et se jeta à l'eau ; son corps m'apparut blanc comme de l'argent mat, avec des ombres de velours bleuissant aux creux que dessinait le jeu de ses muscles. Ses épaules, son cou, sa tête, étaient au contraire d'un noir cuivré ; on eût dit une statue d'albâtre surmontée d'une tête de bronze florentin. Les gouttelettes qu'il faisait jaillir en nageant, les globules qui se formaient près de lui, étaient comme des perles éclairées par une lumière bleuâtre. Le ciel se couvrit ; la couleur alors fut moins intense, et se revêtit, dans les fonds surtout, d'un glacis de teinte neutre. Le nuage qui voilait le soleil s'envola, et dans toute la grotte un feu d'artifice azuré éclata, jetant sur les pierres humides des étincelles d'un bleu lumineux. Je ne pouvais me lasser d'admirer cette splendeur et de regarder l'homme blanc à tête noire qui se baignait dans ces flots célestes.

Qui a découvert cette merveille ? Est-ce le pêcheur Angelo Ferrara le 16 mai 1822 ? est-ce l'Allemand Kapisch le 19 août 1826 ? Est-il vrai que Capaccio en parle dans ses *Historiæ napolitanæ libri duo*, publiés en 1605 ? Q'importe ! C'est la plus belle curiosité naturelle que j'aie jamais vue, et cela me suffit. Les anciens la connaissaient-ils ? C'est probable, et ils ont dû alors la consacrer à Téthys aux yeux bleus. Une sorte de petit débarcadère façonné au fond, un assez large couloir dont l'extrémité est fermée par une pierre de forme rectangulaire qui paraît avoir été placée là de main d'homme, semble indiquer qu'elle fut visitée des anciens ; on prétend même qu'une route souterraine conduisait jadis jusqu'aux villas romaines bâties sur le territoire actuel de Damacuta. A la rigueur, le fait est possible, mais je le crois singulièrement douteux.

A propos du phénomène lumineux qui se produit dans cette grotte, on a beaucoup parlé de *réfraction*, de *réflexion*, de *transmisssion* ; je n'en dirai rien, car je suis fort incompétent en si sérieuse matière : je dirai seulement, en employant l'expression que M. Niepce de Saint-Victor a consacrée dans ses admirables travaux sur l'héliographie, que la lumière paraît *emmagasinée* au sein même des flots qui baignent la grotte ; la mer est profondément pénétrée par la lumière à l'entrée de la caverne, sans doute à cause de la disposition particulière de cette entrée ; elle est comme saturée de cette lumière, et la jette en nappes d'azur éclatant jusqu'aux derniers replis de la voûte. Ce qui tend à le prouver, c'est que les corps plongés dans cette eau féerique deviennent blancs à l'instant même. La voûte, formée de calcaires blanchâtres, est teinte en bleu, comme si un foyer lumineux placé au-dessous d'elle lui envoyait ses rayons à travers un cristal d'azur.

Après avoir franchi la pointe *di Vitareto*, qui forme l'angle nord-ouest de l'île, j'arrivai au lieu que le général Lamarque avait choisi pour débarquer. C'est une anse si étroite, si petite, que quatre barques de pêcheurs y seraient mal à l'aise. Quand on se rappelle le vent d'ouest qui soufflait alors et qui grossissait la mer, on comprend difficilement que des hommes aient tenté cette aventure, qui eût effrayé des singes. Ils réussirent cependant, et l'on voit de là le large plateau qui monte en pente dure jusqu'aux plus hautes sommités de Monte-Solaro. Çà et là, dans des fentes de rochers, sur des saillies élevées à donner le vertige, on aperçoit des ruines de tourelles qui semblent accrochées à la falaise comme un colimaçon contre un mur.

Après avoir doublé la pointe *di Carena*, nous côtoyâmes la face méridionale de l'île, et, sans transition sensible, l'aspect du paysage change immédiatement. C'est là que sont les plus hautes falaises, les plus abrupts rochers; mais le vent du sud y a jeté des semences qui ont germé dans les fissures où quelques parcelles de terre végétale ont pu se réunir. Il y a des pins laryx tordus par le vent et appliqués par lui contre la paroi hospitalière; il y a deux ou trois touffes de palmiers nains dont la graine, apportée des sirtes d'Afrique sur l'aile de la brise, est venue reprendre vie sur ce nouveau désert; au sommet d'un piton isolé, un aloès étale ses tiges raides et ressemble à un ornement d'architecture. Au niveau de la mer s'ouvrent des trous ronds, larges et profonds, qu'on dirait creusés exprès à l'aide d'une gigantesque tarière; en y frappant, le flot y détone comme une lointaine artillerie. Au milieu de la côte bâillent de vastes grottes inaccessibles, où les stalactites pendent en longues colonnes renversées. A certaines places, la stalactite s'est unie au rocher, et fait corps avec lui ; dans quelques années, on ne la distinguera plus ; la formation calcaire sera complète. Comme nous passions devant la pointe *del Tuono,* un nuage se forma : léger, transparent, semblable à la vapeur d'une immense chaudière, il alla s'asseoir à la cime du rocher, et de là il laissa tomber quelques gouttes d'eau sur nous. Près de ce promontoire *del Tuono,* ainsi nommé parce qu'il est souvent visité par la foudre, des terres blanchâtres couvrent la base du rocher et descendent jusqu'à la mer. Les pauvres gens viennent en prendre quelques poignées, les font bouillir, et obtiennent ainsi un sel grossier qui rend leurs aliments moins insipides. Deux grottes, *la Marmolara* et *la Marmoratella,* ne sont que des enfoncements où l'eau pénètre ; mais plus loin, près de la pointe *Ventroso,* s'ouvre, à travers les rochers, un passage qu'on franchit en barque, et qui s'appelle *la Grotte verte.* L'eau en effet y est d'une couleur verte très-tendre, et les corps que l'on y plonge s'y teignent immédiatement d'un ton blanc glacé de vert. C'est le même phénomène que dans la *Grotte d'Azur,* à la différence près des couleurs. Au delà de la pointe *Ventroso,* on rencontre *la Petite-Marine,* près de laquelle on visite une caverne que la mer ne peut atteindre, et qui servait jadis de chantier aux charpentiers constructeurs de barques ; au fond s'arrondit une alcôve naturelle, séparée en deux parties égales par un mur de brique ; dans un coin, on reconnaît les débris d'un four ; elle a conservé son ancien nom, *la Grotte de l'Arsenal.* A cent pas de la côte, deux vastes rochers s'élèvent dans la mer, pareils aux tours d'une cathédrale informe : on les nomme *li Faraglioni*. Dans l'un de ces rochers s'ouvre un porche énorme où les bateaux à vapeur peuvent facilement passer ; un peu plus loin, un rocher plat, portant quelques ruines de murailles, se dresse sous un panache d'herbes sauvages : c'est l'écueil *del Monacone*. Les gens du pays prétendent que là fut enfermée et détenue Julie, la petite-fille d'Auguste : tradition menteuse, qui veut concentrer sur Capri même tous les faits du règne de Tibère. Le texte de Tacite [1] est positif : Julie mourut, après vingt ans d'exil, dans l'île de Trimère, sur les côtes de la Pouille. En passant au-dessous des rochers du Cap (*lo Capo*), qui servent de soubassement aux ruines du palais de Tibère, on voit que l'endroit était bien choisi et à l'abri de tout coup de main. Cependant, entre les deux murailles rocailleuses et réellement infranchissables, des éboulements de terres entraînées par les pluies ont formé une sorte de pente qu'il serait peut-être possible de gravir ; c'est par là sans doute que monta le pêcheur qui effraya tant Tibère, et dont le visage fut déchiré par la langouste qu'il s'applaudissait de n'avoir point offerte [2]. *Lo Capo* forme l'extrémité nord-est de l'île, et quand on l'a doublé, on est près d'arriver à *la Marine*, dont on aperçoit les maisons blanches rangées sur le rivage. A quelques pas même du petit port, on distingue les

---

1. Tacite, *Ann.*, liv. IV, § 61.
2. Suétone, *ap. Tib.*, § 60.

ruines d'un four à chaux. Une nuit, il y a de cela une vingtaine d'années, il flambait, et la lueur des flammes se projetait au loin. Une barque venue de Naples aborda, et les chaufourniers en virent avec épouvante sortir deux hommes armés et masqués; ils tenaient dans leurs bras une jeune fille bâillonnée qui se débattait. Les hommes silencieux s'approchèrent du four et jetèrent la jeune fille au milieu des flammes, puis ils se rembarquèrent, firent force de rames et disparurent dans les ténèbres. Depuis cette époque, le four est abandonné et n'a jamais servi. Je livre l'anecdote pour ce qu'elle vaut, et telle qu'elle m'a été racontée.

Je n'ai plus rien à dire de l'île de Capri, qui est le meilleur belvédère où l'on puisse monter pour voir le golfe de Naples se déployer dans toute sa splendeur. Ces côtes ondoyantes, ce Vésuve qui porte les nuages, cette mer si douce et si bleue, forment un des plus beaux paysages qu'il soit donné à l'œil humain de contempler. Cependant, malgré soi, on y est attristé : la nature y est si puissante que l'homme disparaît ; malheureusement il disparaît tout entier. Cette île charmante dort d'un sommeil plein de songes enivrants, j'en conviens ; mais elle dort, et si profondément parfois qu'on pourrait croire que c'est pour toujours ; c'est la Belle aux flots dormant. Les souvenirs de l'antiquité ont laissé sur cette contrée une telle empreinte que la vie moderne a peine à s'y acclimater ; elle semble s'en écarter avec défiance et attendre, pour commencer son œuvre, que la liberté nouvellement conquise ait accompli la sienne.

II

LA SARDAIGNE [1]

I

« Je ne suis pas allé en Sardaigne pour y préparer l'unanimité du suffrage universel à un changement de nationalité, dit M. Auguste Boullier dès la première ligne de sa préface, ni pour y visiter Garibaldi dans sa sauvage retraite de Caprera. Je ne fais ni de la politique officielle ni de la politique de fantaisie. Je suis un simple curieux. » M. A. Boullier se trompe, par modestie sans doute; il est mieux et plus qu'un « simple curieux. » Il ne se contente pas de voir, il regarde, il s'enquiert, il interroge, il fouille les documents oubliés; à côté des descriptions de paysage il note les détails de mœurs; il ne recule pas devant la statistique,

1. *L'Ile de Sardaigne*, description, histoire, mœurs, etc. *Dialecte et chants populaires*, par M. Auguste Boullier.

et pousse parfois sa petite pointe dans l'histoire ancienne tout aussi bien qu'un autre. A l'entendre cependant, il n'a cherché dans la Sardaigne qu'un pays
« où la commodité des hôtels, la rapidité des chemins
de fer et l'exactitude de la vapeur n'aient pas encore
gâté le paysage, supprimé l'imprévu et répandu partout une ennuyeuse uniformité. » Excès de jeunesse !
C'est un défaut dont on se corrige tous les jours. J'en
ai connu, au temps de ma vingtième année, de ces pèlerins du pittoresque à tout prix, de ces croisés de la
couleur locale, qui préféraient la démarche cadencée
du dromadaire, le pas relevé d'un mulet empanaché à
toutes les locomotives de Crampton. Hélas ! ils ne ré-
fléchissaient pas que l'imprévu c'est le nouveau, que la
caravane est vieille comme le monde, et que les fulgu-
rations d'un train-poste passant à toute vapeur sont
supérieures à l'aspect d'une longue file de chameaux
geignards qui font dix lieues par jour. Laissons la
science donner à l'industrie ces admirables instruments
de civilisation qui feront pour le bonheur de l'humanité plus que tous les canons rayés et plus que toutes
les fanfares du clairon. Espérons que bientôt il y aura
partout des chemins de fer et des bateaux à vapeur. Le
pittoresque local y pourra perdre quelque chose, j'en
conviens ; mais le pittoresque général y gagnera singulièrement. Nos arrière-petits-enfants iront d'Alger
au cap de Bonne-Espérance, en confortables wagons,
à travers le désert foré de puits artésiens. La nature
sera-t-elle changée parce qu'un grand progrès aura été

introduit dans ces contrées que les géographes dési-
gnent aujourd'hui sous le nom de régions inconnues?
Non pas; les palmiers verdiront toujours dans les oasis,
et les lions n'en rugiront pas moins, cachés par les papyrus qui bordent les marécages où marchent les fla-
mands roses et où les antilopes viennent boire à la
tombée du crépuscule. Soyons de notre temps, et, s'il
se peut, précédons-le. Je prie M. A. Boullier de me
pardonner mon prosaïsme; mais la vie m'a donné son
expérience et je ne puis la répudier. J'ai beaucoup
voyagé; j'ai fait des centaines de lieues et des centaines de lieues pour aller voir des soleils couchants;
je sais qu'il est doux de passer la nuit sur le sable, je
sais qu'il n'est point mauvais de déjeuner avec un
oignon cru et de souper avec un œuf dur; mais j'ai appris à mes dépens qu'il est meilleur de dormir dans un
lit et qu'il est plus sain de manger des beefteacks. Rien
n'était plus charmant que de traverser l'isthme de Suez,
juché sur un dromadaire dont le grelot sonore retentis-
sait dans la nuit; les chacals effarés se sauvaient en
piaulant; de grands oiseaux nocturnes vous touchaient
de leur aile invisible au milieu de l'obscurité; dans le
ciel, de couleur améthyste, les étoiles brillaient d'un
éclat inconcevable; on échangeait, en passant, un mot,
un souhait avec les caravanes rencontrées; le chant
monotone des chameliers murmurait comme une
plainte lointaine; tout cela était fort agréable et avait
du caractère, mais faut-il le regretter? Qu'on le demande à M. Ferdinand de Lesseps, il répondra.

J'ai l'air de chercher une querelle d'Allemand à M. A. Boullier, et en vérité j'ai tort, car il ne le mérite pas. Son livre, en effet, ne sacrifie rien au pittoresque. Sa description est sage et substantielle; elle *fait voir*, ce qui est rare et mérite d'être noté. Son travail est, jusqu'à présent, ce qui a été publié de plus complet sur la Sardaigne; il ne s'est pas arrêté à la surface, il a pénétré jusqu'au cœur du pays; il l'a interrogé avec patience, et il peut répondre à toutes les questions que nous pourrions poser sur son passé, sur son présent et sur les aspirations qui peut-être détermineront son avenir. Comme toutes les contrées qui ont subi des dominations diverses, la Sardaigne a gardé dans ses mœurs et dans ses habitudes l'empreinte des diverses races qui l'ont occupée. Ce n'est pas impunément qu'on passe, au gré de la conquête ou de la diplomatie, des Carthaginois aux Romains, des Romains aux Vandales, des Vandales aux Arabes, des Arabes aux Italiens, des Italiens aux Espagnols, des Espagnols à l'Autriche, de l'Autriche à la maison de Savoie, grâce à laquelle l'antique Ichnusa est entrée aujourd'hui dans le concert unitaire de l'Italie. Dans le pays et dans ses habitants on retrouve çà et là le vestige de tant de peuples dont chacun apportait ses mœurs spéciales et son administration particulière; cela constitue un ensemble étrange, parfois contradictoire, mais presque toujours curieux, et que M. Boullier a souvent fait ressortir d'une façon remarquable. Cette riche et fertile Sardaigne, que l'antiquité appelait « la nourrice de

Rome, » est à cette heure très-déchue de sa fécondité : pauvre, presque dépeuplée, visitée par les fièvres paludéennes, elle voit ses incomparables richesses minéralogiques rester inutiles dans son sein, elle voit les marais et les *maquis* l'envahir peu à peu ; les plantations d'oliviers faites autrefois par les Romains sont retournées à l'état sauvage ; ses grands propriétaires résident sur le continent italien ; ses paysans vivent de chasse et de *far niente;* son commerce est presque nul. Et cependant elle contient tous les éléments d'une enviable prospérité ; c'est aussi *la Belle au bois dormant;* qui la réveillera ?

II

« Le Sarde, écrit M. de Maistre (29 mai 1805), est plus sauvage que le sauvage ; car le sauvage ne connaît pas la lumière, et le Sarde la hait. Il est dépourvu du plus bel attribut de l'homme, la perfectibilité. Chez lui, chaque profession fait aujourd'hui ce qu'elle a fait hier, comme l'hirondelle bâtit son nid et le castor sa maison. » Puis, revenant à son système particulier de gouvernement, il ajoute : « Il faut y envoyer un préteur et deux légions, oonstruire des chemins, établir des voitures et la poste, planter force potences. » Ainsi qu'on le voit, l'illustre libelliste n'avait point gardé un souvenir fort agréable de son séjour en Sardaigne, où pendant trois ans il exerça les hautes fonctions de régent de la grande chancellerie. Cela se comprend; pour ce grand seigneur à la fois souple et hautain, très-sceptique malgré qu'il en eût, Cagliari devait être un insupportable séjour. Il affectait de déplorer l'esprit de nouveauté qui alors bouleversait le monde, et cependant il ne put s'accommoder des Sardes qui, semblables en cela à tous les peuples souvent conquis ou échangés, retournaient toujours à leurs vieilles coutumes par simple esprit d'indépendance. En effet, au bruit de la prise de la Bastille et de la Déclaration des Droits, ils avaient aussi fait leur révolution, mais une révolution en sens inverse; ils massacrèrent les Piémontais, réclamèrent impérieusement leur ancienne constitution féodale que Charles-Emmanuel III avait abolie parce qu'il la trouvait trop barbare, et ils exigèrent le rétablissement de leurs *Cortès*, selon les usages d'Aragon. Il fallut, pour les calmer, l'intervention même du pape et des concessions que les princes de Savoie furent très-heureux d'avoir faites lorsque, de toutes leurs possessions, il ne leur resta plus que la Sardaigne, où ils se réfugièrent. Certes, un si beau zèle pour le moyen âge aurait dû toucher le comte de Maistre; il n'en fut rien, ainsi qu'on a pu le voir. On ne doit pas en être surpris : cet éminent esprit était fort enclin à l'opposition, et prenait volontiers le contre-pied sur lui-même à défaut d'autres; on peut s'en convaincre en comparant ses œuvres publiques à ses correspondances privées. L'anathème qu'il a lancé contre les Sardes n'est point juste. Leurs mœurs sont âpres, dures, farouches même, j'en conviens; elles ressemblent beaucoup à celles de la Corse; elles ressortent fatalement d'un peuple à la fois montagnard et marin, qui n'a aucun besoin, qui veut bien ne rien demander, mais à la condition de n'avoir rien à donner, et qui habite un territoire dix fois plus grand qu'il ne conviendrait à son nombre. Mais l'extrême indépendance du caractère des Sardes n'est point de la férocité, et dans leur dédain des inventions modernes, dédain sur lequel M. de Maistre ne peut tarir, il ne faut voir qu'une dernière trace du fatalisme dont ces populations ont dû s'imprégner jadis dans leur contact forcé avec les Arabes conquérants. Partout où l'islamisme a régné en maître, l'indifférence de tout progrès est remarquable; l'Espagne seule suffirait à le prouver. Ce n'est pas seulement dans cette indolence méprisante qu'on reconnaît la domination des Arabes; certains usages en consacrent le souvenir. A l'heure des offices, les bedeaux battent du tambour devant l'église pour prévenir les fidèles; chacun sait que dans les pays où ils sont les plus forts, les musulmans n'ont jamais toléré l'emploi des cloches. Les bedeaux de Sardaigne ne se doutent guère, sans doute, qu'en frappant la peau d'âne ils rappellent traditionnellement l'état de servitude de leurs ancêtres.

Malgré sa taciturnité habituelle, le Sarde est grand danseur, et le *ballu tundu* est un plaisir auquel il ne sait point résister. C'est une sorte de ronde qui dure parfois des heures entières, qui dégénère souvent en frénésie, et dont je me rappelle avoir lu une charmante description que M. Édouard Delessert a donnée dans son livre intitulé : *Six semaines dans l'île de Sardaigne* (1855). Le trait de mœurs caractéristique des Sardes est la *vendetta ;* en cela ils n'ont rien à envier aux Corses. L'habitude de ne jamais sortir sans être armé du fusil et du coutelas rend les rencontres meurtrières fréquentes et plus faciles ; l'intérêt de cette population à la fois violente et naïve s'attache invinciblement au bandit, qui trouve partout asile, abri, et surtout discrétion. Il n'y a pas d'exemple qu'un assassin pour fait de vengeance ait jamais été dénoncé ; en face même de la justice les témoins sont muets, et nulle menace ne peut délier leur langue. Quant aux carabiniers royaux (gendarmes), ils ont beau mettre dans leurs recherches toute l'activité possible, ils arrivent toujours trop tard ; le coupable a été prévenu, il est déjà dans le *maquis* ou là-bas peut-être, dans la chaumière, chez quelque belle contadine que la vie d'aventure n'a point épouvantée. Du reste, jamais la cupidité ne dirige ces meurtres ; tous sont suscités par un amour-propre mesquin et un étroit point d'honneur. On ne pourrait pas citer une victime qui ait été dépouillée par son assassin, si ce n'est de ses armes ; mais c'est là un usage homérique auquel les bas instincts n'ont rien à voir. On ne s'attaque jamais sans s'être prévenu mutuellement, sans avoir déclaré la *vendetta.* Ces sortes de duels, qui ressemblent à une chasse où l'on serait à la fois chasseur et gibier, sont très-fréquentes entre particuliers, ne sont pas rares de famille à famille, et se voient quelquefois de commune à commune. Alors c'est presque une guerre, et les *vendetta* de cette espèce ressemblent fort au *Combat des trente*, où Tinteniac fut le mieux méritant. Pourquoi ces mœurs sauvages subsistent-elles encore? M. A. Boullier va nous le dire : « La justice a été si longtemps servile et vénale, que chacun a pris l'habitude de se faire son propre justicier. » Je comprends que la brutale simplicité de ces usages ait fort effarouché M. de Maistre et qu'il se soit écrié : « Beau sujet de méditation ! L'un des pays les plus fertiles de l'univers est l'un des plus sujets aux disettes; il est couvert de bétail et l'on manque de laitage; c'est l'effet de sa législation et de ses préjugés. » Cette législation n'existe plus, grâce à Dieu; quant aux préjugés, ils diminuent tous les jours, et disparaîtront complétement lorsqu'ils seront aux prises avec la civilisation.

III

Cette civilisation tardera-t-elle longtemps encore à faire son entrée triomphante en Sardaigne? Je ne le pense pas. Si j'en crois M. A. Boullier, elle s'y glisse tout doucement, chaque jour davantage, protégée et fécondée par le libre *Statut* qui régit l'Italie. Les princes de Savoie, à l'époque où ils ne possédaient encore que le Piémont, ont-ils fait pour la Sardaigne, qui leur avait valu le titre de roi, tout ce qu'on était en droit d'attendre d'eux? L'hésitation n'est pas possible, et il faut répondre : Non ; mais on peut plaider les circonstances atténuantes. Obligés de surveiller leurs États de terre ferme sans cesse menacés par la France et par l'Autriche, ils ont dû forcément négliger cette île presque lointaine pour eux et qu'on leur représentait comme peuplée par d'indomptables sauvages ; pendant une partie de la période napoléonienne, le roi Victor-Emmanuel Ier se réfugia à Cagliari ; mais là, au lieu de donner ses soins à l'amélioration du pays qui l'avait recueilli, il ne s'occupait qu'à des intrigues diplomatiques inutilement destinées à lui faire rendre sa couronne usurpée. Plus tard, lorsque les traités de Vienne eurent remis sur leur trône les grands et les petits potentats que le mouvement français avait violemment déplacés, le grand souci des princes italiens fut, non pas l'amélioration physique, intellectuelle et morale de leurs sujets, mais de combattre le carbonarisme, qu'ils voyaient partout et qui leur causait d'inexprimables terreurs. La Sardaigne fut encore laissée dans l'oubli. Au point de vue de la politique intérieure de la cour de Turin, elle n'était que d'un intérêt secondaire : au point de vue de la politique extérieure, elle n'était d'aucun intérêt. En effet, elle était sauvegardée par sa situation même et par la force égale des deux puissances étrangères qui pouvaient la convoiter. Il est certain qu'elle serait fort utile à la France, car, en termes maritimes, elle est le *matelot* de la Corse ; il est non moins certain qu'elle plairait à l'Angleterre et compléterait son système méditerranéen ; mais la France ne permettra jamais cette acquisition à l'Angleterre, qui ne la permettra pas à la France. Le cabinet de Turin savait cela parfaitement, et comme il était plein de sécurité pour la Sardaigne, il ne se tourna point de son côté et ne fit rien pour elle. Elle continua à végéter tristement entre ses forêts et ses marécages, tout entière à ses vieilles mœurs et assez dédaigneuse de ce qui se passait loin d'elle. La promulgation du *Statut*, la liberté féconde qui en découlait, commencèrent pour elle une vie nouvelle, et l'on peut dire aujourd'hui qu'elle touche à l'heure de sa régénération. Deux lois votées au parlement de Turin (27 juillet 1862, 4 janvier 1863) ont prescrit la construction de routes nationales et de voies ferrées dans l'île entière. Le réseau est conçu de façon à faire presque le tour de l'île et à desservir les villes principales de l'intérieur. Il n'est pas à présumer que la petite population sarde (600,000 habitants) suffira à couvrir les frais qu'entraîneront de telles et si coûteuses constructions ; mais c'est cependant de l'établissement définitif de ces chemins de fer que datera la réelle émancipation de la Sardaigne. Lorsque les railways de la Corse seront construits (le seront-ils jamais ?), la route la plus courte pour se rendre d'Italie et de France en Algérie et dans la régence de Tunis sera par le transit de la Corse, des bouches de Bonifacio et de la Sardaigne. Actuellement, de Marseille à Alger, de Nice ou de Gênes à Nice, le trajet dure cinquante heures en moyenne; de Gênes à Tunis, il est de cinquante-trois; de Livourne à Bone ou à Tunis, il est de quarante-quatre. En partant de Nice ou de Gênes, en traversant la Corse et la Sardaigne, le maximum des heures de voyage est de trente, dont vingt seulement à la mer. Si un tel projet était mis à exécution, et rien n'est plus facile, la grande fée moderne, la fée de la science appliquée à l'industrie, rendrait vite à la Sardaigne son antique splendeur. Ses terres fécondes seraient cultivées, ses ports seraient le rendez-vous et le refuge des bâtiments de commerce, ses forêts pourraient au moins fournir les bois de construction qu'elles produisent; ses entrailles, fouillées et mises à jour, livreraient les trésors métallurgiques qu'elles renferment; les mœurs adoucies accroîtraient la population, et des forces aujourd'hui inutilisées seraient employées à faire grandir la civilisation. Ce rêve n'a rien de chimérique, et des hommes sérieux ont prouvé qu'il suffisait de vouloir sa réalisation pour l'obtenir. (*Sulle ferrovie insulari della Corsica e specialmente su quelle della Sardegna, note dell' ingegnere L. Fatti. Torino, 20 novembre 1862.*) Je regrette de ne pouvoir soulever le voile pseudonyme derrière lequel se cache un homme éminent, connu à la fois par ses travaux scientifiques et militaires, et qui mieux que personne connaît la Sardaigne, car il l'a habitée pendant longtemps.

IV

Dans les *Chants populaires* auxquels **M. A.** Boullier a consacré un volume, j'ai vainement cherché la trace des divers peuples qui tour à tour ont dominé en Sardaigne. J'aurais aimé à y retrouver quelques échos arabes ou espagnols; mais le Sarde semble s'être réservé tout entier, et il n'a point transmis à ses pensées les souvenirs qu'a gardés son histoire. C'est assez terne et même un peu monotone; j'y aurais voulu un peu plus de netteté, plus de franchise, plus d'allure, en un mot plus de caractère. Les chants d'amour ne sont pas très-éloignés de ressembler à nos insipides romances; la saveur y manque, et je n'y sens pas le fumet sauvage qu'on pouvait s'attendre à y trouver. J'aurais voulu y rencontrer, en mémoire de l'occupation arabe, quelque chose qui m'eût rappelé le Kacideh de Nâbigha : « Son voile est tombé, sans mauvaise intention, et tandis qu'elle se hâtait de le reprendre, elle opposait à mon œil avide une main, — une main charmante, teinte de *henné*, dont les doigts ressemblaient à des fruits à peine noués au bout de leurs rameaux délicats. — Elle a fixé sur moi son regard, regard langoureux, comme celui que le malade attache sur les amis qui viennent le visiter. » — L'Espagne n'a pas communiqué à la Sardaigne le secret de son *romancero*,

et nul chant sarde ne peut être comparé à la *Julianesa :* « Avancez, chiens, avancez! puissiez-vous mourir de male rage, vous qui le jeudi tuez le porc et qui
le mangez le vendredi! — Voilà aujourd'hui sept ans
que je vais par cette vallée. Comme j'ai les pieds déchaussés, les ongles en sont tout saignants. Et je n'ai
pour manger que de la chair crue et pour boire que du
sang rouge. — Je cherche tristement Julianesa, la fille
de l'empereur; car les Mores me l'ont enlevée au matin de la Saint-Jean, tandis qu'elle cueillait des roses
et des fleurs dans le jardin de son père! — Julianesa,
qui était dans les bras de son ravisseur, l'entendit, et
ses larmes tombèrent sur le visage du More! » — Il
n'y a même pas, dans ces chants que les Sardes se
sont légués de père en fils, quelque chose de cette naïveté charmante qu'on remarque dans les chansons napolitaines. Qui ne se souvient de la jolie canzonetta *Io
te voglio ben assai?* qui ne l'a chantée? qui ne la mur-
mure encore en se rappelant Pausilippe et Baja? Les
Sardes semblent, par la spécialité même de leurs
mœurs, s'être défendus contre toute invasion de poésie
étrangère; à cet égard, ils ont gardé l'empreinte ineffaçable du génie romain, et ils sont restés Romains.
Ils le sont dans leur langue, plus qu'aucun peuple italien, ainsi que le prouve très-nettement M. A. Boullier
dans son travail sur les différents dialectes de l'île.
Comme la plupart des insulaires de la Méditerranée,
comme les Corses, comme les Siciliens, les Sardes ont
gardé la sourde désinence latine *us*, qu'ils prononcent

u (ou), et ont rejeté l'*o* sonore des Italiens : ils changent volontiers le *v* en *b,* et de *Vostrorum* ils font *Bosaturus.* Il faut souvent quelque sagacité pour retrouver la signification primitive des mots qu'ils emploient. J'en citerai un assez singulier exemple qui m'a frappé pendant mon dernier séjour en Sicile. Les Arabes désignaient l'Etna par le vocable *Djebel,* qui signifie montagne ; c'était, en effet, pour la vieille Trinacria, la montagne par excellence. Les Italiens ont pris ce mot pour une dénomination particulière ; de *Djebel* ils ont fait *Gibello,* et ont appelé l'Etna *Monte Gibello,* c'est-à-dire le mont montagne, pléonasme inexcusable, mais qui n'est pas rare dans les contrées qu'ont dominées des peuples de langues absolument différentes. Le patois sicilien a renchéri sur le tout, et obéissant, d'une part, à ses réminiscences latines, d'autre part à sa tendance naturelle qui le pousse à adoucir les syllabes dures, de *Monte Gibello* il a fait *Munccibeddu,* qu'il faut prononcer *Munchibeddou.* Dans ce mot à la fois flasque et pesant, Virgile reconnaîtrait-il cet Etna qu'il a chanté et qui écrase de tout son poids le géant Encélade ? Le pauvre Titan s'agite encore, il l'a prouvé récemment :

> Et fessum quot est mutat latus, intremere omnem
> Murmure Trinacriam, et cœlum subtexere fumo.

Je me laisse entraîner ; il est temps de revenir, car je ne voulais que parler du peuple sarde et recommander le livre de M. A. Boullier aux amis de l'Italie. Il croit à l'avenir de la Sardaigne ; il n'a pas tort, et je ne saurais mieux terminer qu'en citant ses propres paroles : « Une révolution féconde est venue l'émanciper il y a quinze ans et l'appeler à une nouvelle vie. Elle a dès lors secoué sa torpeur, et, délivrée de ses lisières, elle s'est mise à marcher ; elle marche, elle est pleine d'ardeur et de confiance. S'il lui reste beaucoup à faire, la grandeur de sa tâche, loin de la décourager, la stimule. Elle sait qu'étant libre, elle y pourra suffire. La liberté, en effet, qui seule donne du prix à la vie, donne seule aussi aux sociétés la puissance et la fécondité. Il y a des peuples qui, par la gloire des armes, par l'éclat des lettres et des arts, par l'étendue des entreprises commerciales, s'élèvent à de hautes destinées ; mais il n'y en a pas qui restent longtemps grands et prospères sans la liberté. » Il est difficile de mieux penser et de mieux dire.

III

LA RÉSURRECTION ITALIENNE[1]

Ce livre impartial, un peu sec dans sa forme, écrit par un homme de bonne foi, est un résumé excellent des souffrances et des efforts de l'Italie pendant une période de cinquante ans. La rénovation italienne est un fait politique et moral trop considérable pour que nous n'attachions pas une sérieuse importance aux récits qui la racontent et l'expliquent. L'auteur est unitaire, il ne le cache pas. « Si mes sympathies, dit-il dans sa préface, sont ouvertement acquises aux hommes du parti national, si je dépeins sous des traits sévères et peut-être durs les gouvernements que la dernière révolution a emportés, c'est que j'ai vu à l'œuvre les uns et les autres. J'ai reconnu d'un côté

1. *Histoire de la renaissance politique de l'Italie*, 1814-1861, par Rodolphe Rey.

une aspiration noble et généreuse, des griefs fondés, un but hautement respectable ; de l'autre j'ai vu des dynasties faibles et cauteleuses, ennemies du progrès, souvent cruelles, toujours dépourvues de fierté et d'esprit national, redoutables à leurs sujets, mais rampantes devant l'Autriche. » Après cet exposé très-simple et très-complet, il est presque inutile de dire que M. Rey a étudié la question sur les lieux, et que, de 1848 à 1861, il a été témoin des défaites et des victoires de la patrie italienne. Le but qu'il a poursuivi et atteint en écrivant son livre mérite d'être loué : il a voulu, racontant les souffrances sans nom que les Italiens ont supportées avec courage, prouver la légitimité de leurs espérances et affirmer une fois de plus, l'histoire moderne en main, qu'un peuple est propriétaire de lui-même, et qu'il est dans son droit strict en choisissant la forme et les institutions qui lui conviennent. Au moment où une dernière crise se prépare, crise qui peut facilement devenir grave pour le bonheur ou le malheur de l'Italie, il ne sera pas superflu d'étutier avec M. Rey les causes qui ont amené entre la papauté temporelle et l'Italie une séparation qui maintenant nous paraît définitive.

I

En 1846, l'Italie dormait, ou du moins on pouvait le croire. Des Alpes à l'Adriatique, du Tagliamento au cap Spartivento, le prêtre et l'Autrichien, unis dans une pensée commune de compression et d'asservissement, tenaient la Péninsule entière sous la verge et la baïonnette. Quelques jeunes hommes héroïques, comme les Bandiera, avaient essayé d'émouvoir et de soulever une population que l'épouvante rendait sourde; la nouvelle de l'exécution des insurgés n'avait éveillé dans les cœurs qu'une pitié muette et stérile. Tout était dans un calme plat; la police et le confessionnal gouvernaient l'Italie. Les petits souverains absolus trônaient dans leur omnipotence et prenaient en sincère pitié les rois constitutionnels qui se donnaient la peine de discuter les intérêts du pays avec le pays lui-même. La mort d'un seul homme changea ce repos en agitation, et démontra aux optimistes entêtés que l'Italie n'avait répudié aucune de ses aspirations. Le 1ᵉʳ juin 1846, Grégoire XVI mourut. Son gouvernement n'avait point été doux, et le cardinal Lambruschini, son premier ministre, n'a pas laissé parmi les Romains des souvenirs trop populaires. Le conclave précipita l'élection, afin d'éviter la votation des cardinaux étrangers, qui presque tous étaient favorables à Lambruschini. Dès le troisième jour, le cardinal Mastaï fut élu; il prit le nom de Pie IX. C'était un inconnu, et lorsqu'il fut, selon l'usage, présenté au peuple assemblé au bas de la loge du Quirinal, un silence extraordinaire accueillit le nouveau pontife. On l'attendait à l'œuvre avant de le juger; mais il y avait au fond des cœurs, si longtemps comprimés, un tel besoin d'espérance, un tel désir de réformes politiques et sociales, qu'il devait suffire d'un seul indice de mansuétude pour pousser les sujets vers leur récent souverain. Chacun comptait sur une amnistie; le pape lui-même la désirait. Elle fut décidée en principe; mais la commission de cardinaux nommée pour en discuter les clauses ne pouvait parvenir à se mettre d'accord. Pie IX trancha ce différend dans le sens le plus large. Ce fut le 16 juillet, dans la soirée, que cette bonne nouvelle se répandit dans Rome. La population se précipita au Quirinal avec des clameurs de joie; trois fois le pape, en vêtement privé, apparut pour donner sa bénédiction. Le lendemain, l'ovation fut complète encore. Dans les provinces, on guettait sur les routes les courriers porteurs du texte de l'amnistie. « A sa lecture on versait des larmes, on ceignait l'acte de guirlandes de fleurs; les maisons se tendaient de draperies, les cloches sonnaient; partout on exhibait l'image du pontife, et, des plus humbles bourgs, les paysans s'associaient à l'allégresse générale. A la reconnaissance se joignait un grand espoir: chacun voyait dans l'amnistie la condamnation du régime grégorien et l'inauguration d'une ère nouvelle; on n'appelait Pie IX que *l'ange du Vatican!* »

Qu'était-ce donc, en somme, que cette amnistie qui mettait tout un peuple en délire? Ce n'était même pas une amnistie complète, c'était une sorte de pardon; car, pour en avoir le bénéfice, tout condamné politique était tenu de s'avouer coupable. « D'où vient donc, dit

M. Rey, la popularité inouïe qu'un pareil acte valut au nouveau pontife et l'attente qu'il éveilla? Le tour que le parti modéré avait donné depuis quelques années à l'agitation patriotique; ses éloges à la papauté, ses exhortations à se •rapprocher des princes, ce désir devenu très-vif d'une réconciliation avec l'Église y entrèrent pour beaucoup. Puis il est des moments dans la vie des peuples où les cœurs ont besoin d'oublier, de croire, d'espérer; moments trop courts, hélas! et suivis souvent d'amères déceptions, mais qui attestent l'immortelle et sublime confiance de l'humanité dans la liberté et la vertu! » Un seul fait montrera sous quel régime abrutissant les Romains avaient vécu pendant ce pontificat de Grégoire XVI. L'autorisation accordée par son successeur d'ouvrir à Rome un certain nombre de *cabinets de lecture* fut considérée comme une preuve d'intentions libérales.

Que Pie IX ait été animé de bonne volonté, je n'en doute pas; qu'il ait tenté l'œuvre difficile, sinon impossible, de réconcilier la population romaine et l'Église, je le crois; mais sa condüite pleine d'irrésolution, ses perpétuelles incertitudes prouvent qu'il n'avait aucun plan arrêté, qu'il allait au hasard, demandant au Saint-Esprit une inspiration qui n'était point accordée. Il me paraît certain qu'il n'eût jamais qu'une notion vague et confuse des besoins de la société civile; il était dès lors ce qu'il s'est montré ouvertement depuis, un théocrate par excellence. Quand on lui parle de la sécularisation de l'administration, il la

rejette avec horreur. Toutes ses diverses fluctuations
devaient arriver à renfoncer en lui l'entêtement clérical,
qui semble former le fond même de son caractère. Il
fallut bien du temps, bien des déceptions pour en arriver à faire cette découverte. Pie IX était devenu l'idole
des Romains et de l'Italie entière. Gioberti regardait
de son côté et disait : Voilà le libérateur ! Les proscrits,
les prisonniers sortis de la geôle, accouraient lui
demander sa bénédiction ; on dételait sa voiture, on le
traînait en triomphe, on pleurait en l'apercevant ; sa
bénédiction avait un prix que n'avait point eu celle des
autres papes ; les néo-Guelfes reconnaissaient en lui le
Pontife rédempteur si longtemps attendu. Ce vertige
gagnait de proche en proche ; on croyait fermement
que ce souverain pontife allait, du haut de la chaire
de saint Pierre, donner la liberté *urbi et orbi* ; l'aveu-
glement de l'enthousiasme obscurcissait les cerveaux
les plus froids ; au personnage réel on substituait un
personnage légendaire et presque fabuleux ; ce n'était
plus le serviteur des serviteurs de Dieu qui trônait au
Vatican, c'était une sorte de Pierre l'Ermite doublé de
Charlemagne, croyant à la liberté comme au Christ et
prêt à les réunir dans un éternel hymen. Au milieu de
cet encens qui montait vers lui avec les cris d'espérance
de tout un peuple, Pie IX ne se faisait guère illusion ;
il eut le sentiment de son impuissance, et dans une
de ses heures de découragement on l'entendit sécrier :
« Ils attendent de moi ce que je ne suis pas capable de
faire ; je n'ai ni la force ni le génie d'un Napoléon ; je

ne suis qu'un pauvre prêtre. » D'autres, près de lui, le suivant pas à pas, l'étudiant à chaque heure, comprenant sa faiblesse, voyant sans peine que les concessions étaient plutôt arrachées qu'accordées, doutaient de l'avenir et devinaient que tout ce grand mouvement finirait en fumée. M. Rossi, alors ambassadeur de France à Rome, écrivait à M. Guizot, dans les premiers mois de 1847 : « Il n'y a eu jusqu'ici que des promesses, des projets, des commissions qui ne travaillent pas ; et on ne sera pas surpris d'apprendre que ce pays commence à se méfier et à s'irriter. Il n'accuse pas le pape de duplicité, mais il le soupçonne de faiblesse. » En effet, on allait lentement, on s'arrêtait, on hésitait à chaque pas ; en présence des droits civils réclamés, le pouvoir ecclésiastique ne pouvait résister à prendre une décision. Ainsi il fallut attendre jusqu'au printemps de 1847 pour obtenir une nouvelle loi de censure qui permît à des hommes aussi modérés que Mgr Gozzola de publier un journal qui fut *il Contemporaneo*. Ainsi qu'on le voit, les réformes les plus élémentaires se faisaient désirer longtemps ; la foi dans les intentions de Pie IX n'en était pas ébranlée, et jamais peut-être peuple et souverain ne vécurent dans un tel platonisme ; l'un se contentant d'espérer, l'autre se bornant à laisser croire. Les Romains semblaient inébranlables dans leur amour ; quand une bonne mesure était adoptée, ils en faisaient honneur au pape, qu'ils acclamaient. Lorsqu'une restriction était apportée aux libertés promises, ils en accusaient les conseillers du pontife ; ils disaient à ce dernier : « Saint-Père, l'idée n'est pas de vous ! » Ils crièrent souvent : *Vive Pie IX seul!*

Enfin, après neuf mois de tergiversations pendant lesquels toute espérance, si exagérée qu'elle fût, put paraître légitime, le 19 avril 1847, le pape décréta la formation d'une *Consulte* composée de députés laïques chargés de contrôler les matières financières et de transmettre des avis au gouvernement. De plus, la haute administration, régularisée, fut divisée en ministères distincts, mais exclusivement attribués aux ecclésiastiques. C'était tomber de haut, et de ce jour date ce premier refroidissement qui fut le précurseur de la scission complète. Les hommes qui ne persistèrent pas à s'aveugler eux-mêmes comprirent que le pape, libre alors de toute pression, absolument maître de la situation intérieure, avait, par ces deux faibles réformes, été aussi loin que le lui permettaient les droits du pontificat. Elles avaient suffi cependant pour exciter la colère et la haine des sanfédistes, qui, dès l'été de 1847, inondaient les Romagnes d'écrits incendiaires, composés à Rome, au sein même de la congrégation : « La religion de Jésus-Christ touche à sa ruine, disait-on ; l'*intrus* Mastaï en est le profanateur, il en rêve la destruction ; les adorateurs du vrai Dieu supporteront-ils un tel opprobre?... » La première insulte jetée au pape sortit du clergé italien, comme jadis la première injure adressée à la reine Marie-Antoinette avait été proférée par sa famille. Les princes régnant sur l'Italie, le parti réactionnaire, accusaient Pie IX d'être un anarchiste et de faire au peuple des concessions dangereuses et prématurées. Les libéraux, de leur côté, reprochaient au souverain pontife de ne pas entrer courageusement dans la voie d'un progrès réellement large et fécondant. Il y avait malentendu, et on ne devait pas tarder à le reconnaître ; mais l'Italie avait rêvé si ardemment et depuis si longtemps un pape libéral italien, qu'elle ne pouvait se détacher de cette utopie et qu'elle s'obstinait à voir dans le faible Pie IX le héros qu'elle espérait. Il fallut une rupture ouverte pour que l'Italie fût désabusée. Sans que le pape le comprît nettement et sans qu'il fît rien pour la ressaisir, la situation lui échappait. La question entrait dans une phase nouvelle. Les sanfédistes et les libéraux se trouvaient face à face : les uns au nom de l'épiscopat menacé ; les autres au nom des libertés devenues nécessaires. L'Autriche appuyait les premiers ; les seconds ne puisaient leurs forces qu'en eux-mêmes. Et le pape entre ces deux ennemis éternels, que rien encore n'a pu réconcilier, semblait être un juge du camp appelé à prononcer sur les coups, sans même se douter que, quels que fussent les vainqueurs, c'était lui qui serait le vaincu. Les libéraux prétendaient être sur la trace d'un complot réactionnaire qui, devant éclater à Rome le 16 juillet, rétablirait violemment le despotisme et toutes les duretés du gouvernement grégorien. Le peuple romain, par son attitude énergique, fit avorter cette conspiration, si tant est qu'elle ait jamais sérieusement existé. Cependant on pourrait le croire, car le même jour, 16 juillet,

800 soldats autrichiens s'emparèrent inopinément de Ferrare et y tinrent garnison. Dans cette circonstance, l'Autriche agit-elle sous sa propre responsabilité? Fut-elle secrètement appelée par Pie IX? Les avis sont partagés et l'histoire prononcera.

II

C'est ce fait brutal d'une intervention étrangère qui, par ses conséquences, rendit la conciliation impossible entre le pape et les Romains. Tout disparut devant cette agression; la recherche des réformes tant attendues sembla même abandonnée ; il n'y eut plus qu'une idée : celle de la patrie, et qui plus est, de la patrie envahie. Faisons un retour sur nous-mêmes. Si aux plus mauvais jours de 1848, pendant l'insurrection de juin, nous avions appris tout à coup que, sans provocation et sous prétexte de rétablir l'ordre, l'Allemagne s'était emparée de Strasbourg, qu'aurions-nous fait? Nous aurions à tout prix voulu délivrer le territoire français, nous aurions chassé le gouvernement qui ne nous eût pas conduits à l'ennemi, et nous aurions bien fait. Ce fut à ce moment que Pie IX put reconnaître avec angoisse qu'il portait en lui un double et inconciliable caractère, celui de prince italien, celui de chef du catholicisme. Il préféra l'un à l'autre; il fut catholique, et l'on peut dire que dès cette heure il cessa d'être Italien.

Les Romains le comprirent et ne lui pardonnèrent jamais. Il protesta cependant; mais le prince de Metternich, qui à cette époque menait encore l'Europe et la conduisait tout doucement au précipice, répondit fort lestement au pape; et, par un procédé oratoire dont on abuse beaucoup trop, il devint lui-même accusateur, et reprocha au pape de soulever l'opinion publique contre l'Autriche. L'occupation violente de Ferrare n'avait cependant pas besoin de commentaires. A ce moment, tous les sujets pontificaux se précipitèrent au-devant du pape et le supplièrent de repousser les Autrichiens. Les couvents ne furent pas les derniers à parler d'une croisade pour chasser *ce profanateur de la terre sacrée.* « Les ordres religieux, disait un moine de Pérouse, sentent aussi qu'ils sont citoyens; et s'il ne leur est pas permis de ceindre l'épée, il ne leur est pas défendu de monter sur l'Horeb pour soutenir les bras du grand-prêtre et implorer l'aide du Ciel pour l'extermination des Amalécites. Qu'on se rappelle que le crucifix arboré par les capucins dans la grande journée de Lépante servit à refréner la barbarie musulmane ! » Si Pie IX eût suivi le légitime élan des populations qui le poussaient à la guerre contre le vieil ennemi de la Péninsule, il eût été le souverain le plus populaire de l'Europe, et la papauté se serait peut-être ainsi substituée à la maison de Savoie dans le grand travail de l'unification italienne. A ce point de vue, il est sans doute heureux que le pape ait hésité devant la hauteur de la tâche qui lui incombait, car il est certain maintenant que l'Italie sera sécularisée. Du reste, comme s'il eût prévu le rôle qui devait plus tard échoir à son fils, Charles-Albert, à la nouvelle de l'invasion de Ferrare, offrit au pape de mettre à sa disposition toutes les forces piémontaises. L'émotion ne s'arrêta pas là ; elle parcourut chaque ville de l'Italie : le pape était regardé comme un martyr, et chaque acte partiel de la révolution italienne fut commencé au cri de *Vive Pie IX !* Mais l'espoir commun fût trompé : le pape n'accepta pas les offres du roi de Piémont, et il s'opposa à ce qu'une démonstration énergique fût tentée pour chasser les Autrichiens de Ferrare. Son obstination amena un résultat qu'il n'avait pas prévu : les ultra-libéraux profitèrent de l'exaltation populaire pour prendre la direction du mouvement, et chaque jour Pie IX fut assailli par des députations qui lui demandaient de nouvelles réformes. Quand on le poussait dans ses derniers retranchements et qu'on voulait absolument savoir ce qui se cachait derrière la bienveillance de ses paroles, il montrait le crucifix et déclarait s'en remettre à la protection du Très-Haut. Dans une cérémonie publique, à l'occasion de l'élection du patriarche de Jérusalem, il déclara que l'obéissance due aux souverains est d'institution divine ; il en fit presque un dogme religieux. Les esprits clairvoyants purent regarder vers l'avenir avec inquiétude et se demander si le peuple romain et le pape ne s'étaient pas de bonne foi trompés l'un l'autre et l'un sur l'autre. Vers la fin de 1847, la désaffection faisait des progrès ; le 8 décembre, M. Rossi écrivait :

« Ce qui m'épouvante, c'est la question des laïques. Je l'ai fait observer cent fois au pape et au cardinal secrétaire d'État. En accordant une portion du ministère aux laïques, on réunirait les modérés. » C'était là en effet une grande question, et M. Rey a eu raison d'écrire, en parlant des populations romaines : « Si elles haïssaient l'administration ecclésiastique, elles avaient en horreur la domination de l'Autriche. » Ce sentiment est commun à toute l'Italie ; mais le pape ne le comprit pas ; les laïques furent exclus du maniement des affaires publiques, et, le 10 janvier 1848, il déclarait, dans un édit, « qu'il n'entendait point se faire solidaire de l'agitation italienne et la suivre dans une guerre contre l'Autriche ; que la papauté était une institution universelle, et disposait de 200 millions de catholiques toujours prêts à accourir à sa défense si quelque ennemi la menaçait. » Ce n'était point au cabinet de Vienne que s'adressait un tel avertissement, c'était à ceux qui s'étaient laissé abuser par l'utopie d'un pape national. Depuis deux ans on sollicitait du pape l'octroi d'une Constitution. Il éludait toujours, et non sans habileté, de répondre directement. La nouvelle subite de la révolution de Février vint lever tous ses scrupules, et les cardinaux eux-mêmes se joignirent aux libéraux pour demander à Pie IX le *Statut* si longtemps promis. Là encore, comme toujours, la double qualité du pape devenait un obstacle presque invincible : « Comment, dit M. Rey, placer ce pontife qui, aux yeux des fidèles, est le médiateur entre le ciel et la terre, le vicaire de Dieu, auquel on ne parle qu'à genoux, dans la position d'un prince constitutionnel, obligé de composer avec un parlement et d'en recevoir des conseillers déplaisants ou hostiles ? Un autre obstacle naissait de la position du cardinalat et de sa prétention, admise à Rome, d'être le coassocié du pape à la souveraineté temporelle... Pour répondre à ces conditions spéciales, la commission imagina d'organiser le cardinalat en un sénat délibérant dans le privé avec le pape sur toutes les lois et règlements votés par les deux chambres et les approuvant ou les rejetant. Le Statut romain stipula encore le maintien de la censure ecclésiastique et l'attribution au pape et au Sacré-Collége *de toutes les questions mixtes.* » On peut voir, d'après cela, que Rome n'eut qu'un simulacre de Constitution. Dans une machine, quand les rouages se neutralisent au lieu de s'entr'aider, on peut affirmer, sans être grand prophète, qu'elle ne fonctionnera pas longtemps.

On se rappelle ce qui se passa alors en Italie, en ce moment d'enthousiasme et d'espérance ; tous les différents États qui composaient alors la Péninsule déclarèrent la guerre à l'Autriche. Le 29 avril, le pape prononça l'allocution demeurée célèbre qui dégageait la responsabilité du saint-siége vis-à-vis du gouvernement autrichien. Ce fut littéralement un coup de théâtre ; la colère, on peut même dire le mépris et la haine, succédèrent subitement au respect, à la confiance, à l'amour. Pie IX, qui n'avait jamais compris que sa popularité extraordinaire était surtout faite d'espérances, qui n'avait pas deviné qu'on aimait en lui non pas ce qu'il était, mais ce qu'il pourrait être, fut stupéfait et indigné de ce changement. Son ressentiment fut acerbe, plein d'amertume, et le poussa à publier cet édit irrité où il menaçait ses sujets de les excommunier. C'était plus qu'une imprudence, c'était une folie; le pouvoir absolu en commet souvent de pareilles. L'effet fut désastreux. On accusa le pape d'hypocrisie. Enfin il a jeté le masque! disait-on; sa faiblesse devenait un crime; ses irrésolutions étaient prises pour une conduite habile et pleine de duplicité. « Quoi! il n'a pas excommunié les Autrichiens quand ils violaient notre territoire, et maintenant il parle d'excommunier ses fidèles sujets, coupables seulement de vouloir libérer l'Italie du joug étranger! Pie IX n'est qu'un traître, un ami de l'Autriche! En se refusant à faire la guerre à l'ennemi mortel de notre patrie, il confesse que les deux pouvoirs sont inconciliables. La papauté temporelle est toujours l'ennemie irréconciliable de notre indépendance. Aussi longtemps qu'elle subsistera, le peuple romain ne possédera ni liberté ni patrie. » (P. 255-56.) Pie IX fut très-effrayé de ce déchaînement de colère qu'il n'avait point prévu et qu'il ne comprenait absolument pas. Pour calmer le peuple et faire preuve d'italianisme, il daigna écrire une lettre autographe à l'empereur d'Autriche pour l'engager à renoncer à ses droits sur l'Italie. Hélas! est-ce en employant de tels et si misérables moyens qu'un souverain a pu croire un seul instant qu'il remplissait les devoirs que sa condition lui imposait? La Constitution cependant essayait de fonctionner et n'y réussissait que bien difficilement. Tout était nouveau, le mécanisme et les hommes. Et puis, comment admettre qu'un souverain infaillible et le régime constitutionnel puissent jamais marcher ensemble! Le ministère ne pouvait parvenir à faire exécuter ses ordres : les nonciatures refusaient de l'écouter et communiquaient directement avec le pape, qui, à l'aide du cardinal Antonelli, opposait un gouvernement occulte à celui du Statut. « Le corps diplomatique affectait de s'adresser directement au pape. Bien que les emplois fussent ouverts aux laïques, les tribunaux supérieurs et le gouvernement des provinces appartenaient toujours à la prélature. Le pape repoussait systématiquement les candidats laïques proposés par le ministère... Les actes du gouvernement parlementaire se trouvaient incessamment mis en question par les gens d'Église au nom du droit canon, science mystérieuse où nul œil laïque n'a jamais pénétré. » Je n'ai qu'une surprise, c'est que dans des conditions semblables et en présence d'un si mauvais vouloir, il se soit trouvé des hommes assez courageux pour consentir à accepter le fardeau d'un ministère. On eut cependant quelques espérances nouvelles lorsque le comte Rossi entra aux affaires, le 16 septembre 1848; mais elles ne devaient pas être de longue durée. Les lois de la vitesse acquise existent dans le monde moral comme dans le monde physique, et lorsqu'un gouvernement se précipite à sa chute, la main la plus

habile et la plus sûre ne parvient pas toujours à l'arrêter. Rossi entreprit une tâche impossible : faire entrer
la papauté dans la vie civile et politique, c'est-à-dire
mettre l'immobilité même en mouvement. Il devait
payer de sa vie cette tentative héroïque et désespérée.
A l'extérieur, il cherche à former une fédération entre
les provinces napolitaines, le Piémont, la Toscane, sous
la présidence du pape. Cette idée a été reprise depuis
sans plus de succès. A l'intérieur, il supprima des pen-
sions, des sinécures, projeta des chemins de fer, essaya
de nettoyer les écuries d'Augias de l'administration
ecclésiastique et ne tarda pas à se faire haïr du parti
sanfédiste. Les libéraux ne lui étaient guère plus favorables, et le pape lui-même ne se gênait pas pour neutraliser ses efforts. On sait comment finit cet homme
de bonne volonté et de grand talent. Quelle main porta
ce coup direct et rapide qui fait involontairement penser à celui de Ravaillac? Il y avait bien du monde, le
15 mai, aux alentours de la *cancelleria*. Les deux partis extrêmes s'accusèrent mutuellement. Ce qu'on a dit
alors et depuis, il est inutile de le répéter; l'histoire
décidera la question. On sait le reste : la fuite à Gaëte,
l'intervention française, le retour du pape, le rétablissement et le maintien obstiné de tous les abus qui portent la mort au cœur même de la papauté temporelle.
Nous voyons chaque jour ce suicide s'accomplir sous
nos yeux ; il est inutile d'en parler davantage.

Chaque phase de la révolution italienne a été traitée
par M. Rodolphe Rey avec soin et talent. Son livre est

bon, dans toute l'acception du mot; c'est celui d'un honnête homme qui a cherché et trouvé la vérité. De cette lecture il se dégage une moralité que voici : En 1847 et 1848, tous les souverains qui régnaient en Italie ont accordé des Constitutions à leurs peuples; depuis, tous, sauf le Piémont, les ont retirées par la force. Que sont devenus ces souverains? Qu'est devenu le Piémont? L'honnêteté et le respect de la foi jurée sont-ils donc les meilleurs moyens de gouvernement? Je le crois.

IV

VOYAGEURS EN ITALIE [1]

M. Dumesnil, connu par son *Histoire des plus célè-*
bres amateurs et de leurs relations avec les artistes, a
fait pour l'Italie entière ce que M. Ampère a fait pour
Rome. Il a réuni dans un seul volume, distribué avec
méthode et clarté, des extraits tirés des différents
Voyages en Italie écrits par des Français. Il a habilement varié les citations qu'il a choisies, de manière à
montrer sous différents aspects, et par des apprécia-
tions différentes, le pays dont il s'occupait. A côté de
De Brosses qui, sous prétexte de trouver des variantes
aux textes connus de Suétone et de Salluste, courait
les ruelles, se plaisait aux courtisanes de Venise, écou-
tait force musique et assistait aux obsèques de Clé-

1. *Voyageurs français en Italie depuis le* XVI⁰ *siècle jusqu'à nos*
jours, par M. J. Dumesnil.

ment XII, on trouve l'honnête abbé Barthélemy, tout empreint d'antiquité, cherchant les intailles, collectionnant les médailles, interrogeant les ruines et visitant les collections; puis, après Victor de Bonstetten parcourant le Latium sur les traces de l'*Énéide*, il nous montre Lullin de Châteauvieux étudiant l'Italie agricole, admirant le système d'irrigation de la vallée du Pô, se hasardant dans les pestilentiels marais pontins, et s'affligeant en présence de la campagne de Rome, si chère aux artistes et à la *mal' aria*. Nous ne marcherons pas, à la suite de M. Dumesnil, sur les pas de tous les voyageurs qu'il cite, et parmi lesquels Paul-Louis Courier n'est pas le moins intéressant; nous nous contenterons de signaler ceux qui principalement se sont occupés de deux villes intéressantes par leur passé, par leur récente histoire; l'une enfin délivrée et réunie à la mère-patrie; l'autre espérant encore et attendant de meilleurs jours; nous ne parlerons donc que de Venise et de Rome.

I

Le sieur de Saint-Disdier, attaché à l'ambassade du comte d'Avaux, résida à Venise pendant trois ans, du commencement de 1672 à la fin de 1674. Très au fait de la vie italienne et pouvant facilement, par sa position même, pénétrer le mécanisme compliqué du gouvernement vénitien, il publia en 1680, à Amsterdam, chez Daniel Elzevir, un fort curieux livre intitulé *la Ville et la République de Venise*. A le lire, on comprend que si les drames modernes ont été souvent beaucoup trop loin dans leurs prétendues peintures des mœurs vénitiennes, ils ne sont pas toujours restés en dehors de la vérité. Là, le gouvernement n'était, en somme, qu'une affaire de haute police, de défiance et de trahison. Tout se faisait dans l'ombre, et jamais plus mystérieuse machine n'a fonctionné sous le soleil. La glorieuse république était déjà sur son déclin lorsque Saint-Disdier la visita ; elle venait de subir cette longue et désastreuse guerre contre les Turcs, qui se termina par le traité du 6 septembre 1669. Sa plus belle et sa plus ancienne possession dans l'archipel grec, Candie, que Louis XIV même n'avait pu sauver, malgré tout l'esprit de M. de Vivonne et la bravoure de M. de Beaufort, était définitivement cédée au Grand-Seigneur. Venise avait déployé une activité héroïque ; en cent jours son arsenal avait pu équiper et mettre à flot cent galères ; on avait construit de nombreuses galéasses, énormes navires montés par douze cents hommes d'équipage, armés de cinquante pièces de canon, marchant indifféremment à la voile ou à la rame, et dont le capitaine s'engageait par serment et sur sa vie à ne jamais refuser le combat, même seul contre vingt-cinq galères ennemies. Tant d'efforts avaient été inutiles, et le croissant de l'islamisme avait remplacé la bannière ornée du lion de Saint-Marc dans toute l'étendue de l'ancienne Crète. Venise avait, faute de mieux, repris son commerce avec le Levant, et le sieur de Saint-Disdier affirme d'un seul mot son origine française en faisant d'Alep un port de mer. — Sire, disait Gœthe à Napoléon, ce qui distingue le Français des autres peuples, c'est qu'il est fort bon soldat et qu'il ne sait pas un mot de géographie.

La découverte de l'Amérique et la route ouverte par le cap de Bonne-Espérance réduisirent Venise à faire spécialement le commerce avec l'Allemagne, Constantinople et la France. Il y a là un fait douloureux à signaler. En Allemagne, elle envoyait ses cristaux, ses perles de verroterie et ses miroirs ; en France, ses étoffes de velours et de soie. Aujourd'hui que se passe-t-il? Exactement le contraire. C'est l'Allemagne qui fabrique les glaces et les verreries de toutes sortes, et la France est en possession de fournir la soie ouvrée et le velours au monde entier. Rien ne se fabrique plus à Venise, si ce n'est quelques *fantoccini* en sparterie qui se vendent cinquante centimes la pièce. Les fameux points de Venise ne trouveraient même plus une ouvrière sur les bords de l'Adriatique ; en revanche, la Belgique, la France et l'Angleterre font d'incomparables dentelles. On avait tout pris à cette pauvre Venise, non-seulement son indépendance et sa liberté, mais encore son industrie et son commerce. Elle était doublement vassale ; ses durs maîtres lui avaient tout enlevé et ne lui avaient rien donné.

Saint-Disdier est particulièrement intéressant lorsqu'il vient à parler des institutions qui régissaient la

république, et qui, toutes, étaient fort habilement cal-
culées pour assurer la prédominance de l'aristocratie.
Au doge lui-même elles rappelaient sans cesse et par
toutes sortes de moyens qu'il n'était pour ainsi dire
qu'un magistrat nominal. « La monnaie de Venise
porte le nom du doge ; mais, au lieu de son image, on
y voit un doge revêtu de ses habits ducaux, à genoux
devant Saint-Marc, pour donner à connaître que le
prince est sujet de la république. » Dans une seule circonstance, le doge avait droit de faire battre monnaie
à l'effigie et à la devise qu'il choisissait lui-même ; c'é-
tait pour les pièces destinées à être jetées à la foule.
Lorsque, le jour de son élection, il était porté dans le
poggee d'honneur autour de la place Saint-Marc, on
prenait soin aussi de ne point lui laisser oublier qu'il
n'était qu'un homme comme les autres, et, après qu'il
avait prêté serment et juré l'observation des statuts de
la république, on le faisait passer par la salle où il devait être après sa mort exposé sur un lit de parade. Je
ne sais si un souverain moderne se contenterait de la
médiocrité matérielle dans laquelle le doge était maintenu ; les riches particuliers de notre temps n'en seraient
même pas satisfaits : « La république donne au doge
quatorze mille ducats d'appointements, qui font environ
trente-quatre mille livres, pour l'entretien de sa maison
et pour les frais qu'il fait à traiter quatre fois par an
les ambassadeurs, la seigneurie et tous les sénateurs
qui assistent ce jour-là aux fonctions. Le train ordinaire du doge consiste en deux valets de chambre,

quatre gondoliers et quelques autres serviteurs. » Triste
liste civile pour un tel prince, de si haut renom et
représentant une si puissante république! Elle ferait
sourire de pitié le plus humble banquier de nos jours.

Quant au Conseil des Dix, qui était « le plus grave
et le plus redoutable tribunal qui se pût voir, » il vivait
dans une défiance perpétuelle : il était toujours prêt à
la défense; il ne siégeait pas en armes, il est vrai,
mais dans la salle voisine de la chambre du conseil « il
y a six cents mousquets toujours chargés et cent mèches arrangées autour d'une machine ronde, lesquelles,
par le moyen d'un ressort, se peuvent allumer en un
instant toutes à la fois. » La « machine ronde » existe
encore; elle est déposée comme un objet de curiosité à
l'arsenal de Venise, où je me rappelle l'avoir vue et
manœuvrée; elle figure assez bien un buffet d'orgues
posé horizontalement, et dont chaque tuyau aurait le
même diamètre. L'horrible invention de Fieschi en
donnait une idée assez exacte. Au-dessus du Conseil
des Dix, qui était au-dessus du doge, siégeait, dans
son terrible et mystérieux appareil, le Conseil des Trois
ou des inquisiteurs de l'État. « Ces trois seigneurs ont
un pouvoir absolu sur la vie du doge, des nobles, des
étrangers et de tous les sujets de la république, sans
être obligés d'en rendre compte à qui que ce soit, ni
d'en communiquer avec le Conseil des Dix, s'ils se
trouvent tous trois du même avis. Les exécutions de ce
tribunal ne sont pas moins secrètes que ses jugements,
car on envoie la nuit noyer le coupable, sans autre for-

malité que la confrontation de deux témoins, *s'il y en a.*» Nul patricien, nul homme appartenant au service de la noblesse, fût-il le dernier des aides de cuisine, ne pouvait, sous aucun prétexte, entrer en communication avec les ambassadeurs des puissances étrangères. « L'abbé Moro, noble Vénitien, quoique exclu du Grand-Conseil par sa qualité de bénéficier, fut étranglé, par l'ordre des inquisiteurs d'État, à cause des secrètes intelligences qu'il avait avec l'ambassadeur d'Espagne. Cornaro, qui fut pris quelque temps après dans une gondole où il s'entretenait avec le secrétaire d'un autre ambassadeur d'Espagne, ne fut pas autrement traité. » Tout le monde connaît la lamentable histoire d'Antonio Foscarini, qui, faussement dénoncé par un rival comme entretenant des relations avec un ambassadeur, fut étranglé sans autre forme de procès. Peu de temps après sa mort, on reconnut l'erreur que l'on avait commise, et dès lors il fut défendu aux inquisiteurs de faire exécuter un noble Vénitien sans l'avoir préalablement interrogé. On s'étonne, en lisant les très-curieuses observations recueillies par Saint-Disdier, qu'un gouvernement appuyé sur de telles bases ne se soit pas écroulé au milieu de l'indignation publique.

Non-seulement la république se mêlait avec une jalousie excessive de toutes les affaires où la politique était intéressée, non-seulement elle entrait chez les particuliers pour écouter ce qu'ils disaient, mais elle veillait avec soin à ce que le luxe ne dégénérât jamais en scandale. Elle aurait eu fort à faire, de nos jours, à Paris. Elle avait institué à cet effet trois *magistrats des pompes, « sopra providetori alle pompe, »* sénateurs de premier rang, qui, par des ordonnances fort sévères, réglaient la table, le train, les habits, les gondoles de la noblesse vénitienne. Un patricien ne pouvait, au même repas, faire servir sur sa table de la viande et du poisson; toutes les gondoles devaient être uniformément noires, et seuls les procurateurs de Saint-Marc pouvaient, dans les rues, se faire escorter par deux valets de pied. Les femmes ne pouvaient porter des perles ou des diamants au cou que pendant les deux premières années de leur mariage; les courtisanes, qu'on ménageait fort à cause des services qu'elles rendaient par l'espionnage aux inquisiteurs d'État, payaient l'amende ou s'en faisaient relever. Toute délation était payée; on allait au-devant de la pudeur des délateurs, on leur épargnait la honte. « Le palais de Saint-Marc et tous les lieux de la ville où quelque magistrat tient tribunal, ont quantité de bouches de pierre. » C'est là qu'on jetait le billet dénonciateur. « En envoyant simplement par un inconnu la moitié du papier déchiré du morceau sur lequel la dénonciation est écrite, on lui compte la somme sans autre formalité. » Quel voyageur ne se souvient d'avoir vu, dans une des galeries du palais de Saint-Marc, la bouche de bronze qui correspondait directement au cabinet des inquisiteurs d'État? On s'amusait fort à Venise cependant, et cela est naturel. L'absence de liberté politique engendre fatalement la licence des mœurs ; ceci est une vérité élémentaire dont nous pourrions facilement citer un douloureux exemple sans aller le chercher bien loin. De ce gouvernement qui s'était cru si solide, qui avait fait un principe de la délation et de la répression à outrance, il ne reste plus rien que quelques souvenirs confus qui servent à défrayer l'imagination des dramaturges et des romanciers. Si Venise a déjà commis des crimes, elle les a durement expiés ; en 1848 et en 1849, elle a racheté ses fautes passées, et aujourd'hui elle appartient à la vie moderne et tiendra glorieusement son rang au milieu de l'Italie régénérée.

II

Les voyageurs qui ont visité Rome et dont parle M. Dumesnil, ne se sont guère préoccupés de son gouvernement, et cependant, entraînés par la force même des choses, ils ont fait des aveux qu'il est bon de recueillir : c'est toujours un peu la Rome où le cardinal de Gonzagues faisait chasser par ses domestiques Le Tasse qui s'y trouvait sans argent, sans pain, sans chemise ; c'est lui-même qui l'écrit. M. de Bonstetten était un admirateur passionné de Virgile, et, texte en main, il parcourait le Latium pour bien reconnaître l'emplacement des lieux décrits ou désignés dans l'*Énéide*. Il a un goût très-vif pour Énée, et ne le cache pas. Virgile a sauvé le héros troyen, non-seulement de l'oubli, mais encore du mépris de la postérité; car si l'on en croit Darès le Phrygien (quel inconnu se cacha sous ce pseudonyme?), Énée et ses compagnons avaient trahi leurs compatriotes et livré la porte de Sée aux Grecs, moyennant récompense; c'est grâce à cette félonie qu'il put échapper au massacre général qui suivit la prise de Troie. Admirable privilége de la poésie, qui peut, au besoin, se substituer à l'histoire! Quand on est prince, il n'est pas bon d'avoir les poëtes contre soi.

Dans sès recherches, au milieu de cette plaine qui va vers Ostic et où les fées malsaines de la *Mal' aria* tiennent leurs grandes assemblées, M. de Bonstetten cherche où était le campement d'Énée, de quel point venait Turnus, à quel endroit précis s'arrêtèrent Euryale et Nisus dans leur course imprudente; mais, chemin faisant, il raconte ce qu'il voit. Dans les champs, une jeune fille s'évanouit de faim; sa mère, hâve et maigre, jette son tablier sur elle pour la garantir des ardents rayons du soleil; puis, comme l'ouvrage est pressé, elle retourne au travail : « Que la plus pauvre cabane suisse me parut belle en ce moment! s'écrie le voyageùr ; je jetai les yeux autour de moi, et, n'apercevant aucun abri, aucun secours, je fus pour la première fois effrayé de l'abandon et de la solitude de ce pays si plein de souvenirs, si vide de réalité. » Le mot est juste : ceux qui gouvernent à Rome semblent s'imaginer qu'un grand passé suffit à un peuple, et qu'ils n'ont

rien à faire pour lui assurer un présent supportable.
M. Dumesnil n'a point cité le passage de Bonstetten
que je viens de rappeler, et je le regrette, car il est
caractéristique. En revanche, M. de Châteauvieux,
dans son voyage exclusivement agronomique fait dans
les années 1812 et 1813, nous raconte les splendeurs
du *Campo-Morto*, immense domaine qui appartient à
la basilique de Saint-Pierre. Cette partie du *patrimoine*
de l'apôtre lui fut concédée en 1448, moyennant la
somme de 9,000 ducats d'or, par Antonio di Rido,
condottiere au service de l'Église et gouverneur du
château Saint-Ange. « La superficie de cette ferme est
de 8,000 hectares. Elle était louée en 1812, 120,000 fr.,
c'est-à-dire 13 fr. par hectare. Sa culture exige six
cents bœufs, huit cents vaches ou veaux de tout âge,
cent buffles, trois cent cinquante chevaux et deux mille
moutons. Cent quatre-vingts agents et domestiques
sont attachés à ce domaine; quatre cents ouvriers y
sont occupés du mois d'octobre au mois de juin, et à
l'époque de la moisson on en réunit sept cent cinquante
à huit cents. » De plus, ce domaine jouit du droit
d'asile; ce n'est point pour rien qu'il appartient à
Saint-Pierre; la dernière bulle qui consacre ce droit
singulier, fort dangereux pour la société, émane du
pape Pie VII et est datée de 1822. Quant au *Campo-
Morto* lui-même, son nom indique suffisamment ce qu'il
est : un lieu de mort et de désolation incessamment
dévasté par la fièvre. Lorsque M. de Châteauvieux visite ce domaine, on est en train de faire la moisson;

mille ouvriers manient la faucille et la faux. « Tous
étaient venus des Abruzzes. Il y avait déjà quelques
jours qu'ils étaient descendus des montagnes, et le
mauvais air commençait à les atteindre. Deux seulement avaient déjà pris la fièvre, mais on me dit que, de
là en avant, un grand nombre serait chaque jour
atteint par le fléau, et qu'à la fin de la récolte cette
troupe serait réduite à peine à la moitié. Que deviennent donc ces malheureux? demandai-je. — On leur
donne un morceau de pain et on les renvoie. — Mais
où vont-ils? — Ils prennent la route des montagnes;
quelques-uns restent en chemin, quelques-uns meurent; mais les autres arrivent mourants de misère et
d'inanition, pour recommencer l'année suivante. » On
pourrait croire, d'après cela, qu'on prend quelque précaution hygiénique pour garantir ces misérables contre
la *mal' aria;* qu'on essaye d'assainir le pays, ou tout
au moins de fortifier les hommes par une nourriture
et des abris convenables? On se tromperait. Mais, en
revanche, il existe à Rome une archiconfrérie de la Mort
qui s'en va précisément parcourir les campagnes romaines afin d'y recueillir les cadavres et de leur donner
la sépulture en terre consacrée. Est-il téméraire de
dire qu'il serait peut-être préférable de recueillir les
mourants et de les sauver? Il est inexplicable qu'il ne
se soit pas encore trouvé à Rome de gouvernement, je
ne dis pas assez humain, mais seulement assez habile,
assez prévoyant pour faire dessécher les Marais Pontins en leur ouvrant des pentes jusqu'à la mer. Toute

cette étendue de marécages, de forêts, refuges des sangliers, des bandits et des buffles, empoisonne littéralement la campagne à vingt lieues à la ronde, et pousse son souffle malsain jusque dans la ville même de Rome, où certains quartiers sont devenus inhabitables. Ce travail, qui serait considérable, j'en conviens, serait-il d'une exécution très-difficile? Je ne le crois pas. La science a aujourd'hui à sa disposition des moyens d'action formidables, et quand elle nous prouve qu'elle est certaine de percer le mont Cenis, on peut affirmer qu'elle réussirait à débarrasser les Marais Pontins des eaux croupissantes qui répandent autour d'elles l'abrutissement, la ruine et la mort. On peut retrouver, sans trop de peine, la massue avec laquelle Hercule tua l'hydre de Lerne. Je l'ai vue, non loin d'Argos, cette fameuse hydre si terrible autrefois; aujourd'hui elle fait tourner le plus joli moulin du monde et semble avoir oublié que jadis elle avait sept têtes qui vomissaient la peste. Il faut espérer que l'Italie fera bientôt ce que la papauté n'a jamais su faire.

Ce ne sont point de tels sujets qui préoccupèrent l'abbé Barthélemy ; il cherchait des médailles, s'extasiait aux statues, et paraissait fort désappointé d'être obligé de quitter Rome au moment où le pape Benoît XIV allait mourir. Il eût voulu assister aux obsèques du futur défunt et à l'exaltation de son successeur. Il ne se console pas d'être forcé de s'éloigner ; il l'avoue avec une naïveté singulière chez un prêtre : « Avouez, écrit-il au comte de Caylus, que je ne joue pas de bonheur ! »

Du reste, il ne se fait guère illusion sur le gouvernement ecclésiastique ; il parle du cardinal Passionei,
et le trouve « d'un caractère de vérité et de franchise
qui lui a attiré la haine de la plupart des cardinaux ;
d'un caractère de fermeté qui le rend terrible à des
sociétés religieuses, enfin d'un caractère de probité qui
a toujours été reconnu dans un pays où la politique et
l'hypocrisie déguisent toutes les vertus et tous les vices. » L'aveu est précieux de la part d'un homme aussi
doux et aussi modéré que l'abbé Barthélemy. Cela rappelle le mot de lady Morgan, qui, confondant les deux
Romes, celle des Césars et celle des Papes, y voit « les
traces d'un pouvoir illégal et d'une force anti-sociale. »
C'est contre la Rome ancienne que Montaigne garde
toutes ses malédictions, malgré les tracasseries qu'il
eut à subir, au Vatican, pour les deux premiers livres
de ses *Essais ;* quand il parcourt les débris « d'une si
épouvantable machine, » il dit : « Le monde, ennemi
de sa longue domination, avait premièrement brisé et
fracassé toutes les pièces de ce corps admirable ; et
parce que encore tout mort, renversé et défiguré, il lui
faisait horreur, il en avait enseveli la ruine même ! »
Quant à Rabelais, il n'aime point les salades de Rome,
celles de Naples lui semblent « trop ardentes et trop
dures » et il estime celles de France « quelque peu
plus douces et aimables à l'estomac. » La question des
laitues ne le préoccupait pas exclusivement, et il envoie
la liste des enfants naturels du pape Paul III à l'évêque
de Maillerais, qui désirait savoir si « le seigneur

Pierre-Louys (Farnèse) est légitime fils ou bactard du Pape. » Édifiant sujet de correspondance entre un évêque et un curé.

M. Dumesnil s'est strictement renfermé dans l'étude des voyageurs français qui ont parlé de l'Italie ; je le regrette, car il aurait pu trouver dans les Italiens eux-mêmes de curieux renseignements à nous donner, ne serait-ce que ce sonnet d'Alfieri :

« Une région vide et insalubre qui se donne le nom d'*État ;* des champs incultes, arides ; les visages sales et maigres d'un peuple opprimé ; un sénat orgueilleux et non libre ; de riches et rusés patriciens couverts de pourpre et encore plus sots que riches ; un prince que béatifie la sottise de son prochain ; une cité sans ci-toyens ; des temples sans religion ; des lois injustes qu'on change tous les cinq ans, mais en pis ; des clefs qui s'achetaient autrefois et ouvraient aux criminels les portes du ciel, mais qui maintenant sont usées par le temps. O Rome ! est-ce bien toi ? ou est-ce le siége des vices ? »

V

CHRONIQUES DE ROME [1]

Les hommes qui sont restés imperturbablement
fidèles aux opinions et aux principes de leur jeunesse
sont rares dans notre temps, où tant de causes ont
sollicité leurs défaillances. Pour avoir su résister aux
victoires douloureuses, aux exemples contagieux, aux
sophismes intéressés toujours prêts à légitimer un
triomphe, il faut avoir été bien forgé dès l'origine,
avoir compris que la vérité est supérieure à tout,
même à la puissance, et n'avoir eu d'autre culte que
celui d'une austère morale appuyée sur des convic-
tions profondes. Pour ces hommes, qui trop souvent
sont des héros inconnus, la défaite d'un parti, l'a-
journement des espérances, n'ont été, pour ainsi dire,

1. *Chroniques de Rome,* tableau de la société romaine sous le pontificat de Pie IX, par Kauffmann.

qu'une raison nouvelle de s'enfoncer plus ardemment dans leurs croyances. Où que nous les rencontrions, nous devons les saluer avec respect, car ils sont à la fois un exemple et un encouragement. Ils nous prouvent qu'il ne faut jamais désespérer, et que l'homme honnête sait maintenir tout intérêt au-dessous de la satisfaction de sa propre conscience. M. Kauffmann appartient à ce groupe d'hommes en qui rien n'a fléchi, ni le sentiment du devoir, ni la foi dans la liberté. Les ruines qu'on a faites autour de lui l'ont laissé debout, jeune malgré l'âge qui approche ; impassible dans sa ferveur pour le bien, malgré tous les spectacles qui ont pu blesser son âme. Publiciste bien connu à Lyon, où il remplit jadis les fonctions de rédacteur en chef d'une feuille importante ; écrivain attaché à la rédaction de diverses revues et de plusieurs journaux à Paris, il n'a cessé de semer le grain de la bonne parole, suivant, sans dévier, la ligne droite qu'il s'était tracée, et cherchant à exprimer, autant que le permettent les circonstances, son opinion tout entière. Il se présente aujourd'hui au public avec un nouveau volume qui mérite l'attention du lecteur, car c'est une œuvre de bonne foi, écrite sans parti pris d'avance, et qui est le résultat d'études consciencieuses faites sur les lieux mêmes. M. Kauffmann a passé à Rome l'année 1864, année qui comptera dans l'histoire du pouvoir temporel, car elle donna naissance à la convention du 15 septembre et entendit gronder les foudres de l'encyclique *Quanta cura.* Les

Chroniques de Rome sont le récit, fait au jour le jour, des impressions de l'auteur sur les hommes et sur les choses. Curieux, investigateur, instruit, il a pu pénétrer le secret de bien des événements, voir clair dans les intentions de ces prêtres politiques, pour lesquels le moyen âge est resté l'idéal des temps désirables. Sous la mort apparente d'un peuple entier, il a reconnu les ferments d'une vie qui ne demande qu'à éclore; artiste, il parle des œuvres immortelles qu'il a contemplées et des beautés mélancoliques de cette campagne de Rome qu'on ne peut oublier quand on l'a parcourue. Son livre est complet; il a la variété, l'imprévu, le charme d'un voyage personnel, et il sait toujours tenir le lecteur en intérêt, soit qu'il le conduise à travers les bois d'Albano, sur les rives encaissées du lac Nemi, soit qu'il le mène aux *fonctions* de Saint-Pierre, soit qu'il lui raconte le rapt des enfants juifs, soit qu'il étale devant ses yeux le bilan désastreux des finances pontificales. M. Kauffmann, du reste, ne veut pas qu'on se méprenne sur lui ni sur l'esprit qui a dicté son travail; il fait très-nettement sa profession de foi dans sa préface; avant de laisser le lecteur s'engager, il le prévient : « Libre penseur dans toute l'acception du mot, sans parti pris, sans autre passion que celle de la justice, et celle-là n'égare pas le jugement; intimement persuadé que la liberté des cultes est un droit inhérent à la nature humaine, que toute compression de cette liberté est essentiellement précaire, que les abus de la force ne peuvent sauver aucune domination, j'ai regardé en curieux le spectacle étrange que nous offre la Rome de nos jours. J'ai assisté, spectateur avide de savoir, à toutes les grandes cérémonies religieuses, comme à toutes les fêtes publiques et aux manifestations politiques des partis. » Le lecteur maintenant sait à quoi s'en tenir.

I

Dans son livre intitulé *Rome*, *Naples* et *Florence*, Beyle dit : « L'état de la liberté de la presse en 1826 s'oppose à ce que j'envoie à l'imprimeur la description du mécanisme du gouvernement romain. Les choses sont à peu près comme en 1500 : c'est un morceau curieux d'antiquité. » Depuis que le spirituel écrivain a parcouru l'Italie, nulle institution n'a été modifiée sur le territoire pontifical; aujourd'hui, comme en son temps, on est en l'an 1500, c'est-à-dire en plein cœur du moyen âge. Ce fait, à la fois douloureux et anormal, M. Kauffmann le constate à chaque pas qu'il fait dans Rome. Tout y est mort; la religion elle-même n'y est plus qu'un souvenir; elle a quitté le cœur des fidèles et semble ne plus vivre que dans certaines pompes ultra-païennes qu'on croirait destinées à attirer et à retenir les touristes amateurs de spectacles étranges. La foi s'en est allée et la superstition la remplace : au culte spiritualiste de Dieu immatériel on paraît vouloir, peu à peu, substituer le culte des idoles; le Bambino d'Ara-Cœli a sa voiture, ses chevaux, ses laquais, son trousseau, ses bijoux et ses rentes; moyennant quelques écus, il sort de la haute église bâtie sur les ruines du temple de Jupiter Capitolin et va faire visite aux personnes malades, aux femmes en douloureux travail, aux blessés; il pâlit lorsqu'on doit mourir, et devient rose quand il prévoit ou daigne apporter la guérison. Les madones qui tournent les yeux deviennent de plus en plus nombreuses; les jours de *fonctions*, on revêt de costumes et d'ornements épiscopaux la statue en bronze de Saint-Pierre, qui jadis fut un Jupiter selon les uns, un Marc Aurèle selon les autres; un nimbe crucifère, appliqué après coup et pour les besoins de la destination nouvelle, a fait du roi des dieux le prince des apôtres. Le culte des images a remplacé tous les autres, et le dogme disparaît dans les cérémonies extérieures. Ce fétichisme, cette iconolâtrie, sont poussés, dans les parties superstitieuses de l'Italie, à un degré qu'on ne peut soupçonner. En 1860, à Cosenza, dans les Calabres, j'ai trouvé aux quatre coins du lit que je devais occuper une petite estampe représentant le portrait, grossièrement gravé sur bois, d'un saint peu connu dont j'ai oublié le nom; une prière de quatre lignes demandait au susdit bienheureux de chasser les puces qui, la nuit, sont envoyées par le diable pour troubler le sommeil des fidèles. Dans une maison catholique il n'est guère d'ustensile qui ne soit sous l'invocation particulière d'un saint. On peut juger, d'après cela, que le trafic des images n'est point un mauvais commerce.

Si Rome n'avait point les souvenirs de son histoire, dont les monuments attirent et retiennent les voyageurs, ce serait bien réellement une ville morte, *Roma morta*, ainsi que bien souvent on l'a déjà nommée. C'est un musée, musée grandiose, splendide, inépuisable; mais, en fait, aujourd'hui ce n'est qu'un musée. A-t-on le droit de condamner un peuple à n'être jamais que le gardien et le cicerone de ses propres ruines? Cette population romaine, si intelligente, si vigoureuse, si ardente, si prompte à la riposte, si ouverte aux curiosités de l'esprit, doit-elle donc toujours dormir ou feindre de dormir sous le sceptre énervant qui la gouverne? Invoquera-t-on toujours un prétendu intérêt général pour la maintenir dans un état d'infériorité qui commence à lui peser singulièrement, et, sous prétexte que le chef de la catholicité réside au milieu d'elle, sera-t-elle condamnée à un servage perpétuel? On peut encore se poser ces questions, mais il faut espérer que l'avenir ne tardera pas à les résoudre.

Le fond même du gouvernement romain semble être la terreur des choses de l'esprit. Les journaux, les livres sont plus que sévèrement surveillés; s'il existe un homme de génie à Rome, qui le sait? En effet, comment pourrait-il se produire? Qui oserait imprimer? La prison, l'exil attendent les écrivains;

les tracasseries de la censure suffisent seules à dégoûter d'écrire. L'ignorance des censeurs n'est égale
qu'à leur bêtise. A Naples, il n'y a pas dix ans, la
censure ecclésiastique prohiba la publication d'un
livre intitulé *Del Voltaïsmo*. Le titre, mal lu, avait
fait croire à un éloge de Voltaire. Où en est la littérature romaine actuelle? On peut en juger par les
entraves qu'on ne cesse d'imposer à son expansion.
M. Kauffmann s'étonne que le gouvernement papal
n'ait pas permis de célébrer à Rome la fête du jubilé
de Shakspeare. Cet étonnement lui fait honneur; mais
si, à cette époque, il eût été à Paris, il n'aurait pas été
moins surpris, car cette fête ne fut pas plus tolérée sur
les bords de la Seine que sur les bords du Tibre. Sous
ce rapport, du moins, Rome n'a eu rien à nous envier.
Qui eût jamais cru que l'auteur d'*Hamlet* et d'*Othello*
était à ce point subversif?

Il faut cependant amuser ce peuple auquel toute discussion et toute réunion sont interdites. Il a, je le
sais, les méticuleuses cérémonies de l'Église; il est
condamné à la religion forcée; on exige de lui des bil-
lets de confession, des attestats de communion; il
échappe comme il peut à cette contrainte par un commerce sacrilége et simoniaque dont M. Kauffmann
parle longuement et avec la véracité d'un homme qui
a été témoin des faits qu'il raconte; il a encore, pour
s'occuper, le spectacle des processions, la vue des
madones miraculeuses qui pleurent, des Christs sur-
naturels qui suent le sang. Il a le carnaval, quand le

comité secret le permet. Il avait autrefois, l'a-t-il encore? les fêtes du mois d'octobre, réminiscence antique de la joie des vendanges, que l'on appelait le petit carnaval, et pendant lequel la villa Borghèse était ouverte, deux fois par semaine, aux *popolani* et aux *eminente* du Transtevère; mais ce ne sont là, en somme, que des palliatifs. La cour de Rome a un moyen de gouvernement plus simple et plus efficace, car il entretient au cœur de l'homme une espérance incessante, lui montre la fin possible de sa misère, et lui offre en pâture ce qui lui est le plus cher, le gain sans travail. Ce moyen chacun le connaît, c'est la loterie, qui, pour Rome, s'élève à la hauteur d'une institution sociale de premier rang. M. Kauffmann revient souvent sur ce sujet, sur les fêtes du dieu *Quine* et de la déesse *Tombola*; il a raison. Il suffit d'avoir assisté au tirage d'une loterie pour se convaincre que la morale n'a rien à voir à ces sortes de choses. La loterie romaine rapporte annuellement au gouvernement une somme moyenne qui varie entre 1 million et 1 million 500,000 fr., ce qui est peu par rapport au préjudice que la nation en reçoit. Le tirage se fait avec une certaine solennité dont la religion n'est pas exclue. « Le samedi, un peu avant midi, une foule assez nombreuse d'hommes du peuple, dit M. Kauffmann, se réunit sur la place du ministère des finances; sur le balcon viennent se ranger un monsignor portant robe violette, rochet blanc et camail violet, absolument comme s'il assistait dans une église à une cérémonie religieuse; un jeune enfant de dix à douze ans, vêtu d'une robe gris-blanc, coiffé d'un sombrero de même couleur, costume de l'hospice des Orphelins auquel il appartient, et trois autres personnages... Il est midi, le canon quotidien du fort Saint-Ange résonne, le monsignor fait une prière, le jeune garçon lève son chapeau, fait le signe de la croix, décrit lentement un cercle avec son bras, plonge la main dans le baril de cristal, etc., etc. » A Rome, tout le monde joue à la loterie, le peuple, les prêtres, les moines. Le soir, chacun s'endort avec l'espoir de rêver un bon numéro, on brûle des cierges à la madone pour qu'elle vous inspire un *quine* favorable; c'est une science que de savoir démêler à travers les accidents journaliers de la vie ceux qui peuvent avoir un rapport lointain et cabalistique avec la loterie; bien des gens en vivent. Il y a des livres sur ce sujet; le plus célèbre est intitulé : *Nuova smorfia* (grimace) *del giucco del Lotto di Giuseppe Romeo, di Luca;* il a été imprimé la première fois à Naples, où il a été « *autorisé, en date du* 20 *janvier* 1828, *parce qu'on n'y trouve rien de contraire à la religion, à la morale et aux droits de la souveraineté. Signé, le censeur royal Gaetano Parrocco Giamastasio.* » Ses recettes sont-elles infaillibles? Je ne sais; en voilà quelques-unes qui édifieront le lecteur : Dormir dans un lit signifie 32, dormir sur le sol, 64; entendre chanter *Dies iræ dies illa,* 44; parler de la France, 56, de Rome, 58; rêver qu'on est duc, 4; regretter de n'avoir pas fait son éducation dans une maison religieuse, 81. Je n'en finirais plus si je voulais tout citer. Il ne faut pas trop rire cependant de tant d'aberration; je me souviens qu'au temps de ma petite enfance, à l'époque où la loterie royale existait encore en France, des colporteurs parcouraient les rues de Paris et annonçaient un petit livre analogue à celui dont je viens de parler, en criant à tue-tête jusque dans la cour des maisons: *Avez-vous rêvé chien? Avez-vous rêvé chat?* Lorsque Garibaldi entra triomphalement à Naples, en septembre 1860, son premier soin fut de supprimer la loterie et de la remplacer par des caisses d'épargne; si jamais l'Italie pénètre à Rome, elle fera bien de suivre l'exemple que l'illustre aventurier lui a donné, et de détruire pour toujours, dans la capitale et dans la Péninsule, ce jeu immoral, décevant et dangereux.

La loterie occupe l'esprit du peuple, les fêtes religieuses distraient ses yeux et lui apportent l'argent des étrangers accourus de toutes parts. Les *forestieri* font vivre une bonne partie de la population romaine. Leur curiosité, rarement gratuite, s'exerce sur les ruines, sur les musées, sur les cérémonies du culte catholique. On fait queue pour entrer à la chapelle Sixtine, afin de voir officier le pape et d'entendre ces fameux chanteurs, célèbres dans l'univers entier. Que faut-il en penser? « Ils ont eu des chœurs vraiment beaux, vraiment grandioses et admirablement exécutés, » dit M. Kauffmann. « Non, jamais, dit Beyle, charivari ne fut plus exécrable; c'est le bruit le plus offensant que j'aie entendu. » J'avoue humblement que je partage la dernière opinion ; j'ai souvent assisté aux fonctions de la Sixtine, et jamais je n'ai pu y accoutumer mes oreilles.

Les mœurs du clergé ont dû préoccuper M. Kauffmann ; mais il est homme de bonne compagnie et passe légèrement sur ce sujet délicat. Elles sont, je crois, meilleures ou du moins plus contenues qu'autrefois. Nul aujourd'hui, parmi les éminences, n'oserait, dans un dîner de gala, jeter un verre de vin au nez de son rival, ainsi que fit le cardinal de Bernis à Pierre-Paul de Médicis, qui parlait de trop près à la princesse Santa-Crocce. La scène se passe le 5 novembre 1790, et c'est de Potter qui la raconte dans ses *Mémoires de Scipion Ricci* (II, page 374).

II

On peut se demander avec inquiétude ce qu'est devenue la nation romaine sous ce gouvernement dont M. de Lamartine a dit qu'il contenait « les vices de toutes les natures de gouvernement, sans leurs avantages, réunis dans un seul gouvernement. » Toute la basse classe est-elle, par suite de l'ignorance systématique où on l'a maintenue, vouée à un abrutissement sans remède? Le patriciat, extrêmement réservé, est-il naturellement servile et absolument craintif? Je n'en crois rien ; je crois que sous ce sommeil apparent et forcé la vie existe, prête à jouir intellectuellement de tous ses droits le jour où ils lui seront enfin rendus; car à Rome on peut surtout appliquer le mot qu'Alfieri a prononcé pour l'Italie entière : « *La pianta uomo nasce piu robusta qui che altrove;* la plante homme naît ici plus robuste que partout ailleurs. » Et puis, entre les deux classes que je viens d'indiquer, il en existe une troisième, qui est la classe maîtresse par excellence, le *mezzo cetto*, composée d'hommes instruits, réfléchis, travailleurs, profondément libéraux, Italiens avant tout, et de longue main préparés aux événements prévus et imprévus qui peuvent survenir.

La noble et patriotique résistance que la population romaine n'a pas craint de soutenir contre les armes de la France, la sagesse toute politique dont elle fait preuve depuis déjà si longtemps, l'énergie avec laquelle elle obéit à l'insaisissable comité national, l'ardeur qu'elle met à célébrer malgré toutes sortes d'entraves les fêtes du Statut italien, l'habileté vraiment extraordinaire qu'elle emploie à repousser toute provocation suspecte et à éviter tout conflit qui pourrait devenir définitif, prouvent assez qu'elle poursuit lentement, mais invariablement le même but, son indépendance. Ce n'est pas d'hier qu'elle est ainsi : cet esprit a pu se manifester avec plus ou moins d'intensité, mais, par le fait, il a toujours vécu. Ce n'est pas hier que M. de Blacas, ambassadeur de France à Rome, écrivait : « Il est certain que si les Italiens avaient un puissant allié, ils secoueraient un joug qu'ils détestent. » Et, jugeant l'état des provinces pontificales, il ajoutait : « La vanité, l'argent, la peur gouvernent ce pays-ci. » Les instincts de la cour de Rome et du peuple romain ne se sont pas modifiés : l'une s'immobilise dans le passé, l'autre demande à prendre rang dans la civilisation. Les liens qui rattachent les peuples à leur gouvernement sont brisés à Rome depuis longtemps. Défiance d'une part, compression de l'autre, hostilité sourde de chaque côté. Quel est le trait d'union qui jusqu'à présent a empêché la séparation d'être éclatante ? C'est l'occupation française. Le jour où notre armée se retirera, où les sujets et le monarque se trouveront face à face, qu'adviendra-t-il des exigences et des résistances qui se produiront fatalement ? Le génie italien a bien des ressources, et rien ne serait plus possible qu'un arrangement auquel la religion n'aurait rien à perdre. Certes, il ne manquera pas de gens excessifs qui conseilleront à Pie IX de défendre à outrance son pouvoir temporel, qui lui rappelleront l'exemple de Jules II, pontif si bataillard qu'un historien du temps le compare à *Tambourlan, soudan des Tartres ;* qui, oubliant qu'un pape a excommunié les arbalétriers à cause de leurs armes trop meurtrières, l'engageront à avoir une armée fournie de bons canons rayés ; on peut s'attendre à tout de ce parti violent que l'Italie appelle l'ultramontanisme, car, selon elle, il est né en Belgique et en France, parti aveugle qui a toujours compromis ce qu'il a touché, et perdu ce qu'il a entrepris de sauver. C'est à ce parti qu'appartenaît ce duc de Modène de 1816, qui ne voulut jamais que la diligence de Milan à Bologne traversât ses États, parce que, disait-il, il n'y a que les jacobins qui voyagent. Ce parti, à qui la convention du 15 septembre paraît un attentat, avait compté sur l'Espagne ou sur la Bavière; mais voilà que la Bavière et l'Espagne ont reconnu le royaume d'Italie, et que la papauté temporelle, enfin livrée à elle-même, va se trouver bientôt face à face avec une nation entière. Les sentiments qui animent cette nation sont connus; ils ne datent pas d'hier, et des hommes éminents, dévoués au saint-siége, ne s'y sont pas trompés. En juillet 1847, M. Rossi écrivait à M. Guizot: « Dans dix ans, dans vingt ans, je n'en sais rien, il n'y aura pas, dans les États italiens, un homme, une femme, un fonctionnaire, un magistrat, un moine, un soldat qui ne soit avant tout *national*. Qu'y faire, à moins qu'on ne prétende exterminer l'Italie et en faire une terre d'ilotes? Il faut bien se résigner à ce qu'un avenir plus ou moins prochain révèle ce qui est dans son sein. » La prédiction s'est accomplie de point en point: un cas de force majeure et brutale a seul empêché Rome de venir prendre sa place et sa part dans le nouveau royaume d'Italie.

Les causes d'un conflit sanglant entre le pouvoir temporel et les Romains sont nombreuses, et la situation est inquiétante, il faut le reconnaître; mais je suis certain qu'elle n'a effrayé aucun des hommes d'État de l'Italie. Des pourparlers officiels ont déjà eu lieu entre Rome et Florence; ils n'ont point abouti, je le sais, mais ils ont prouvé néanmoins que l'idée d'un rapprochement n'était pas absolument impossible. On s'abouchera de nouveau, pour une question financière, pour une question ecclésiastique : on s'entendra sur un point, quel qu'il soit, on se fera des concessions mutuelles; l'esprit de conciliation éclairera, il faut l'espérer, la religion et le patriotisme; ils comprendront l'une et l'autre qu'ils peuvent vivre côte à côte sans se détruire, et peut-être alors le rêve de Cavour, l'Église libre dans l'État libre, sera-t-il réalisé; le Capitole et le Vatican se donneront la main, et Rome, devenue enfin capitale de l'Italie, n'en restera pas moins la capitale spirituelle de la catholicité. Il ne faut pas oublier les paroles que M. Visconti-Venosta, qui fut un très-remarquable ministre des relations extérieures, a prononcées devant le Parlement de Turin : « Nous avons voulu démontrer à l'Europe que l'esprit de persécution n'est pas dans le tempérament des Italiens; que le sol de l'Italie, favorable à toutes les libertés, sera favorable aussi à la liberté religieuse et à l'indépendance du chef de l'Église. » C'est plus qu'une constatation, c'est un programme, et il peut, à mon humble avis, servir de base à un rapprochement sincère entre le saint-siége et l'Italie.

Toutes ces questions et bien d'autres sont traitées de main de maître par M. Kauffmann. Il a vu toutes les Romes, la Rome religieuse, la Rome politique, la Rome morale, la Rome artiste, et il les décrit alternativement avec une sagacité remarquable; lui aussi il a foi dans l'avenir de l'Italie; il a vu ses luttes, ses dangers, ses efforts; il a admiré cette nation qui, traversant l'époque la plus critique peut-être de son histoire, formant et refondant en un tout homogène ses parties arbitrairement séparées, n'a pas fait une seule fois appel à la force, a dédaigné toute dictature, n'a fait fi d'aucune de ses libertés, et s'est donné la double tâche d'établir à la fois son indépendance politique et son indépendance civile. Il s'est incliné devant un tel spectacle, qui est un des plus grands que le dix-neuvième siècle nous aura offerts, et comme il n'admet pas qu'en matière de nation la partie soit séparée du tout, il espère avec ferveur que Rome ne tardera pas à faire retour à l'Italie et à reprendre le cours de ses glorieuses destinées.

VI

DE MARTIGNY AU GRAND SAINT-BERNARD

I

LA ROUTE.

Par une belle journée du mois de juin, chaude et claire, je partis de Martigny à six heures du matin, fort commodément assis dans une américaine attelée d'un cheval rouan et plein d'ardeur, conduite par un guide silencieux et obtus. Je suivis la jolie route ombragée de grands noyers qui va de Martigny-la-Ville à Martigny-le-Bourg ; la lumière aiguë du soleil éclairait les chalets suspendus à mi-côte aux flancs de la montagne ; les hannetons volaient en bourdonnant ; quelques goîtreux ratatinés riaient aux éclats en me voyant passer, et les vaches mélancoliques, paissant dans les prés humides, levaient lentement la tête au bruit de la voiture. La route, qui file droit vers le sud, laisse dans l'ouest le chemin qui mène à Chamounix. Elle côtoie la Drance, rivière-torrent qui saute, bondit, bouillonne et retentit sur un lit de rochers que de puissants remous arrondissent sans pouvoir les ébranler; la pente est insensible; le cheval trotte, le guide ne dit rien; des coups de vent tout imprégnés d'une fraîcheur de neige passent en rafale et soulèvent la poussière. Il fait froid, malgré le soleil qui monte sur l'horizon, assez froid pour que je puisse écraser d'un coup de canne et lancer dans la Drance une vipère engourdie au bord d'une haie. Quelques ruisseaux descendant lentement du haut de la montagne se glissent sous l'herbe des prairies, contournent le tronc noir des épicéas, poussent leurs nappes glacées et vont, en murmurant une plainte très-douce, se mêler à la rapidité du torrent qui rugit en bas. Deux ou trois pêcheurs, la ligne en main, le panier au dos, marchent le long des rives et font danser sur les eaux emportées les mouches artificielles qui trompent et attirent les truites. A un village nommé le Brocard, la route tourne brusquement vers l'est; on s'en aperçoit vite à l'aigre bise qui vous frappe au visage. Les champs sont beaux; les arbres, châtaigniers, cerisiers, noyers, ormeaux des montagnes, sont amples et majestueux; la nature est pleine de force; la végétation est très-puissante, elle vit et se développe à l'aise, rien ne lui manque : ni l'eau, ni la terre, ni l'air, ni le soleil. Mais dans les villages la saleté des ruelles est repous-

sante ; sur le seuil des maisons, à côté de la fosse à
fumier, de vieilles goîtreuses couvertes de vêtements
sordides font sauter dans leurs bras de petits crétins
hideux qui ressemblent à des ouistitis pelés. Parfois,
au bruissement de la voiture qui danse désagréablement
sur le pavé pointu de l'unique rue de ces villages, je
vois apparaître aux lucarnes une tête de vieille femme
coiffée d'un lourd chapeau de feutre rond ; ses yeux
éraillés n'ont plus de regard ; le nez épaté rejoint les
joues plissées comme une vessie dégonflée ; la bouche,
ouverte par un sourire animal, est un gouffre violâtre
d'où s'élancent deux ou trois dents jaunes et bran-
lantes ; le menton velu, et qu'on dirait couvert de moi-
sissure, se confond avec le cou où ballotte un goître qui
ressemble à une noix de coco peinte en gris sale. C'est
affreux. Ces grimaces me disent bonjour quand je
passe, et je les salue avec ce sentiment de tendre respect qu'il est convenable d'éprouver pour le sexe charmant qui unit la grâce à la faiblesse.

Après le petit village de Boremier, on traverse un
tunnel étroit et bas qui a été creusé dans le roc vif :
c'est la *galerie de la monnaie*, qui a environ soixante
ou quatre-vingts mètres de long. Ici comme à la route
du Simplon, Charles Nodier pourrait dire : « On m'a
gâté les Alpes. » Près de là s'étendent des bâtiments
ruinés et qu'on paraît être en train de restaurer : c'est
un ancien couvent de chartreux ; il a été brisé, enlevé,
entraîné le 18 juin 1818 par une inondation de la
Drance, inondation formidable, dont le souvenir est

resté très-vivant dans le pays et qui emporta tout ce qu'elle rencontra devant elle. Ce n'est point le monastère qu'on va rétablir. Là même où les chartreux ont cultivé leurs petits jardins, où ils ont psalmodié les longues prières, le bruit des moulins à foulon, des machines à vapeur, des marteaux va bientôt retentir. Le couvent se transforme et devient usine; la prière platonique sera remplacée par la prière active, qui est le travail. Cette usine est destinée à manipuler les produits d'une mine de plomb argentifère récemment découverte dans les montagnes voisines, où plusieurs mines de fer sont déjà depuis longtemps en exploitation. La route que je parcours est nouvelle; elle a été exécutée par ordre et aux frais du gouvernement du Valais; elle suit assez régulièrement l'ancien chemin, celui que gravit l'armée française conduite par le premier consul.

Une petite ville apparaît à un coude : c'est Sembrancher, et non point Saint-Branchier, comme l'ont écrit certains voyageurs. En effet, le nom s'explique de lui-même, car là la route se divise ainsi que la Drance, dont l'un des courants descend de l'est, tandis que l'autre vient du sud; le village est posé précisément au point de jonction, à *l'embranchement*. Notre route maintenant va vers le midi et ne doit plus quitter cette direction, si ce n'est dans les zigzags qu'elle est obligée de décrire pour contourner les pentes trop rapides de la montagne, où frissonnent les sapins, les mélèzes et les épicéas. Parfois, au fond de gorges noires et rocail-

_euses, la **Drance** apparaît blanche, remuée, pleine d'écume, semblable à une débâcle de peaux de moutons. Souvent, de derrière les touffes d'aubépine en fleur, une chèvre sort, se tient debout sur une pierre, et vient curieusement regarder les voyageurs qui passent.

A Orsières, qui est un gros bourg, nous nous sommes arrêtés pour donner un picotin d'avoine à notre petit cheval, qui l'avait bien gagné. Pendant que, tout attelé, il mange dans la mangeoire portative, je vais visiter l'église. Ah! qu'elle est triste, décrépite et désolée! Tout autour s'étend le cimetière, étroit, resserré, où les morts sont pressés, tassés les uns contre les autres dans un espace insuffisant. Chaque tombe est indiquée par une petite croix de bois, sans inscription. Je ne découvre qu'un seul nom, inscrit sur une plaque de tôle à demi rongée par la rouille (Clémence Joris, 1846). Aux angles des murailles, des ossements humains sont éparpillés parmi les herbes; les côtes, les fémurs, les péronés, les maxillaires, les clavicules, presque réduits en poussière, gisent au milieu des véroniques, des orties, des oseilles sauvages; quelques planches pourries qui ont appartenu à des cercueils sont dispersées çà et là par les enfants, qui jouent avec et s'y taillent des piéges pour prendre les oiseaux. Toutes les tombes avaient l'air fraîchement remuées; on eût dit que depuis peu de jours seulement elles étaient recouvertes. C'est que dans ces hautes régions où le froid domine, où l'hiver est toujours âpre et dur, où la neige couvre la terre pendant des mois entiers, on conserve dans un grenier spécial les corps de ceux qui sont morts pendant la rude saison; puis, quand le mois de mai est venu, quand la neige s'est lentement écoulée sous les rayons du soleil, quand enfin on peut ouvrir la terre et y creuser une fosse, on fait un enterrement général, et l'on couche dans leur dernière demeure ces cadavres qui, dans la haute chambre des chalets, attendaient l'arrivée du printemps. Cela est fort triste; mais ici on y est accoutumé, et nul ne s'en préoccupe. On paraît fort dévot à Orsières; presque toutes les maisons portent une devise religieuse : Jésus, Marie, Joseph. — *Sit nomen Domini benedictum*.

Pendant que le cheval achevait de manger son avoine, j'avais pris les devants à pied. A un angle de la route je m'arrêtai. Sous un grand cerisier, une vingtaine d'enfants des deux sexes étaient assis, tous un peu bancals, un peu boiteux, un peu goîtreux, un peu crétins; debout devant eux, un prêtre les interrogeait sur le catéchisme. Ils ouvraient des yeux démesurés en écoutant, sans les comprendre, les explications qu'on leur donnait, et répondaient sans trop savoir ce qu'ils disaient aux questions qui leur étaient adressées.

Après Orsières, la route appuie très-légèrement vers l'est, car là aussi elle se bifurque et suit encore deux branches de la Drance : l'une qui incline vers l'ouest et conduit du côté du col Ferret, l'autre qui remonte vers

le Saint-Bernard. Selon les inclinaisons du chemin,
on aperçoit à l'horizon les cimes éblouissantes du col
Ferret, de la Dent du Midi, du mont Vélan; toutes les
blancheurs sont réunies là sous les cieux. Je ne suis
pas surpris que les eaux du lac Léman soient si bleues;
la neige qui s'y précipite au printemps, fondue et en-
traînée dans les ravins, a si longtemps vécu près du
ciel qu'elle a dû lui dérober son azur. La montagne
n'est plus boisée; sur les pentes, des champs et des
prés s'étendent, soutenus par de petits murs en pierres
qui empêchent l'éboulement des terrains; de loin, la
montagne ressemble à d'immenses escaliers à marches irrégulières, larges et brisées. La récolte s'annonce bien; le blé est dru, bien portant, d'un vert solide; les prairies font involontairement penser à la
vieille image qui les appelle « un tapis de fleurs. »
Nous allons au pas, car la route commence à devenir
roide; j'échange quelques paroles avec les paysans que
je rencontre : « Bonjour, mon brave homme. — Bonjour à vous pareillement, Monsieur. — Les foins sont
beaux. — Pas tant méchants. — Les blés? — Tout de
même encore avec! »

Au-dessus de Lidder, petite ville fort pittoresquement juchée sur la montagne qui domine le cours de
la Drance, près de laquelle on aperçoit les toits d'un
village groupé dans une sorte de crique arrondie, la
route devient tout à fait montueuse. Il faut de rudes
coups de collier pour la gravir, et souvent le cheval
s'arrête afin de souffler. On va ainsi, cahin-caha, dans

la poussière et sous le soleil, qui devient dur, mordant ; les lézards en profitent et se chauffent sur les murs en clignant des yeux comme un chanoine qui médite en faisant sa digestion. A Bourg-Saint-Pierre, où Bonaparte prit son guide, nous nous sommes arrêtés pour déjeuner. J'avais grand'faim, je l'avoue, et l'on me servit, entre autres, une soupe aux choux mêlée de lard, épaisse, onctueuse et fortifiante, une de ces soupes enfin qui comptent dans l'existence d'un voyageur. Dans le mur du cimetière qui entoure l'église, on a enclavé une borne miliaire qui, selon les érudits de l'endroit, date du temps de Constantin. Elle est tellement fruste, écaillée, usée, que je ne puis rien lire de son inscription, si ce n'est le chiffre **XXIIII**, gravé en longues lettres romaines. Bourg-Saint-Pierre a dû être en effet une station sur cette route abrupte et dangereuse qui, traversant le *mont Jovis*, allait d'*Augusta Prætoria* (Aoste) à *Octodure* (Martigny), et dont César et Auguste s'emparèrent sur les Vésagres et les Sarapes. Ce fut à Saint-Pierre que commencèrent les vraies difficultés pour l'armée française lorsqu'elle traversa le Saint-Bernard. C'était entre le 15 et le 21 mai que le passage s'effectuait, et à cette époque de l'année la route est encore sous la neige. Piétinée par les hommes et par les chevaux, la neige fondait et devenait une sorte de boue liquide, difficile et même dangereuse. L'artillerie arrivait, et il fallait à tout prix qu'elle pût franchir la redoutable montagne. Un homme du pays eut alors cette idée ingénieuse de faire répandre, le soir, de la cendre et du gravier sur la voie déjà battue. Il gela vivement pendant la nuit; le terrain se consolida; mêlée aux cailloux, la neige forma une sorte de route glissante, mais solide, où les canons, placés sur des troncs d'arbres évidés, purent être traînés à bras d'hommes jusqu'au sommet du grand Saint-Bernard. Grâce à ce moyen primitif et très-simple, le prodige put être accompli, et la rapidité de la marche fut telle que les Autrichiens nous croyaient encore en France lorsque déjà nous étions sur leur dos en Italie.

Je laissai la voiture à Bourg-Saint-Pierre, car la route n'était pas encore carrossable. Le guide arrangea mon petit bagage sur une planchette qu'il attacha à son dos comme une hotte, et je grimpai sur un mulet, sorte de monture qui ne m'est point agréable, car il n'a jamais existé entre elle et moi qu'une force d'adhérence très-imparfaite. Je le savais par expérience, et mes voyages dans l'île de Rhodes m'ont laissé à cet égard des souvenirs peu satisfaisants. Il était gris ce mulet, avec de grandes oreilles qu'il remuait sans cesse; il était curieux et aimait à regarder la Drance courant au fond d'un précipice de deux cents pieds; de plus, quand il voyait un ruisseau traverser la route, il déclarait tout net, à sa manière, qu'il n'aimait point à se mouiller les pieds et qu'il ne passerait pas; il fallait alors le convaincre par quelques arguments à sa portée. Un homme le prenait par la bride, le guide le rouait de coups de trique sur la croupe; il levait le derrière, secouait les oreilles, hésitait, et nous finissions par passer. Je n'en regardais pas moins le paysage, tout en serrant les genoux et en me préparant mentalement à des catastrophes dont je connaissais l'amertume. Il n'y a plus d'arbres; à peine çà et là quelques sapins rabougris et rasant la terre, quelques mélèzes nains dévorés par des lichens parasites; en revanche, les plantes sont abondantes et fortes. Voici de belles gentianes qui, de loin, ressemblent à des lis sans fleurs; des anémones charmantes, des renoncules d'or qui cherchent l'humidité et croissent en famille; voici la pâle et secourable absinthe, dont on a trouvé moyen, par je ne sais quel horrible mélange, de faire un poison terrible, pour le plus sûr et le plus rapide abrutissement de l'espèce humaine. Pendant que je méditais sur l'alcool et le tabac, qui sont deux auxiliaires puissants pour gouverner les hommes, une mouche entra dans les naseaux de mon mulet. Il ficha ses deux pieds de devant en terre et se mit à ruer. Je lui fis quelques timides observations corroborées de coups de canne; il n'en tint pas compte, et je compris le sort qui m'attendait. J'obéis d'abord à la force centrifuge, ensuite à la force centripète, et je me trouvai, tout à traque, sur le dos, au beau milieu de la route. Le mulet avait été se rouler dans un pré voisin; on courut après lui, on le saisit, on me l'amena, je me relevai, et nous remontâmes l'un sur l'autre.

Je marche entre deux montagnes dont le sommet disparaît sous la neige. Autour de moi tout prend un

aspect désolé ; la route n'est plus qu'un large sentier
parsemé de pierres ; à chaque pas il faut franchir les
petits ruisseaux qui se hâtent de courir vers la Drance
mugissante, comme s'ils avaient peur d'être repris en
route et immobilisés par le froid des altitudes qu'ils
viennent de quitter. Il n'y a plus de lézards, plus d'hirondelles ; à peine quelques pinsons qui nichent dans
les trous des rochers, et quelques papillons égarés que
le soleil a trompés et qui se dépêchent de voler vers les
lieux plus bas, où la chaleur est régulière et la nuit supportable.

Quelques vaches, conduites par un enfant en guenilles, faisant résonner à chaque mouvement la lourde
cloche qu'elles portent au cou, s'en vont le front penché vers la terre, broutant une herbe rare, presque
brûlée et cependant humide encore de la neige qui la
couvrait il y a peu de jours. Le ciel est bleu cru, presque sombre ; parfois, du haut d'un pic blanc, on voit
se dégager lentement, puis se condenser une vapeur
transparente, pâle, semblable à une évaporation d'eau
bouillante ; le petit nuage se forme, se rassemble, os-
cille à la pointe de la montagne, comme un léger panache sur le front d'un géant ; il se couche, s'étend sur
le rocher neigeux ; on dirait qu'il y est retenu par des
liens invisibles ; puis un coup de vent passe, fait tour-
billonner la nuée indécise, et l'emporte avec lui vers
les pays lointains qu'il a mission de parcourir.

A gauche, une petite maison, précédée d'un perron
de huit marches, se dresse au bord de la route : *Bon*

logis à pied et à cheval. C'est la cantine de Proz. Au delà, vers la montagne, quelques masures servent d'étables. Été comme hiver, par les temps de neige, d'avalanche ou de soleil, elle est ouverte ; elle recueille les voyageurs qui ne peuvent monter jusqu'au grand Saint-Bernard ou qui en descendent, et, pendant les mois de novembre et de décembre, elle abrite les chasseurs. En effet, nous sommes dans le cantonnement du lagopède ptarmigan, que l'on appelle vulgairement la perdrix blanche ; il abonde par ici et se laisse assez facilement approcher. On le chasse sans chien et pour ainsi dire à vue. On suit sur la neige la trace de ses fortes pattes emplumées qui ressemblent à des pieds de lièvre et qui lui ont valu son nom ; on le tue rasé ou quand il s'enlève. En été, son plumage est fauve, maillé et vermiculé de noir ; mais dès que les froids arrivent, le lagopède prend sa livrée d'hiver, qui est toute blanche, avec un simple trait noir au-dessus des yeux. Contrairement aux autres gallinacées, qui sont les plus domesticables des oiseaux, il ne peut supporter la captivité, et meurt promptement lorsqu'on la lui impose. On dit que cette chasse est des plus intéressantes ; mais quels jarrets et quelle largeur de poitrine il faut pour la mener à bonne fin !

Cinq cents pas au-dessus de Proz s'élève une autre maison qu'on appelle par excellence *la Cantine.* On l'a ouverte depuis deux jours ; pendant l'hiver, elle demeure fermée et attend la fonte des neiges pour offrir sa maigre hospitalité aux voyageurs. On y nettoie les tables, les bancs, et l'on prépare l'installation d'été. A cent mètres plus loin, la région de la neige commence. Je descendis de mulet, et ce fut sans regret que nous nous quittâmes. Trois grandes heures de marche me séparaient encore de l'hospice du grand Saint-Bernard. Avant de mettre le pied sur l'immense linceul blanc qui s'étendait à perte de vue, je regardai autour de moi : l'herbe est courte, grosse, et semble oser à peine sortir de terre; les lichens rongent les rochers grisâtres émergés de l'océan d'argent qui couvre leurs pieds; je n'aperçois qu'une seule fleur : c'est une petite pensée toute violette avec une gouttelette d'or au cœur.

Des poteaux plantés de distance en distance indiquent la route dont, sous peine de danger, il ne faut point s'écarter. Sous la neige, qui paraît toujours fondre par sa surface interne, des ruisseaux glissent sans bruit, se creusant un chemin dont on connaît la direction, mais dont on ignore les détours; la neige les surmonte comme une voûte épaisse ou superficielle, selon les replis du terrain. Armé d'un long bâton terminé par une pointe de fer fort utile pour sonder la route mouvante où je m'engage, je suis pas à pas le guide qui me précède. La marche prolongée sur une pente couverte de neige est excessivement pénible; parfois on enfonce tout à coup jusqu'au ventre, et parfois on glisse et on arrive entraîné par sa propre pesanteur. On va, penché en avant, prenant son point d'appui où l'on peut, sous la double fatigue de l'ascension et du manque de solidité du terrain que l'on parcourt; l'air est plus rare, on est en sueur, et dès que l'on s'arrête on se sent glacé par le vent des hauteurs, toujours froides. Nous fîmes halte pendant un instant près d'une masure ouverte d'une baie sans porte, composée d'une seule chambre assez grande et qu'on appelle *l'hôpital*. C'est là que les pères du Saint-Bernard viennent chaque jour, en hiver, apporter des provisions pour les voyageurs qui peuvent se trouver perdus dans le désert de neige. A côté s'élève une petite hutte de pierre : c'est *la morgue*, où l'on dépose les cadavres trouvés sur la route. Nous repartons, et bientôt nous entrons dans *la Grand'Combe*, sorte de vaste fosse creusée entre le mont Mort et le mont Joux, large ravin que visitent volontiers les avalanches, et que, pendant les mauvais temps, on traverse en toute hâte, le cœur serré, l'œil aux aguets, l'oreille tendue et sans parler. Le passage est plein de périls en effet, et sur les longues pentes unies qui y aboutissent on voit l'amas des lourdes avalanches éboulées, égrenées, semblables à des terres d'albâtre qu'une forte charrue aurait labourées et retournées. Involontairement nous accélérons le pas. Je dis à mon guide : « A quelle distance sommes-nous du sol? » Il me répond : « A quarante mètres environ. » Il est juste de remarquer que nous sommes dans un bas-fond; avant un mois toute cette neige sera fondue; on aperçoit les pics tout blancs du *Trône* et du *Mont-Mort;* le défilé semble s'ouvrir par un subit écartement du mont Joux, et l'hospice apparaît; triste bâtiment uniforme, grisâtre, régulier; il semble presque noir sur l'inconcevable splendeur de la neige éclairée par le soleil. La dernière pente qu'il faut gravir maintenant, et qu'on tourne pendant l'été, est extraordinairement dure. Nous sommes obligés de nous y reprendre à trois fois pour arriver jusqu'à son sommet; nous y parvenons enfin, mais épuisés, et nous soufflons avant de franchir les deux cents mètres qui nous séparent de la maison hospitalière. L'entrée principale est précédée par un haut perron de douze marches; nous y pénétrâmes cependant de plain-pied, car la neige monte jusqu'au dernier degré. Je traversai un couloir formant vestibule; mon guide me fit entrer dans une salle d'attente et tira la corde d'une cloche retentissante; un jeune homme vêtu d'une soutane noire arriva aussitôt et me souhaita la bienvenue; c'était le père hospitalier, qui se mit immédiatement à ma disposition avec une bonne grâce toute charmante.

II

L'HOSPICE.

L'hospice du grand Saint-Bernard est bâti précisément à la frontière de la Suisse et de l'Italie. Où finit le canton du Valais commence la division d'Aoste. De la porte même de l'hospice on aperçoit l'extrémité d'une colonne qui sort de la neige et qui indique la limite des deux États. L'hospice, en droit, appartient au Valais, mais en fait il appartient à tous les hommes et à toutes les religions. A ceux qui, lassés du pénible voyage, viennent tirer la cloche d'appel, il ne demande pas s'ils sont chrétiens, musulmans, juifs ou grecs orthodoxes; il ouvre ses portes toutes grandes, il offre l'abri, la nourriture, le feu. C'est une des plus admirables institutions qu'on puisse voir et réellement inspirée par la grande vertu, par la charité. Elle est comme un bon Samaritain qui se renouvellerait sans cesse.

A cette hauteur, à 2,620 mètres au-dessus du niveau de la mer, la vie est difficile, embryonnaire pour ainsi dire, étouffée par les mornes silences de l'hiver, emprisonnée par des remparts de neige, alourdie par l'invincible somnolence qu'apportent les grands froids. L'air est singulièrement raréfié; même au moment des plus vives chaleurs, les nuits sont humides et glaciales; les poumons jouent mal dans la poitrine oppressée, les étourdissements sont fréquents; les ophthalmies causées par l'insupportable réverbération de la neige sont presque inévitables. Pour se condamner à cette existence d'isolement il faut une conviction très-sérieuse et sentir autour de son cœur l'*œs triplex* dont parle Horace. Le jour où je suis arrivé à l'hospice, sept religieux l'occupaient; le plus jeune a dix-neuf ans, le plus âgé trente-cinq à peine. Il faut être jeune, vigoureux, sain et résolu pour mener cette vie dangereuse; il est rare qu'on puisse la supporter plus de quinze ans; on s'étiole vite au milieu de privations de toutes sortes et de fatigues périlleuses sans cesse renouvelées ; les maladies d'estomac et de poitrine sont le prix ordinaire de ce labeur dévoué qui ne recule devant rien ; alors les pauvres pères atteints sont forcés de quitter l'hospice, ils descendent à la maison mère de Martigny, et souvent l'air plus doux, l'air balsamique de la vallée est impuissant à leur rendre une santé détruite pour toujours. C'est le dévouement élevé à sa dernière puissance, et il est difficile de ne pas l'admirer sans réserve.

Le bâtiment de l'hospice forme un carré long, qui contient deux étages de chambres où l'on peut arriver, en cas de besoin extrême, à loger soixante ou quatre-vingts voyageurs ; une autre construction s'élève en face et sert de magasin, d'écurie, et, dans un cas pressant, de refuge pour les passagers qui n'auraient pu trouver place dans l'hospice. De grands couloirs divisent la maison, couloirs tristes, froids, sombres, humides, blanchis à la chaux, défendus contre l'air extérieur par de doubles fenêtres ; chaque porte est surmontée d'un numéro d'ordre ou d'un mot désignatif : église, réfectoire, galetas, bibliothèque... Les chambres réservées aux voyageurs sont bonnes et relativement confortables ; la mienne est longue, lambrissée sur toute sa surface, frottée avec soin, d'une irréprochable propreté, meublée d'un excellent et large lit à rideaux, d'un canapé, d'une toilette, de trois chaises et d'un fauteuil ; une petite glace pend à la muraille de bois, et un poêle de granit arrondit son énorme fourneau au milieu de la pièce. La fenêtre double est très-étroite; on ne saurait trop se défendre contre les morsures de l'air glacé qui souffle au dehors. J'ai dormi là deux nuits, d'un lourd sommeil que n'interrompit même pas le bruit violent des cloches qui sonnaient matines. Au rez-de-chaussée s'ouvre un large salon servant aussi de salle à manger, et réservé aux visiteurs; une grande cheminée le chauffe; j'y vois un orgue expressif et un piano; aux murs, je reconnais *la Séparation des apôtres*, de Gleyre; un *Jésus prêchant*, par M. Dubuffe, et quelques gravures anglaises coloriées. La bibliothèque, située au premier étage, est assez intéressante par les échantillons de minéralogie locale et par les médailles trouvées sur l'emplacement d'un temple de Jupiter, qui s'élevait sur le mont Joux (*mons Jovis*), en face même de l'hospice.

Quelques voyageurs reconnaissants ont fait des cadeaux à cette petite bibliothèque, qui offre aux passagers retardés par le mauvais temps des ressources considérables. Un Anglais avait envoyé une très-belle machine électrique; elle était la joie et la distraction des pères, qui, pendant les journées d'orage, venaient curieusement l'interroger pour apprécier de quelle quantité d'électricité ils étaient entourés. Mais un jour on laissa pendant deux minutes un visiteur seul dans la bibliothèque; c'était un Français, né malin; naturellement il tourna la machine à l'envers, et brisa la roue. Les pauvres pères ramassèrent les débris sans mot dire, et le voyageur se contenta d'écrire sur le re-

gistre de l'hospice ces deux vers, qu'il eut quelque peine
à composer :

> Ces frimas, ces autans, ces chiens, ces religieux,
> Font du grand Saint-Bernard un endroit curieux.

La maladresse de notre compatriote fut un vrai malheur pour la petite communauté ; je crois qu'il vient
enfin d'être réparé, et que les pères ont pu recommencer leurs expériences. Ce ne sont pas les seules
qu'ils font, et chaque jour on établit trois fois des
observations régulières à l'aide du baromètre, du thermomètre, du pluviomètre et de la direction des vents.
Tous les mois ces observations sont adressées à une
revue genevoise, *la Bibliothèque universelle*, qui les
publie pour la plus grande utilité du monde savant.

Non loin de la bibliothèque s'ouvre la tribune de
l'église ; c'est de là que les voyageurs entendent la
messe lorsque cela leur convient. D'excellentes orgues
remplissent de leur grave harmonie la nef de cette chapelle, qui est grande, bien éclairée et décorée dans le
goût italien. Dans un coin, à gauche en entrant, se
dresse contre la muraille le monument en marbre
blanc consacré au général Desaix. C'est un bas-relief
assez médiocre, signé Moitte, membre de l'Institut et
de la Légion d'honneur. Desaix est représenté à demi
couché dans les bras d'un hussard, pendant qu'un
soldat tient son cheval qui, par son ampleur et l'importance que l'artiste lui a maladroitement données,
devient le personnage principal de la composition. Le
sculpteur a obéi à la légende et non pas à l'histoire ;

Desaix semble dire la fameuse phrase : « Allez dire au premier Consul que je meurs avec le regret de n'avoir pas assez fait pour la postérité ! » Il ne l'a jamais prononcée ; il tomba foudroyé au milieu d'un tel mouvement de troupes qu'on ne s'aperçut même pas de sa mort. Bourrienne laisse même soupçonner qu'il aurait pu avoir été tué par la maladresse d'un de ses soldats. Quant à Savary, qui fut son aide de camp, il est bon de le citer ; il dit : « Il (Desaix) était à cheval derrière le neuvième régiment, une balle lui traversa le cœur. » Puis il ajoute plus loin ces paroles qui prouvent ce que c'est que la guerre : « Je le trouvai par terre, au milieu des morts déjà dépouillés, *et dépouillé entièrement luimême*. Malgré l'obscurité, je le reconnus à sa volumineuse chevelure, de laquelle on n'avait pas encore ôté le ruban qui la liait [1]. »

Le passage de Bonaparte a laissé une vive impression au grand Saint Bernard ; on en parle volontiers à Bourg-Saint-Pierre et à l'hospice ; dans la salle d'entrée, là même où tout voyageur doit pénétrer pour sonner la cloche d'appel, on lit sur une vaste plaque de marbre noir l'inscription suivante en lettres dorées :

Napoleoni primo Francorum imperatori
semper augusto,
Reipublicæ valesianæ restauratori semper optimo,
Ægyptiaco, bis Italico semper invicto,
In monte Jovis et Sempronii
semper memorando,
Republica Valesiæ, gra'a, II decembris
anni MDCCCIV.

1. *Mémoires de Savary*, duc de Rovigo, t. I, p. 276 *et seq.*

Bourrienne raconte « que le premier Consul avait fait passer des fonds à l'hospice du grand Saint-Bernard; » la congrégation n'a gardé aucun souvenir de ce fait. Toutes les provisions amassées en hâte, à la première sommation, par les religieux, furent dévorées par l'armée. L'hospice en fut littéralement ruiné, et le grand prévôt du Saint-Bernard, qui était alors Louis-Antoine Luder, de Sembrancher, en fut réduit, pour faire vivre sa communauté, pour subvenir aux besoins journaliers des voyageurs, à emprunter 10,000 francs à un riche fermier de la vallée d'Aoste. Plus tard, après que l'Italie eut été reconquise, Bonaparte fit écrire aux religieux de l'hospice qu'il leur envoyait 30,000 francs pour les couvrir des frais que notre passage leur avait coûtés. Le calcul était de un franc par homme, ce qui n'est point exorbitant. Peu de temps après cet avis, le grand prévôt reçut 18,000 francs, et ce fut tout. Où allèrent, où restèrent les 12,000 francs qui complétaient la somme promise? Nul n'a su me le dire.

La vie intérieure des Pères est minutieusement réglée; elle se partage entre les exercices religieux, leurs courses dans la montagne et les soins qu'ils donnent aux voyageurs. Appartenant à l'ordre des Augustins et chanoines de Saint-Jean-de-Latran, ils relèvent directement de Rome et ne sont point soumis à l'évêque de Sion, qui serait légalement leur supérieur direct. Comme chanoines, ils doivent porter le rochet blanc; mais leur marche dans la neige rendait ce vêtement extrêmement incommode, et, par dérogation spéciale, ils ont été autorisés à le remplacer par un double ruban qui passe de leur épaule droite à leur côté gauche et qui figure assez bien le cordon brahmanique des Hindous. Leur costume est fort simple : c'est une soutane noire et un bonnet carré. En hiver, lorsqu'ils vont dans la montagne accomplir leur pénible mission, ils sont vêtus d'une courte et chaude veste et de longues guêtres en drap qui montent jusqu'aux genoux ; leur tête est couverte d'un fort bonnet de laine ; un cache-nez et de grosses mitaines complètent leur armure de combat. Ils ont le plus grand soin, pendant ces rudes journées d'hiver où le baromètre descend parfois à 25 et 30 degrés au-dessous de zéro, de ne sortir qu'avec des chaussures extrêmement larges, afin d'éviter la congélation des pieds : accident fréquent et presque inévitable si l'on porte des souliers étroits. Je viens de dire quel est leur costume ; il est rationnel et il serait difficile d'en inventer un meilleur. J'ai vu cependant, je n'avouerai jamais que c'est au Musée du Luxembourg, un tableau qui représente une jeune femme, jambes nues, bras nus, décolletée, blonde, frisée, tombée évanouie sur le mol édredon d'une neige immaculée ; quelques capucins en lourde robe brune à capuchon, la taille serrée de la corde à nœuds, un flacon de sels à la main, portent secours à cette « innocente victime d'un climat meurtrier » et de la brutalité des brigands qu'on voit, dans le lointain, lutter contre des chiens de Terre-Neuve. Le livret affirme

que la scène se passe au grand Saint-Bernard ; je ne
l'aurais jamais cru.

Tous les jours, en hiver, quel que soit le temps qu'il
fasse, un père sort dans la montagne du côté de Martigny, un autre la descend vers Aoste ; parfois ils sont
accompagnés d'un domestique spécial qu'on appelle *le
marronier ;* mais toujours ils sont précédés par un de
leurs chiens, qui sont de forts animaux, prenant en
hiver un poil très-long et très-dur qu'ils perdent au
printemps. Ce sont d'énormes mâtins, d'une grande
douceur et d'une soumission parfaite ; le seul signe
distinctif de leur race m'a paru être, aux pattes de derrière, un double ergot très-séparé et presque flottant.
Il y en a huit actuellement à l'hospice, qui vont et viennent frétillant de la queue autour des voyageurs, suivant les pères, rôdant autour des cuisines, se faisant
des trous dans la neige, s'allongeant au soleil, bâillant
avec un grognement sourd, et partant quelquefois pour
aller faire une petite promenade sur les crêtes voisines.
Ils sont nés à l'hospice, y vivent, entendent chaque
jour retentir les cloches et n'ont point cependant pu
s'accoutumer à ce bruit aigu. Dès qu'on sonne la messe
ou les vêpres, les chiens se réunissent, tournant le dos au
vent, dressant le nez vers la montagne, et commencent
un charivari à grande voix qui rebondit d'écho en écho.
Jamais chiens de Saintonge groupés autour d'un sanglier au ferme n'ont fait un pareil vacarme. Quoi qu'il
en soit, ils rendent des services incalculables ; car sans
leur merveilleux instinct il serait bien souvent impos-

sible de se retrouver dans la montagne. Il suffit parfois
d'un coup de vent pour creuser une vallée là même où
la veille on avait vu une colline, car la neige est mouvante comme le sable dans le désert. Quels que soient
les bouleversements que la tempête ait amenés, le chien
ne se perd jamais ; sous cet amas de neige il sait toujours reconnaître la route ; malgré les avalanches tombées, malgré les flocons amoncelés, il marche précisément au-dessus du sentier que les mulets graviront
plus tard, lorsque la montagne sera sortie de dessous
son linceul blanc. Il précède le père qu'il guide, à trois
pas en avant, s'arrêtant en même temps que lui, prê-
tant l'oreille aux bruits, et répondant par un aboiement
aux appels lointains qu'il peut entendre. Dans ces courses où la vie de l'homme est toujours en danger, les religieux portent avec eux du pain, du fromage et du vin ;
jamais d'eau-de-vie qui donne une force momentanée
et factice à laquelle succèdent bientôt un énervement
dangereux et une lassitude sans bornes. Du reste,
d'après les récits que m'ont faits les pères du Saint-
Bernard, la mort dans la neige est très-douce ; de l'engourdissement on passe à la somnolence, pour entrer
dans le sommeil éternel. Souvent il leur est arrivé
d'avoir à lutter contre des voyageurs qui, déjà saisis par
le froid, veulent dormir à tout prix et se refusent absolument à marcher jusqu'à l'hospice. On emporte
alors ces mourants récalcitrants, on les frotte de neige
pour rétablir la circulation du sang arrêtée, on les
force à boire du vin de Martigny, vin spécialement fort

et généreux ; on les couche, on les frictionne, on les couvre et on leur rend la vie malgré eux. Parfois, — mais, grâce à l'activité des religieux, cela devient de plus en plus rare, — on retrouve le cadavre des pauvres passagers qui ont été surpris par la nuit ou roulés dans le tourbillonnement des avalanches. On les dépose alors dans un petit bâtiment voisin de l'hospice et qu'on appelle *la grand'morgue;* peut-être y seront-ils reconnus. Cette morgue contient une douzaine de corps recueillis pendant le siècle dernier, et que le froid de ces hautes régions a conservés presque intacts. Je n'ai pu les voir, car toute cette maison mortuaire était encore ensevelie sous la neige. C'est aux mois de mars et d'avril surtout que les avalanches sont dangereuses. En hiver elles sont sèches, pour ainsi dire ; la neige, dure, mince, grenue, gelée par parcelles, manque de cohésion ; elle s'éparpille en tombant ; c'est une poussière blanche et aiguë qui se désagrége et se porphyrise en s'écroulant. Dès que le soleil a pris de la force, vers le printemps, il n'en est plus ainsi. L'avalanche, pénétrée par la neige déjà fondue, est humide, lourde, réunie par masse énorme dont le poids seul peut causer la mort ; elle tombe d'un bloc, roule sur elle-même, entraînant tout ce qu'elle rencontre, mugissant avec un fracas terrible, et ne se brise qu'en fragments considérables lorsqu'elle arrive à la fin de son parcours. Mais si elle est dangereuse et presque à coup sûr mortelle pour ceux qu'elle atteint, on peut jusqu'à un certain point prévoir sa chute, qui généralement est lente, annoncée par un bruit retentissant, précédée par un mouvement facile à remarquer, et indiquée par une sorte de boursouflement spécial qu'on appelle *une gonfle*. En hiver, elle est instantanée. Plusieurs Pères ont laissé la vie dans leur incessant combat contre les éléments; ils sont morts dans l'accomplissement de leur pacifique mission. Si l'on doit honorer le soldat qui tombe sur le champ de bataille pour une cause dont souvent il ne sait pas le premier mot, que dire de ces humbles héros qui chaque jour s'exposent à périr pour aller porter secours à des inconnus?

Pour bien comprendre les immenses services que ces prêtres dévoués rendent à l'humanité, il faut savoir que l'an dernier plus de *vingt-trois mille* voyageurs ont traversé le grand Saint-Bernard, parmi lesquels on compte à peine trois mille cinq cents touristes. Avec quels fonds arrive-t-on à subvenir à tant de besoins? Avec des collectes, avec des quêtes, avec le produit de deux fermes situées en Italie et qui appartiennent à l'hospice. Un tronc placé dans l'église est destiné à recevoir les offrandes des voyageurs. J'ai quelque honte à raconter ce qui va suivre. Il me semblait que chacun de ces amateurs qui franchissent le Saint-Bernard par simple curiosité, qui reçoivent des pères une hospitalité à laquelle rien ne manque, devait laisser au moins vingt francs dans le tronc de la communauté, et j'estimais qu'au bout de chaque année on pouvait ainsi recueillir une soixantaine de mille francs. J'étais

loin de compte ; la recette la plus élevée a été de
8,500 francs, ce qui ne fait même pas trois francs par
tête. J'en ai été stupéfait ; mais c'est ainsi, et je ne
puis le révoquer en doute. Il est juste de dire que les
pères ne demandent jamais rien et que leur hospitalité
est gratuite ; mais quand on réfléchit à l'usage qu'ils
font de l'argent qu'on remet entre leurs mains, quand
on se rappelle qu'il est destiné à héberger, à secourir,
à nourrir de pauvres gens qui sans eux périraient de
misère et de froid, on peut estimer que l'offrande générale des *touristes* est singulièrement faible et médiocre.

Je ne saurais assez dire quelle complaisance et
quelles attentions le frère hospitalier déploya pour me
recevoir et m'adoucir le dur séjour de sa maison. C'est
un jeune homme d'une trentaine d'années, dont le
front large et les yeux saillants indiquent l'intelligence. Nous avons beaucoup causé de Genève, de
Paris, de Jérusalem, de Rome où il voudrait bien
aller, de beaucoup de questions modernes qu'il connaît parfaitement. Il est de plus excellent musicien, et
emploie ses rares loisirs à composer des messes en musique. J'ai été présenté par lui au supérieur, qui m'a
fait l'honneur de m'inviter à partager les repas de la
communauté. L'ordinaire est bon, substantiel, et cela
doit être, car à cette altitude l'homme dépérit promptement s'il n'est pas soutenu par une nourriture abondante et forte. Les légumes sont une rareté et un régal
pour ces pauvres gens. Leur pain est excellent ; il vient

d'Aoste, d'où la provision est apportée deux fois par semaine. Comme je m'étonnais qu'ils n'eussent pas dans l'hospice même un four pour cuire leur pain, le supérieur me répondit avec un doux sourire cette chose navrante : « Il fait trop froid ici; la pâte ne lèverait pas ! » On peut imaginer, d'après cela, ce qu'on use de bois dans cette vaste maison; il vient d'Orsières, et est conduit jusqu'à l'hospice à dos de mulet et à dos d'hommes. Tout le dessous de la chapelle est un immense chantier où les bûches sont symétriquement rangées.

Les distractions sont rares pour les pères augustins du grand Saint-Bernard; quelquefois, dans les longues soirées d'hiver, une partie de dames ou d'échecs; en été, lorsque le soleil a fondu toute la neige, la culture de leurs petits jardins, abrités du nord par la montagne contre laquelle on les a appuyés, et soutenus par des murs de pierres, réparés avec soin à chaque saison. Là ils cultivent quelques laitues, moins dans l'espoir qu'elles parviendront à maturité que pour avoir un peu de verdure sous les yeux. Il n'était pas encore question de prendre le louchet et le hoyau; c'est de ma fenêtre que je regardais l'emplacement de ces jardins, et je ne voyais qu'un monceau de neige (16 juin). Ils ont aussi, pendant les beaux jours, une courte promenade à faire autour du petit lac qui s'évase au-dessous de l'hospice, dans la direction d'Aoste. Je le devine plutôt que je ne le vois; on passe dessus, car il est gelé; deux mètres de neige sont accumulés sur sa surface; à peine sur les bords voit-on l'eau transsuder et dessiner imparfaitement ses contours. On y a mis des poissons il y a quelques années, ils y sont morts de froid. Autour de la maison, vers les pentes du mont Mort, je vois voltiger quelques pinsons. Dès que les premiers froids arrivent, ils vont demander l'hospitalité aux pères du Saint-Bernard; on leur ouvre les portes; ils nichent dans les couloirs, vont se chauffer près des fourneaux lorsque la bise est trop rude, assistent au repas dans le réfectoire où on leur jette de la mie de pain, et vivent en bonne intelligence, pêle-mêle avec les gros chiens, qui les laissent se promener sur leur large dos roux.

J'ai passé là trente-six heures, grelottant sous le soleil, grelottant sous mes couvertures, grelottant dans ma chambre, grelottant dans le réfectoire, grelottant partout, et luttant avec beaucoup de peine contre une insupportable envie de dormir. L'homme des plaine et des grandes villes ne peut se faire à cette basse température et à cet air trop raréfié. C'est donc sans regret que je me suis éloigné de ces lieux déshérités, mais non point sans reconnaissance pour l'hospitalité bienfaisante qui m'avait accueilli. Malgré ses vastes dimensions, malgré l'annexe de ses magasins et de ses écuries, l'hospice est devenu trop étroit : il ne suffit plus aux voyageurs qui l'encombrent, et qui parfois, en une seule journée, y arrivent au nombre de cinq ou six cents. Les pères vont être très-incessamment forcés de construire un nouveau bâtiment hospitalier. Ils iront par le monde alors, tendant la main et quêtant au nom des pauvres voyageurs qu'ils ont à secourir. Je fais des vœux sincères pour qu'ils réussissent dans cette nouvelle entreprise. Chaque pays tiendra à honneur, j'en suis persuadé, de venir en aide à cette œuvre admirable que l'étroit esprit de secte n'a jamais pu détourner de sa voie. Les successeurs de saint Bernard de Menthon verront apprécier leurs incessants sacrifices ; j'ai la ferme conviction qu'ils recueilleront des offrandes importantes, qui, en leur permettant d'accroître encore le bien qu'ils font, seront la juste récompense de leur dévouement, de leur courage et de leur charité.

VII

THÉODOROS ET L'ABYSSINIE [1]

Nul mieux que **M. G.** Lejean n'a été à même d'étudier la question qui fait l'objet de ce volume. Nommé vice-consul de France à Massaoua, il ne tarda pas à se rendre en Abyssinie, fut présenté au terrible Théodore, et subit par son ordre une captivité arbitraire qui se prolongea plusieurs mois, mais ne motiva aucune intervention armée. Il a pu ainsi apprécier le pays sur les lieux et raconter *de visu*. On peut ajouter une foi absolue à tout ce que contient son livre; il suffit de le parcourir, en effet, pour reconnaître qu'on a affaire à un auteur profondément honnête et singulièrement consciencieux. Les mauvais traitements qu'il eut à

1. *Théodore II, le nouvel empire d'Abyssinie et les intérêts français dans le sud de la mer Rouge,* par Guillaume Lejean.

supporter n'ont laissé aucun levain d'amertume dans son âme bienveillante. Il est souvent sévère, et comment ne pas l'être en présence d'un fou couronné? mais il tempère la sévérité de ses jugements par une indulgence remarquable : lorsqu'il se voit forcé de condamner, il ne prononce jamais son verdict sans y ajouter le bénéfice des circonstances atténuantes. Malgré les inqualifiables procédés que Théodore eut envers un envoyé français, malgré les cruautés dont chaque jour il se rend coupable et dont l'écho fort affaibli nous arrive par les feuilles publiques, on devine que M. Lejean a une secrète sympathie pour le négus; qu'il a cru un instant que ce *roi des rois* emploierait à faire le bien cette force et ce pouvoir qui s'égarent en fantaisies sanglantes, parce que nul contre-poids ne lui fait équilibre; il a vu en lui une sorte de régénérateur possible de l'empire abyssin, et si, en présence des spectacles qui affligeaient ses yeux, il a été obligé de répudier une partie de ses espérances, on sent qu'il en a conservé quelques-unes. « C'est toujours bien fait d'espérer, » dit Martin dans *Candide;* mais j'ai bien peur que l'avenir ne donne un prochain et définitif démenti aux rêves heureux de M. Lejean. Dès aujourd'hui la moitié de l'Abyssinie est soulevée contre son oppresseur. Un de ces jours nous apprendrons que le négus a disparu tout à coup dans une bataille, et nul, parmi ceux qui connaissent sa conduite, n'en sera surpris.

Les dangers que M. Lejean a courus, la captivité

qu'il a subie, n'ont point découragé en lui le goût des voyages. Il vient de repartir pour une course bien au trement dangereuse que celle de l'Abyssinie. Ce n'est point vers le haut Nil, vers le plateau de Gondar, vers le pays de Choa, vers les rives désolées de la mer Rouge qu'il se dirige aujourd'hui. Il va s'enfoncer dans l'Asie centrale au hasard de sa bonne étoile, des misères qui l'attendent, des périls qui le guettent, de la soif, de la faim, de l'assassinat, de l'esclavage. Il va, traversant la Perse, tâcher de pénétrer à Boukhara et à Khiva. Les personnes qui ont lu le *Voyage d'un faux derviche*, d'Arminius Vambéry, s'imagineront quelle résolution il faut avoir au fond du cœur pour chercher à mettre à exécution un tel et si ingrat projet. Du reste, M. Lejean fait ces sortes de choses le plus simplement du monde. Il vous dit, Je pars pour Samarkand, comme d'autres vous disent, Je vais à Saint-Cloud. C'est le héros de la géographie. Il se désespère en pensant aux x de notre planète; il voudrait les dégager, il voudrait tout découvrir, tout voir, tout apprendre. Ces belles curiosités sont rares et méritent d'être encouragées, en France surtout où la géographie est une science à peu près inconnue. Nous ne pouvons que souhaiter bonne fortune au hardi voyageur, qui doit être déjà rendu maintenant sur les bords de la mer Caspienne, et exprimer l'espoir qu'il nous reviendra avec une ample provision de documents nouveaux. Aujourd'hui nous allons tâcher de raconter au lecteur ce qu'il en est de l'Abyssinie et de son roi; nous prendrons M. G. Lejean pour guide, en déclarant d'avance qu'on n'en peut rencontrer un meilleur.

1

Les rois d'Abyssinie, comme la plupart des rois barbares, ont une origine légendaire. Ils prétendent descendre de Ménilek, qui naquit du mariage de Solyman-ben-Daoud et de Balkis, fille de Hadhad, fils de Scharhabil ; en langage vulgaire, ils sont issus du fils de Salomon et de la reine de Saba. Dans l'Afrique peuplée par les enfants de Cham, ils sont donc, eux et leurs peuples, les représentants de la race sémitique. Convertis en même temps que leur nation au christianisme par les patriarches d'Alexandrie, vers le ive siècle de notre ère, ils sont désignés chez les géographes du moyen âge sous le nom de *Prêtre Jean*. Cette dénomination est aujourd'hui tout à fait oubliée, et l'empereur d'Abyssinie porte officiellement le titre de *Négus Nagast za Aitiopya* (roi des rois d'Éthiopie). L'organisation du royaume est purement féodale, et rappelle celle qui jadis en Europe réglait les rapports des sujets et de leur souverain. C'est la terre qui doit le service militaire ; le propriétaire du *fief* est tenu d'obéir à son suzerain, qui obéit à son supérieur, qui obéit au négus. Ce dernier a droit de confiscation et de dégradation en cas de forfaiture. Les paysans non nobles ont aussi une constitution particulière. Groupés autour de leur paroisse, *aghar* (un mot d'origine romaine, *ager*), ils sont administrés par un conseil municipal composé des anciens, présidés par un maire, *echeka* (un mot d'origine arabe, *cheick*), nommé à l'élection. C'est ce magistrat qui est responsable, dans sa personne et dans ses biens, de la conduite politique de ses administrés : grave inconvénient, responsabilité qui trop souvent n'est pas illusoire, mais qui est rachetée par un droit tant soit peu exorbitant ; le maire hérite de toutes les terres appartenant à ses *paroissiens* mourant sans héritiers directs. Le pouvoir judiciaire est confié à un chef cantonal, désigné par le négus et généralement choisi parmi les seigneurs du district ; ses jugements peuvent être portés d'abord devant la cour des chefs ayant droit à faire battre devant eux le *nagaril* (tambour de guerre), et ensuite devant le tribunal suprême siégeant à Gondar et composé de douze juges inamovibles, que le négus doit présider lui-même. Les châtiments sont assez doux : la peine de mort n'existe pas en matière politique ; les bandits sont condamnés à l'amputation de la main droite (qui tient le sabre) et du pied gauche (qui sert à monter à cheval). La confiscation des biens et l'emprisonnement dans une forteresse sont la punition des rebelles de haut rang ; en cas d'assassinat, la famille de la victime, s'appuyant sur la loi juive, peut réclamer le talion ; mais le plus souvent elle se contente d'une somme d'argent débattue et acceptée par les parties adverses, et que les Arabes nomment *dieh*. La vente d'un chrétien comme esclave est le seul crime qui entraîne la mort, sans rachat possible.

L'instruction — une instruction relative, bien entendu, — est fort répandue en Abyssinie. L'Abyssin est intelligent, curieux de connaître, avide d'apprendre. « J'étonnerai sans doute mes lecteurs, dit M. G. Lejean, en affirmant que sur deux groupes de cent jeunes gens de toutes classes, pris l'un en France et l'autre en Abyssinie, le nombre de ceux qui savent lire et écrire sera plus élevé dans le second groupe que dans le premier. C'est assez humiliant à avouer pour un Français, mais c'est strictement vrai. » Ayez donc la prétention d'être le premier peuple du monde, pour vous entendre adresser et pour mériter une telle comparaison. La religion joue un grand rôle chez les Abyssins, comme chez tous les peuples qui ont gardé quelque chose de primitif. C'est notre catholicisme mitigé par des concessions qui tolèrent le mariage des prêtres, l'usage de la langue *ghez* (vieil idiome liturgique) et la date de la célébration de la Pâque. Relevant hiérarchiquement de l'église d'Alexandrie, c'est aux Coptes qu'il appartient de fournir l'évêque (*abourra*) d'Abyssinie. Or, les voyageurs qui ont parcouru l'Égypte savent ce que vaut le clergé copte, et peuvent d'après cela se figurer l'avidité et la démoralisation du prêtre abyssin. Le catholicisme et le protestantisme d'Europe ont fait d'assez sérieux efforts pour établir des missions importantes du côté de Gondar; mais l'un et l'autre ont échoué : les catholiques, parce que, selon leur déplorable manie, ils ont voulu quand même se mêler de politique et fomenter des révolutions civiles qui eussent mis entre leurs mains l'investiture des évêques ; les protestants, devant la dédaigneuse indifférence du négus, qui, au lieu de discussions sur les Évangiles et sur les Épîtres de saint Paul, leur demandait de lui fabriquer des obusiers de campagne et des chars de triomphe. Le patriarche d'Alexandrie est venu lui-même en Abyssinie ; naturellement il s'est trouvé en compétition avec l'abourra, qui n'a rien voulu céder de ses droits. On s'est fort disputé, comme bien l'on pense ; les excommunications pleuvaient dru comme grêle ; c'était à qui ne céderait pas. « Tu es mon supérieur à Alexandrie, disait l'abourra ; mais en Abyssinie, tu n'es rien et je suis tout. — Prêtre rebelle, répliquait le patriarche, je t'excommunie avec ton maître. — Et moi je t'excommunie aussi, reprenait l'abourra, et mon excommunication est seule valable ici. » Pendant deux jours ils restèrent face à face, se lançant leurs armes spirituelles, qui heureusement ne sont point mortelles. Quand le négus en eut assez de cette comédie, qui se passait sous ses yeux, il renvoya le patriarche. Ce dernier retourna au Caire, et de là se rendit à Jérusalem, où il fit confisquer et vendre à son profit le couvent des Abyssins. Les trois cent mille francs qu'il en retira entrèrent pour toujours dans sa caisse. Il faut dire que les deux adversaires ne valaient pas mieux l'un que l'autre ; le patriarche d'Alexandrie n'avait rien à envier au patriarche d'Éthiopie; c'étaient deux Coptes également misérables et vicieux. Le premier faisait ouvertement la traite des esclaves gallas; quant au second, à la traite des esclaves il ajoute le vol des vases sacrés, qu'il expédie par ballots en Égypte, mais seulement lorsqu'ils sont d'or ou d'argent. Un de ces envois fut même séquestré à Djedda, il y a neuf ans, par le consul de France. De plus, il est fort galant, et son confesseur l'accuse publiquement d'avoir neuf maîtresses, dont deux religieuses cloîtrées. Si je ne craignais d'être forcé d'emprunter le latin de Pétrone, j'ajouterais quelques autres détails sur ses mœurs locales; mais je me contenterai de dire que son ignorance égale son dévergondage, et qu'il a la bonne habitude d'excommunier ceux qui lui posent des questions auxquelles il ne peut pas répondre. S'il est vrai que l'excellence d'une religion soit prouvée par l'indignité même de ses ministres, il faut avouer que la religion des Coptes est supérieure à toutes celles que nous connaissons.

II

Il est temps de s'occuper du souverain de ce pays. Il n'est pas ignoré en Europe; il a fait souvent parler de lui, et déjà il est célèbre par ses excentricités à la fois enfantines et cruelles. En 1854, les grands vassaux se disputaient l'Abyssinie les armes à la main, pendant qu'un fantôme de négus vivait à l'engrais dans son palais de Gondar, comme un roi fainéant. Un soir, un officier, nommé Kassa, s'approcha du lac Tana et prononça quelques paroles magiques. Un trône sortit du lac, et sur ce trône un homme noir et couronné s'assit : « Tu m'as appelé, dit-il à l'officier ; sais-tu qui je suis? — Je sais que tu es le chef des mauvais esprits. Régnerai-je? — Tu auras une vie agitée... — Réponds donc, régnerai-je? — Oui ! » Et tout disparut. Cela rappelle singulièrement le *hail* de Shakspeare : « Salut à toi qui seras roi ! » Cet officier curieux, ce Kassa Kuaranya, fils de Haëlo, homme de haute origine, et d'une femme que la misère réduisit à vendre du kousso dans les rues de Gondar, est aujourd'hui le négus Théodoros II, roi des rois d'Éthiopie. Ce n'est point facilement qu'il a escaladé le trône ; il eut à lutter contre presque tous les chefs de canton ; il eut ses jours de fuite et de misère ; il déploya une énergie à outrance, une ruse qui ne se laissait jamais surprendre ; il dut autant à la trahison qu'à ses armes, et à force de pratiques ténébreuses, de cruautés, de victoires, de violence et de duplicité, il arriva enfin à être souverain absolu d'un peuple qui ne demande qu'à le jeter par terre. La bataille de Déreskié, qui le fit empereur, est du 5 février 1855. Le surlendemain, Kassa prit officiellement le nom de Théodoros ; cet acte fut très-réfléchi de sa part, car il n'ignorait pas qu'une vieille tradition affirme qu'un négus appelé Théodoros rétablira le royaume d'Éthiopie, anéantira l'islamisme et reprendra Jérusalem sur les infidèles. C'est aussi en vertu d'un usage des anciens souverains de Gondar qu'il garde auprès de lui, pendant ses réceptions officielles, quatre lions apprivoisés qui parfois sont d'un voisinage peu agréable pour les assistants. Du jour que Kassa fut couronné, s'ouvrit pour l'Abyssinie une ère de tyrannie à peine concevable. Parfois cependant il eut recours à une justice expéditive qui eut de bons résultats. Une de ses premières proclamations ayant ordonné que chacun retournât à la profession de ses pères, il se vit bientôt en présence d'une troupe de bandits qui, s'attachant à la lettre de l'édit, demandaient la confirmation du droit d'exercer la profession de leurs pères, qui étaient voleurs de grands chemins. Pris entre l'obstination des brigands et ses propres paroles, le négus se vit forcé d'accorder l'autorisation qui lui était demandée. Mais les malandrins n'avaient pas le dos tourné qu'un parti de cavaliers royaux tombait sur eux et les sabrait jusqu'au dernier.

Quand la justice est exercée par un seul homme dont nul contrôle ne limite l'autorité, elle arrive vite à la cruauté. Théodoros avait fait saisir un agitateur religieux qui avait le tort impardonnable de porter son ancien nom de Kassa. Il l'interrogea lui-même, le fit attacher à un arbre, et disant : « Au nom de la très-sainte Trinité, » il le tua roide d'un coup de fusil. Parfois une nuance d'ironie se mêle à la justice féroce qu'il exerce. Un soldat avait tué deux marchands : « Pour-

quoi les as-tu assassinés? dit le négus.—J'avais faim.
— Ne pouvais-tu simplement les voler? — Si je ne les
avais tués, ils se seraient défendus. » L'empereur, exaspéré de ce cynisme ingénu, lui fait couper les deux
mains, les lui fait servir dans un plat et lui dit : « Ah!
tu avais faim? Eh bien, mange! » Cela me rappelle ce
Méhémet-Bey Defterdar, beau-frère de Méhémet-Ali
d'Égypte, qui faisait ferrer ses esclaves comme des
chevaux quand ils se plaignaient de n'avoir plus de
souliers, et qui donnait ordre d'ouvrir devant lui le
ventre d'un soldat accusé, malgré ses dénégations,
d'avoir volé et bu une tasse de lait. Le négus n'est pas
toujours aussi cruel, il a ses moments de facétie; il fait
amener à sa table des chefs prisonniers et les force à
boire du kousso, qui est bien le plus abominable
purgatif qui se puisse imaginer. Sa mère en a vendu;
les chansons populaires l'ont assez reproché à Théodoros; entre ses mains impériales le kousso est devenu une peine afflictive, mais non infamante; il con-
damne à tant de bouteilles; vengeance de parvenu qui
ne peut faire oublier son origine et qui l'affirme chaque
jour, afin de paraître n'en pas rougir. Le malheureux
consul d'Angleterre qui, couvert de chaînes, marchait
sans cesse à la suite de ce tyranneau ridicule, buvait
chaque matin son flacon de kousso et n'évita pas toujours la bastonnade. Il est inutile de faire remarquer
que nulle observation, si sage qu'elle soit, n'a prise
sur cet esprit infatué de lui-même. Le négus croit sérieusement à sa mission. Dans un discours public il a

osé dire : « J'ai fait un pacte avec Dieu. Il m'a promis de ne point descendre sur terre pour me frapper, et j'ai promis de ne pas monter au ciel pour le combattre. » Comme il est arrivé au but qu'il poursuivait, il dit volontiers : « Dieu frappe tous ceux qui se trouvent sur mon chemin ! » Aussi, aux conseillers qui voudraient le faire renoncer à ses cruautés, il répond qu'un souverain n'a de comptes à rendre qu'à Dieu seul ! Système commode pour régner à sa guise, mais qui déjà a perdu plus d'un gouvernement, et ailleurs même qu'en Abyssinie.

J'ai dit qu'il croyait à sa mission ; quelle est-elle ? Il l'a expliquée lui-même : « Ce peuple a la tête dure et a besoin d'être châtié avant d'être appelé à jouir des bienfaits de la Providence. Je serai le fléau, le jugement de Dieu sur l'Abyssinie. » Et comme nouveau programme de règne, il fit graver sur l'affût de ses obusiers : « Le fléau des pervers, Théodoros. » (P. 154.) D'après cela on peut présumer qu'il ne badine pas sur les questions religieuses, et qu'il les dénoue à sa façon et sans y mettre grande cérémonie. Il y a en Abyssinie une secte qui prétend que Jésus n'est né que deux fois : de toute éternité d'abord, de Marie ensuite ; elle est contraire à l'opinion qui, faisant du baptême une sorte de signe de ralliement national pour le peuple abyssin cerné de tous côtés par des musulmans et des idolâtres, veut que le Christ soit né une troisième fois, à l'instant où Jean le baptisa. Grave question, comme l'on voit, et bien faite pour exercer l'esprit ergoteur et scolastique des Abyssins. Je ne sais vers qui penchait Théodore; mais il fit réunir les dissidents et leur déclara, sans long préambule, qu'il fallait abjurer ou mourir. Pris à l'improviste, les pauvres diables demandèrent trois jours de réflexion, que le négus leur accorda gracieusement, en les prévenant que, pour faciliter leurs méditations, ils seraient mis en prison pendant ces trois jours et qu'ils n'auraient ni à boire ni à manger. Est-il besoin d'ajouter que le soir même ces malheureux s'étaient tous ralliés à l'opinion orthodoxe, c'est-à-dire à celle de leur maître?

Sous une telle verge de fer, les peuples ne se trouvent point à l'aise; aussi ils remuent souvent et les révoltes sont fréquentes. Chaque chef de canton voudrait se rendre indépendant, et suivre peut-être le mauvais exemple d'usurpation que Théodoros a donné; aussi ce dernier est-il toujours en guerre. Son esprit à la fois turbulent et profond, inquiet et rusé, combine des plans stratégiques qui ne réussissent pas toujours. Il marche avec une rapidité extrême, afin de surprendre ses ennemis, et ne dévoile ses projets qu'à la dernière heure. Dans la défaite comme dans la victoire, sa cruauté est la même; après une bataille (chez les Oullos, 1862), il fit couper le pied et la main à huit mille prisonniers. « Ce ne fut pas long, disait un prêtre indigène à M. Lejean; chaque soldat saisit son homme et le taillada comme un mouton! » Après la bataille de Tchobar, 1,700 captifs furent massacrés et laissés sans sépulture. Quand il tombe sur une province et qu'on

lui demande ses ordres, il répond : « *Mangez tout!* »
A la suite de ces expéditions, où nulle demeure n'a été
épargnée, où les prisonniers ont été mutilés et rendus
impotents pour toujours, où le feu a brûlé les villages,
les moissons, les forêts, où les cadavres ont comblé les
puits, où le sang a empesté les fontaines, les hérauts
de Théodoros parcourent les districts en criant : « Écou-
tez ce que dit l'empereur : J'ai châtié les pervers ; j'ai
tué vingt-deux mille hommes. Paix aux honnêtes gens
et que nul ne s'inquiète ! » Or, les *pervers* sont toujours des Abyssins ; est-il donc surprenant que l'on
chante en secret : « Heureuse nouvelle ! il n'y a plus de
poussière sur les routes, — vu que les arbres sont couverts de pendus. — Cinq doses de lèpre, six doses de
famine, — voilà ce que vous avez gagné au règne du
négus. »

Parfois des terreurs secrètes s'emparent de lui ; les
menaces d'une vie future l'atteignent en plein cœur ;
il se trouble alors, et souvent, aux approches de la communion pascale, il veut donner un exemple de vertu
et d'humilité à ses peuples. Il fait sa confession publique, il se frappe la poitrine devant ses courtisans,
et déclare qu'il est le pécheur le plus scandaleux de
l'empire. Puis il congédie sa favorite, et la reprend dès
qu'il a communié. Louis XV, malade à Metz, ne
voulant plus être « un objet de scandale » pour son
peuple, ne renvoyait-il pas madame de Châteauroux,
qu'il retrouva fort gaillardement à Paris lorsqu'il fut
guéri ? Hélas ! la latitude n'y fait rien, et partout, dans

l'humanité, les mêmes causes produisent les mêmes effets.

Le négus a une famille, et comme Dieu a promis l'avenir à la maison de David, dont il descend par Salomon, il est sans inquiétude sur le sort de ses enfants. Il a deux fils adultes ; on dit quelque bien du second, qui a su conquérir une popularité dont son père est déjà inquiet et jaloux. Quant à l'aîné, c'est une bête brute qui a trouvé moyen de surpasser les cruautés paternelles. Il envoie à son père des corbeilles remplies d'yeux arrachés, et il pousse la facétie jusqu'à introduire dans l'oreille des prisonniers des cartouches auxquelles il s'amuse à mettre le feu. Une fois, poussé à bout par de telles et si furieuses extravagances, le négus le mit aux arrêts dans une écurie d'ânes, lui disant que là du moins il serait en famille. Depuis que M. Lejean a quitté l'Abyssinie, on dit que cet animal féroce a été mis à mort.

Théodoros, par un étrange revirement sur lui-même, est saisi tout à coup par des accès de douleur et de désespoir. Un jour qu'on lui montrait un dessin représentant un champ de bataille jonché de morts, il se détourna : « Moi aussi, dit-il, j'ai perdu mes meilleurs amis, je suis seul à présent. Ah ! laissez-moi pleurer. » Et il se mit à fondre en larmes. (P. 109.) Ne croirait-on pas entendre le cri de Dankwart dans les *Niebelungen :* « O malheur ! ô chers amis perdus pour toujours, me voilà seul ! » Cette idée de sa solitude lui revient souvent : « Il n'y a pas un de vous qui m'aime, dit-il parfois aux coutisans qui l'entourent. Les gens qui remplissent mes prisons sont plus heureux que moi, car il y a des gens qui les aiment et qui pensent à eux. Quand je serai mort, il n'y aura pas un de vous qui jettera une poignée de terre sur mon tombeau ! » O négus ! ô roi des rois d'Éthiopie, on peut vous répondre : Votre sort est commun à tous ceux qui n'ont eu d'autre passion que l'ambition, à tous ceux qui ont aimé, cherché, saisi le pouvoir pour le pouvoir lui-même, et non pour le bien qu'il pouvait servir à faire. Lorsqu'on n'a aimé ni la justice ni les hommes, on reste seul, misérable, soupçonneux, abandonné, malgré tous les serviteurs qui vous entourent et quelle que soit la puissance sur laquelle on s'appuie.

L'Abyssinie se meurt sous un tel régime. Je ne me sens pas assez de vertu pour la plaindre. Lorsqu'une nation, par lâcheté ou par faiblesse, remet aveuglément toutes ses destinées entre les mains d'un homme, s'incline sous un pouvoir sans contre-poids, le livre sans rien stipuler en faveur de ses franchises, elle est mal venue à se plaindre lorsque le monarque tourne contre elle tous les droits dont elle a fait litière. Elle a beau pleurer, gémir, lever au ciel ses bras meurtris de chaînes, elle ne mérite pas de pitié, car elle-même elle a choisi son sort. Quand l'Abyssinie sera débarrassée de son négus elle essayera sans doute d'établir un gouvernement régulier ; y réussira-t-elle ? Je le souhaite plus que je ne l'espère. Ce serait cependant une bonne fortune pour la France si ce grand et beau pays entrait enfin dans le calme ; nous pourrions alors ouvrir avec lui un commerce régulier, y prendre un point d'appui contre l'islamisme, y créer même des établissements qui pourraient prospérer, et, suivant·les conseils de M. Guillaume Lejean, faire prédominer l'influence française· sur le haut Nil et dans le sud de la mer Rouge. Mais tant que vivra le négus Théodoros II, inattaquable pour nous dans ses enclaves, nous ne pourrons que rester spectateurs de la guerre civile qui déchire l'Abyssinie et attendre des circonstances meilleures [1].

1. Depuis que ces lignes ont été écrites, l'Angleterre, avec sa sagesse, sa résolution, sa persistance habituelles, s'est chargée de mettre à la raison Théodoros, qui est mort les armes à la main à Magdala, comme autrefois Typo Saeb à Seringapatam. Il faut être juste même avec les fous méchants, et reconnaître qu'en cette circonstance le négus s'est conduit avec un courage digne des chevaliers primitifs dont nos légendes nous ont transmis l'histoire et avec lesquels il a plus d'un point de ressemblance.

VIII

L'ARABIE CENTRALE [1]

I

Affilié à l'ordre des jésuites, pourvu d'argent par
l'empereur des Français, accompagné d'un Syrien,
M. Palgrave partit de Maan le 16 juin 1862. Ses guides
sont des Bédouins un peu brigands, tout à fait voleurs,
dépenaillés, disputeurs et rapaces ; mais le voyageur
n'eut pas trop à s'en plaindre, et, malgré leur mauvaise réputation, malgré leur tournure plus mauvaise
encore, ils lui furent fidèles, et le conduisirent au but
qu'ils avaient promis d'atteindre avec lui. Ce n'est
point tout plaisir que de voyager dans le désert, sur-

1. William Palgrave : *Une année de voyage dans l'Arabie centrale*
(1862-1863), ouvrage traduit de l'anglais avec l'autorisation de l'auteur,
par M. Émile Jonveaux, et accompagné d'une carte et de quatre plans.

tout à l'époque du solstice d'été. Rien dans nos pays ne peut servir de comparaison pour exprimer la chaleur écrasante et torride qui, depuis dix heures du matin jusqu'à quatre heures de l'après-midi, embrase l'atmosphère et vous donne d'insurmontables lassitudes. Les yeux sont brûlés par la réverbération des sables blonds, la poitrine aspire un air de feu qui dessèche les poumons, enflamme la gorge et cause une insupportable soif que ne peut calmer l'eau puante, échauffée, vaseuse qui s'agite dans les outres mal tannées portées par les chameaux. Toute nourriture se compose d'une galette sans levain, lourde et molle, plutôt brûlée que cuite sous la cendre. Le soleil a des ardeurs qu'on ne peut se figurer. Je me rappelle qu'au mois de mai 1850, pendant que je traversais le désert de Qoseir, j'ai voulu, pour tirer un vautour, décrocher mon fusil qui pendait à l'arçon de la selle de mon dromadaire; je le pris sottement par le canon, et j'y laissai tout l'épiderme de la paume de ma main; j'avais littéralement saisi une barre de fer rouge. La marche est toujours excessive et accélérée; car jamais assez tôt on n'arrive au puits qui renouvellera la provision d'eau épuisée. Poussé par le triple aiguillon de la soif, de la fatigue et de la chaleur, on va droit devant soi, sans s'arrêter, même pour parler aux caravanes que l'on rencontre. Dans le désert, l'homme redevient promptement un animal féroce; le soin de son propre salut le préoccupe à ce point qu'il ne se retournerait seulement pas pour secourir son semblable en danger.

M. Palgrave raconte d'une façon énergique les effets d'un coup de vent de simoun qui mit en danger sa vie et celle de ses compagnons. Tout ce que l'on a dit sur « le vent de fièvre et de feu » peut paraître une fable à ceux qui n'ont point été enveloppés par son haleine mortelle. C'est cependant, après la chance de mourir de soif, le plus grand péril qui menace les voyageurs au désert. Le mot *simoun* (les poisons) n'est pas usité par les Arabes pour désigner le vent du sud, qu'ils nomment le *khamsin*. Khamsin signifie proprement cinquante, car ce vent règne assez régulièrement en Égypte et en Arabie pendant les cinquante jours qui suivent la Pâque des Coptes. J'ai toujours cru que le *khamsin* et la *Pentecôte* avaient une grande similitude entre eux, que le mot grec avait la même valeur que le mot arabe, et que tous deux exprimaient le même phénomène. Quand on a assisté à un de ces étranges bouleversements de la nature orientale, il est difficile de ne pas reconnaître que les Actes des Apôtres en ont fait une très-exacte description : « 2. On entendit tout d'un coup un grand bruit, comme d'un vent impétueux qui venait du ciel et qui remplit toute la maison où ils étaient assis. — 3. En même temps ils virent paraître comme des langues de feu qui se partagèrent et s'arrêtèrent sur chacun d'eux. » Si cette explication est rationnelle, le miracle ne serait donc qu'un fait naturel ; reste le don des langues, que je ne me charge pas d'expliquer ; mais il aurait dû rendre inutiles les fonctions de saint Marc, qui était interprète de saint Pierre.

Le désert est-il condamné à n'être jamais qu'un terrain inculte, inhospitalier et sauvage? Certes, il serait hardi d'affirmer que ces immenses plaines de sables arides pourront un jour, grâce aux puits artésiens, être couvertes de prairies et de moissons; la mystérieuse nature semble avoir fait pour certaines contrées des efforts de stérilité analogues aux efforts de fécondité qu'elle a faits pour d'autres. Mais le Bédouin tient à son désert, non pas parce qu'il le trouve poétique dans sa sécheresse et sa nudité, mais par paresse, par fainéantise, parce qu'il a horreur du travail; « ce qu'il demande, ce sont des pâturages pour ses chameaux; moins l'agriculture enlève d'espace au désert, plus il se croit riche, et plus il est satisfait. » Dans presque tous les cas, l'homme peut rectifier, améliorer, féconder la nature, même la plus ingrate; mais lorsqu'il se rend son complice, lorsqu'il accepte ses duretés sans protestation efficace, il devient une sorte d'animal doué de parole, chez qui l'instinct remplace l'intelligence, et il descend au dernier degré des êtres humains. C'est ce qui arrive au Bédouin, qu'on a eu le plus grand tort de poétiser, et auquel, jusqu'au voyage de M. Palgrave, on avait attribué une importance qu'il est loin de mériter. C'est une race pillarde, lâche, efféminée, fort habile pour les coups de main et le vol, absolument insuffisante pour le combat, ne pratiquant aucun art, ignorant les éléments mêmes de l'agriculture la plus simple, inutile, singulièrement arriérée et ne méritant ni respect ni confiance. On les croit des musulmans sincères, on se trompe ; ils n'ont, à proprement parler, aucune idée religieuse. Si l'on descendait au fond de leur conscience obtuse, on trouverait peut-être quelque vague croyance au fétichisme ou à des forces naturelles. Dans les notes manuscrites de Bekir-Bey (le colonel Mari), qui fit l'expédition d'Arabie en qualité d'officier dans l'armée égyptienne, je lis que les Bédouins professent une indifférence absolue en matière religieuse ; M. Palgrave raconte, de son côté, qu'ayant demandé un jour à un jeune Bédouin élégant ce qu'il ferait, au jugement dernier, quand il se trouverait en présence de Dieu : « Je le saluerai, répondit le jeune Bédouin ; s'il est hospitalier, s'il me donne des vivres et du tabac, je resterai auprès de lui ; sinon, je monterai sur mon cheval et je partirai. » Ainsi qu'on le voit par cet exemple, les doctrines de Mahomet touchant les peines et les récompenses de la vie future n'ont point laissé plus de trace sur l'esprit de ces hommes grossiers que le vent n'en laisse sur les sables qu'ils parcourent. La véritable force de l'Arabie n'est donc point le Bédouin, sur lequel s'appuie cependant la politique misérable et toujours leurrée de la Porte ottomane ; cette force, et elle est réelle, réside tout entière dans les habitants des villes. Là du moins on trouve des qualités viriles et une sociabilité que nous ne nous figurons peut-être pas très-bien. Dans les villes, sous l'œil des chefs, qui, sous beaucoup de côtés, rappellent les barons du moyen âge, et qui, comme ces derniers, ont pour la plupart droit de haute et basse justice, les arts industriels, le commerce, la poésie, la littérature policent les mœurs et amènent dans la vie ordinaire des échanges courtois qui ne sont pas sans charme. Là, parmi ces Arabes instruits, généralement grands ergoteurs en matière de religion, la conversation est un art; cet art exquis que nos préoccupations matérielles nous ont fait désapprendre, brille d'un éclat sans pareil dans le Nedjed. En prenant le café aromatisé de girofle, on cause, on sait causer, et le temps se passe à écouter des discussions subtiles et des narrations féeriques où les démons, les péris, les maradah jouent le principal rôle. Dans ce pays étrange, et qui pour bien des choses semble fait au rebours du nôtre, le poëte est honoré de son vivant; il est juste de dire qu'on ne lui élève pas de statue après sa mort; mais il a eu ce bonheur rare de ne pas trop mourir de faim pendant sa vie. Pourtant, ces beaux usages qui rendent la vie facile et la font agréable, n'excluent pas la défiance, qui semble être le fond même de l'âme arabe. Lorsqu'on boit le café, l'esclave chargé de l'offrir doit boire le premier, pour prouver « que la mort n'est pas cachée dans le vase. » C'est sans doute dans une de ces causeries auxquelles M. Palgrave s'est livré souvent, pour notre plus grand plaisir, qu'il a entendu raconter que les Persans, répudiant la honte d'avoir été jadis vaincus par les Grecs, affirmaient qu'Alexandre était le fils de Darius, et que, volé dans son enfance par une mendiante et porté en Macédoine, il était revenu plus tard reconquérir son légitime héritage. La légende persane est bien plus jolie et a surtout bien plus de caractère oriental. Darab (Darius), voulant vivre en paix avec les Grecs, avait épousé la fille de Philippe, roi de Macédoine. Dès la première nuit, le souverain persan s'aperçut que sa nouvelle femme avait une fort mauvaise haleine. Le jour venu, il la répudia et la renvoya à son père, quoiqu'elle eût déjà conçu. Le roi Philippe dissimula son ressentiment, et fit élever comme lui appartenant l'enfant que sa fille mit au monde. Cet enfant fut Iskender-Doulkarneim (Alexandre aux deux cornes), et lorsqu'il eut appris le mystère de sa naissance, il vint en Perse pour remonter sur le trône de ses pères et perpétuer la dynastie des Caïanides.

Que les traditions de la Grèce et de la Perse aient pénétré l'Arabie et y soient demeurées vivantes dans les récits fabuleux qui constituent les archives historiques de ces peuples naïfs et toujours portés au merveilleux, rien n'est plus simple ; mais qui se serait attendu à trouver entre Hayes et Bereydah, presque au centre de la Péninsule, des vestiges d'architecture qu'on croirait empruntés aux régions scandinaves ? Là, M. Palgrave a rencontré les restes d'un monument druidique formé de men'hirs et de lichavens disposés en crombeh, c'est-à-dire en cercle. Il est bien entendu que les gens du pays en font remonter l'origine à un magicien qui a élevé ces pierres pour les employer à des œuvres de sorcellerie. Ce ne sont pas les seules qui existent en Arabie ; les compagnons de M. Palgrave lui ont affirmé qu'ils en avaient vu deux autres, vers la frontière du Hedjaz, et distribuées de la même manière. Ces monuments embryonnaires sont répandus sur la surface du monde entier. Spartmann en a vu chez les Cafres, Barrow chez les Hottentots, Pallas sur les bords de l'Oural, Jefferson en Virginie, notre Europe en est pleine, et voilà qu'un voyageur qui mérite une confiance absolue les découvre en Arabie. Le catholicisme se prononça autrefois énergiquement contre le culte des pierres : le premier concile qui le défendit fut celui d'Arles, en 452 ; le dernier fut celui de Tours, en 567. Presque à la même époque (l'hégire est de 620), Mahomet allait les renverser en Arabie, et n'excepter de sa malédiction que la pierre blanche et la pierre noire qui sont à la caaba ; ce qui prouve que sous des latitudes bien différentes les besoins de l'âme humaine sont les mêmes, et que tout abus amène une réaction en sens contraire.

II

Le but réel du voyage de M. Palgrave était la ville de Riad, qui est la capitale des wahabites et du wahabisme. Les wahabites prétendent être retournés à la foi primitive, telle que Mahomet l'enseignait ; ils regardent les autres musulmans, sunnites et schiites, comme des hérétiques destinés aux feux de la gehenne ; sont, autant que possible, en lutte ouverte avec eux, et rêvent d'asservir l'Arabie entière à leur méthodisme étroit et à leurs usages tyranniques. Dans le Coran ils ont dédaigné l'esprit et n'ont vu que la lettre ; ils ont réduit leurs dogmes à une exiguïté si tranchante, ils ont prêté à la Divinité des idées tellement mesquines et tellement resserrées, ils en sont arrivés à enfermer l'homme dans des pratiques si sottement compliquées qu'elles l'étoufferont ou qu'il les brisera. Le diable n'y perd rien, j'en suis convaincu ; lorsque la compression est trop forte du côté de la religion, une expansion outrée se fait du côté de la morale ; l'attitude extérieure devient seule importante; et quand on veut par force imposer la vertu, on n'obtient que l'hypocrisie.

Mohamed-abn-Abdel-Wahab, fondateur de cette secte qui menace de devenir la religion dominante de toute la péninsule arabique, naquit vers le milieu du siècle dernier. C'était un riche marchand que les nécessités de son négoce entraînaient souvent vers la Perse et la Syrie. Comme saint Paul, il eut sa fulguration à Damas. Là, dans des conversations avec les cheicks de l'islamisme, il comprit que la foi prêchée jadis par le Prophète avait été singulièrement oblitérée et modifiée par toutes sortes de pratiques coupables dont la succession des temps l'avait enveloppée. Il revint donc et d'un seul bond à la doctrine primitive, et proposa, comme modèle à imiter, l'homme qui l'avait le mieux conçue et le mieux pratiquée, c'est-à-dire Mahomet lui-même. A Dieu seul le culte était dû ; invoquer une intercession quelconque auprès de lui, fût-ce celle du Prophète, c'était adorer une créature humaine, et par conséquent faire acte de polythéisme. Tout ce que le Coran n'avait pas spécialement permis était défendu ; c'était reculer de onze siècles, revenir à une existence anormale, briser avec la vie moderne, et s'immobiliser dans des usages devenus historiques et qui n'avaient plus de raison d'être. Cette doctrine, qui annihilait l'homme et le réduisait à l'état d'instrument, Mohamed-Wahab la prêcha et l'imposa aux populations du Nedjed, dont toute la religion consistait en une sorte de sabéisme mêlé de superstitions locales auxquelles l'islamisme n'avait plus aucune part. La réforme fut complète, mais elle attache l'homme par des liens si resserrés qu'il s'en échappe toujours et a besoin d'être maintenu par la force. La polygamie et le reste ne furent même pas défendus ; mais sous la menace des peines éternelles, il fut interdit de fumer et d'invoquer une autre personne que Dieu. Porter de la soie ou des ornements sur des vêtements est une faute grave, sinon un crime. Le maintien sévère est de rigueur, et je me figure volontiers que la nation wahabite est un peuple de Basiles qui marchent en baissant les yeux et en marmottant machinalement des paroles de piété dont leur cœur ne perçoit pas l'écho. Dans le récit d'une très-curieuse conversation que M. Palgrave eut avec un des principaux docteurs wahabites, je lis ceci : « Le premier des grands péchés, dit-il, consiste à rendre les honneurs divins à une créature. — Assurément, répliquai-je, l'énormité d'un tel crime ne fait aucun doute ; mais quel est le second des grands péchés ? — Boire la honte (c'est-à-dire fumer). — Et le meurtre, et l'adultère, et le faux témoignage ? — Dieu est miséricordieux, repartit l'interprète de la doctrine, donnant ainsi à entendre que c'étaient des bagatelles. » On peut sans peine se figurer ce que peut être une civilisation basée sur de tels principes ; c'est la destruction inévitable de toute morale et la contrainte aux seules pratiques extérieures. Aussi le séjour à Riad est odieux et non pas sans périls. Un vieux coquin, nommé Feysul, gouverne despotiquement ce peuple abruti. Le fils de ce tyranneau soupçonneux ne vaut pas mieux que son père. Il se nomme Abdallah, jalouse tout ce qui l'entoure, paraît assez fort en toxicologie, et n'hésita pas à demander à M. Palgrave de la strychnine qu'il destinait à son propre frère. Il est superflu de dire que le noble voyageur refusa énergiquement d'obtempérer aux prières et aux ordres de ce dévot peu scrupuleux. Il faillit laisser sa vie dans ce conflit, se sauva en toute hâte de Riad, et échappa ainsi aux rancunes que sa juste fermeté avait excitées contre lui, ce dont je le félicite sincèrement.

La foi wahabite est toujours tenue en haleine et raffermie par une société de sectaires fervents qu'on nomme les zélateurs. Cette société se fonda dans des circonstances qu'il est bon de rapporter. Vers 1855, le choléra s'abattit sur le Nedjed. Ce phénomène fort simple excita vivement l'imagination des docteurs wahabites, qui découvrirent avec une perspicacité remarquable que le choléra était spécialement envoyé en Arabie pour punir le peuple de Dieu, qui, s'étant éloigné de la vraie ligne droite, s'oubliait parfois jusqu'à fumer l'herbe maudite. Pour chasser l'épidémie, il fallait ramener la nation à la pureté de mœurs qui seule pouvait désarmer le courroux céleste ; un unique moyen fut proposé et adopté : les coups de bâton. Une société de vingt-quatre membres, armés par le roi lui-même des pouvoirs les plus illimités, fut chargée d'appliquer la bastonnade et le respect des vrais principes. A toute heure de jour et de nuit, les zélateurs peuvent se faire ouvrir les portes des maisons, prendre au collet tout personnage, si haut qu'il soit placé, et lui donner dévotement, mais énergiquement, une volée de bois vert s'il est soupçonné d'avoir fumé la plante détestable que le diable arrosa d'une façon assez comique lors de la création du monde.

L'esprit d'intolérance est partout le même. Le péché des wahabites a attiré sur eux la colère de Dieu, qui leur a envoyé le choléra pour les punir et les ramener à la détestation de la pipe. Il n'y a pas bien longtemps, il me semble, qu'un évêque français qui se pique de quelque littérature nous a longuement expliqué, au mépris de l'astronomie, de la physique, de la chimie, de l'histoire naturelle, de toutes les sciences exactes, que le choléra, les sauterelles et les inondations nous avaient cruellement visités, récemment, en châtiment de nos prévarications, et surtout de la franc-maçonnerie. Ces docteurs peu subtils, qu'ils appartiennent à la secte wahabite ou à toute autre, ne s'aperçoivent pas qu'ils calomnient Dieu, qui est toute intelligence et toute bonté ; ils ne voient pas que si Dieu nous punit dans cette vie terrestre, il se désarme pour la vie éternelle, et que l'enfer est implicitement supprimé si nos péchés sont frappés de tels fléaux. *Non bis in idem* est un axiome qui a cours partout, même auprès de la souveraine justice. Les wahabites semblent ne pas se douter de cela, et c'est en cassant l'échine des gens à coups de gourdin qu'ils redressent les idées qui ne sont pas en concordance parfaite avec la doctrine.

Par de tels systèmes on abêtit les peuples ; on leur retire l'initiative, le courage, la volonté, l'ardeur ; lorsque l'homme ne peut penser que des choses prévues d'avance et minutieusement réglées, il dédaigne son cerveau devenu inutile, il néglige son âme qui ne lui sert à rien, et il s'enfonce dans de lourdes jouissances matérielles où il trouve l'abrutissement, à défaut du calme mental que ses facultés paralysées ne peuvent plus rencontrer. Bacon a dit : Tant l'homme sait, tant il peut ; *quantum scit, tantum potest.* L'intérêt wahabite est que l'homme ne sache rien, qu'il obéisse aveuglément à des prescriptions qu'on ne lui explique même pas. La fonction humaine est réduite à la prière, à l'amour grossier, à la guerre. Tout le reste est vanité, crime et révolte. Il est possible, et

M. Palgrave semble le craindre, que les wahabites finissent par soumettre toute la péninsule arabique à leur joug imbécile ; mais on peut le prédire sans être un grand prophète, leur règne ne sera pas long. Les lois physiques et les lois morales sont souvent les mêmes. La compression amènera tôt ou tard une explosion formidable. Ibrahim-Pacha a déjà donné à ces hypocrites une leçon domestique et terrible, comme eût dit Montesquieu ; ils n'ont pas oublié que cinq cents de leurs docteurs furent massacrés dans leur mosquée principale ; des temps pareils et plus durs encore pourront revenir pour eux et leur faire regretter cette domination égyptienne que ses propres fautes ont fini par faire cesser brusquement.

On peut juger du degré d'instruction des wahabites par la réponse que plusieurs d'entre eux firent à M. Palgrave, qui leur demandait s'ils savaient pourquoi la mer Persique était phosphorescente pendant la nuit : « Ce phénomène est produit par les flammes de l'enfer, situé juste au-dessous du golfe. » De telles notions sur l'histoire naturelle prouvent ce que peut être la science dans ce pays si théocratiquement gouverné ; cela rappelle ces bonnes gens qui, avec une foi inébranlable, croient encore ingénument que les coups de tonnerre sont un témoignage positif du mécontentement personnel de Dieu. Il est insensé et dangereux de vouloir façonner violemment les âmes à une croyance limitée ; la foi n'appartient qu'à la conscience elle-même, et elle ne peut, sous aucun prétexte, relever de ceux qui gouvernent ; aussi est-ce avec une grande et sérieuse raison que M. Palgrave a dit : « Les devoirs paternels, les droits divins, l'omnipotence des rois sont choses fort belles en théorie ; mais il serait plus simple et plus vrai de dire que les princes sont des magistrats chargés du soin d'assurer à leurs administrés la tranquille jouissance, et ce que les Arabes nomment « les trois biens par excellence », c'est-à-dire la vie, l'honneur du foyer domestique et la propriété. L'État doit sauvegarder ces droits sacrés de tout citoyen ; mais, du moment qu'ils ne sont pas mis en péril, laissez les individus, les corporations, les bourgades, les villes et les comtés régler comme ils l'entendent leurs propres affaires. « Le fou connaît « mieux sa maison que le sage ne connaît celle de son « voisin », dit un proverbe espagnol ; et les hommes, quand on les laisse développer librement leurs facultés, n'en deviennent d'ordinaire que meilleurs. Si les rois, les empereurs, les membres des parlements ou des congrès savaient comprendre qu'ils sont les premiers fonctionnaires du pays et rien autre de plus ; s'ils avaient la prudence d'aider au lieu d'intervenir, de coordonner au lieu de créer, gouvernants et gouvernés y gagneraient les uns et les autres, et y gagneraient grandement. »

Quoique ce soit l'Arabie qui inspire à M. Palgrave de si sages observations, nous prenons plaisir à les consigner ici, car elles semblent avoir été inspirées par le spectacle de plus d'un gouvernement européen.

IX

L'ANCIENNE ÉGYPTE[1]

I

A la collection d'excellents livres qu'elle publie avec un soin infatigable, la librairie Didier vient d'ajouter un ouvrage des plus importants, devenu presque introuvable, et dont la première édition, épuisée depuis de longues années, remontait à 1833. Par les qualités qu'ils renferment, par les découvertes qu'ils consacrent, par les documents qu'ils contiennent, par les lumières qu'ils jettent sur des questions obscures, certains livres naissent classiques et semblent être le point de départ d'une série d'études qui, sans eux, ne

1. *Lettres écrites d'Égypte et de Nubie en 1828 et 1829,* par Champollion le jeune. Nouvelle édition.

seraient jamais venues à maturité. Il en est ainsi des
lettres écrites par Champollion le jeune, pendant son
voyage en 1828 et 1829. Pour la première fois toute
la vérité a été dite sur l'Égypte et sur la Nubie, et c'est
toujours à ce substantiel volume qu'il faut revenir
lorsqu'on veut se faire une idée nette et précise des
anciennes civilisations qui jadis ont fleuri dans la vallée du Nil. Ce livre où rien n'a vieilli, ni la forme, qui
est irréprochable dans sa sincérité familière, ni la
science, que chaque découverte nouvelle a confirmée,
ni les descriptions, qui sont encore aussi exactes
qu'au temps où l'auteur les faisait, ce livre a le triple
mérite d'être toujours très-neuf, très-instructif et
très-amusant. Aussi nous ne saurions trop louer madame Chéronnet-Champollion, fille unique de l'illustre
savant si prématurément arraché à ses travaux, d'avoir
fait faire une nouvelle édition de ces lettres précieuses
où l'on sent à chaque ligne le souffle d'un esprit rare
animé par l'ardent génie des découvertes.

En effet, Champollion le jeune fut un *inventeur* au
sens précis du mot : il trouva. A étudier sa vie, on croirait qu'il a été prédestiné, et que sa seule mission sur
terre était de déchirer le voile qui depuis vingt siècles
enveloppait la vieille Isis, la cachant si bien aux yeux
qu'elle n'apparaissait plus qu'à travers un tissu de fables,
de légendes et de mensonges. Tout petit enfant, il s'occupait à embaumer des grillons par le procédé égyptien enseigné dans Hérodote, et à seize ans il envoyait
à l'Académie de Grenoble un Mémoire comparatif sur

la géographie ancienne et moderne de l'Égypte ; à dix-
neuf ans il était professeur d'histoire à la Faculté de
Grenoble, et un décret spécial, faveur peu commune
en ce temps-là, l'exemptait du service militaire. C'est
à Fontanes et à Fourrier qu'il dut cette exception,
qui, du moins, assura à la France la gloire d'une découverte merveilleuse.

Champollion le jeune avait appris, parmi les langues orientales, celles qui pouvaient lui être de quelque utilité dans ses études, et, avec une sagacité
remarquable, il s'était surtout attaché à pénétrer le
mécanisme de la langue copte, car il devinait qu'elle
devait avoir une analogie considérable avec la langue
vulgaire parlée par les anciens Égyptiens. Dès 1814,
indiquant le but élevé que cherchaient ses travaux,
il disait qu'il avait conçu « l'espérance qu'on retrou-
vera enfin, sur ces tableaux où l'Égypte n'a peint que
des objets matériels, les sons de la langue et les expres-
sions de la pensée. » Il fallait, à cette époque, une certaine hardiesse pour poser un tel problème, et prendre
en quelque sorte l'engagement de le résoudre. C'était
une promesse que le jeune érudit venait de se faire ;
il était de force à la tenir ; la suite le prouva bien.
Pour tous les savants qui avaient fait partie de la fameuse expédition d'Égypte, pour tous ceux qui, depuis, avaient étudié le résultat de leurs fouilles et de
leurs travaux, les hiéroglyphes étaient re.tés lettre
morte. La vieille et mystérieuse Égypte avait bien
gardé son secret. Toutes les tentatives plus ou moins

ingénieuses faites pour déchiffrer cette écriture énig-
matique, pour donner un sens raisonnable à ces représentations à la fois grandioses et minutieuses, avaient
échoué dès qu'on avait voulu les soumettre à une critique impartiale et sévère. Toute une partie de l'histoire du monde, la plus intéressante peut-être, celle
qui recélait encore les premiers efforts de la civilisation
et des dogmes religieux, gisait enfouie derrière des
formules impénétrables. C'était vraiment revenir au
temps des initiations : derrière la porte fermée on sentait la vérité prête à expliquer tout le mystère. Mais
cette porte, qui la pousserait d'une main irrésistible?
Qui oserait dire : *Sésame, ouvre-toi!* Une telle gloire
était réservée à Champollion le jeune.

En 1799, un officier d'artillerie français avait, en
faisant des fouilles, trouvé à Rosette une pierre brisée
portant une inscription écrite en trois langues différentes. Notre défaite, notre expulsion d'Égypte avaient
fait tomber ce fragment entre les mains des Anglais,
qui s'étaient empressés de l'apporter au *British Mu-
seum*. On avait promptement compris que ces trois
inscriptions n'étaient qu'un seul et même texte répété en
trois idiomes divers; on avait essayé de les expliquer
l'un par l'autre, et on n'y était pas parvenu. Guidé par
son goût dominant et par un instinct très-sûr, Champollion le jeune se mit à l'œuvre à son tour; procédant
à la fois avec beaucoup de circonspection et de sagacité, il remarqua que certains groupes de signes encore illisibles étaient entourés et isolés par un trait

particulier, et que ces signes paraissaient correspondre aux vocables de l'inscription grecque qui exprimaient les noms de Cléopâtre et de Ptolémée Épiphane. Cette présomption, s'étayant chaque jour de preuves nouvelles, devint bientôt une certitude pour le jeune savant qui, poussant ses études avec une ardeur extrême, put, le 17 septembre 1822, lire à l'Académie des inscriptions et belles-lettres le Mémoire qu'il avait modestement intitulé *Lettre à M. Dacier*. Il dévoilait d'un seul coup les mystères jusqu'alors impénétrables de l'écriture hiératique et de l'écriture démotique. Toute une série de monuments sculptés, de papyrus, d'inscriptions allaient pouvoir être déchiffrés; l'Égypte se révélait enfin à la science, qui depuis tant d'années l'interrogeait en vain.

En 1824, Champollion le jeune put faire en Italie un fructueux voyage pour étudier à Turin, à Florence, à Rome et à Naples les antiquités égyptiennes. En 1826, une ordonnance royale créa, sous le nom de Musée Charles X, un musée égyptien dont la conservation fut confiée à Champollion le jeune. On peut dire que ce fut lui qui le créa. Il déploya, dans l'organisation et le classement de nos richesses archéologiques, une science et un goût parfaits; il sentait que tout un monde nouveau se donnait à lui, et il se hâtait de travailler, d'annoter, de chercher, de découvrir encore, car il se demandait si une vie humaine ordinaire pourrait jamais suffire à un tel et si grand labeur. Mais ce n'était pas assez pour Champollion le jeune d'avoir trouvé le système de lecture des hiéroglyphes, d'avoir fait faire un pas de géant à l'archéologie et à l'histoire ; il rêvait, et cela depuis le jour de son enfance, de s'en aller sur la vieille terre égyptienne étudier les débris de cette civilisation qu'il venait de rendre à la vie, et confirmer par des exemples nombreux, variés, indiscutables, la valeur et l'importance de sa découverte. En 1828, il partit enfin pour cette terre promise où tout devait donner raison à son génie. Sa joie fut immense, car il n'est offert qu'à bien peu d'hommes ici-bas de marcher dans la réalité de leur rêve. Il écrivait souvent, le plus fréquemment qu'il pouvait, à son frère ; ce sont ces lettres qui, formant le récit complet et détaillé de son voyage, composent le volume que la librairie Didier vient de mettre en vente.

II

La première rencontre que Champollion le jeune fait à Alexandrie lui rappelle la France et les conquêtes si rapidement abandonnées de notre jeune république : « Au milieu de collines de sables qui couvrent les débris de l'antique Alexandrie, je rencontrai un Arabe aveugle et âgé, conduit par un enfant ; j'approchai, et l'aveugle, informé que j'étais Français, me dit aussitôt ces propres mots en me saluant de la main :

« Bonjour, citoyen ; donne-moi quelque chose ; je n'ai
« pas encore déjeuné. » Ne pouvant ni ne voulant
refuser à une telle éloquence, je mis dans la main de
l'Arabe tous les sous de France qui me restaient ; en
les tâtant, il s'écria : « Cela ne passe plus ici, mon
« ami. » Je substituai à cette monnaie française une
piastre d'Égypte : « Ah ! voilà qui est bon, mon ami,
« ajouta-t-il ; je te remercie, citoyen. »

On peut croire que, malgré l'accueil aimable
de Méhémet-Ali-Pacha, Champollion le jeune ne fit
pas un long séjour à Alexandrie et au Caire ; la haute
Égypte l'appelait et lui faisait mille promesses que la
réalité devait singulièrement surpasser. La joie le dé-
borde, on le sent à chaque ligne de cette correspondance si vivante, si rapide, écrite sans souci de la pu-
blicité, franche, nette, amusante, participant du double
caractère de l'auteur, qui était à la fois très-gai et très-
réfléchi. Ce n'était plus dans les froides salles d'un
musée, parmi les livres d'une bibliothèque qu'il continuait ses études ; c'était au milieu de paysages splen-
dides, sur les rives d'un fleuve merveilleux, dans une
contrée qui partout semble faite pour servir de cadre
aux récits des *Mille et une Nuits*. A lire ces lettres
charmantes, on ne se douterait guère qu'elles sont
écrites par un savant : nul pédantisme, nulle tendance
à l'effet ne s'y rencontrent ; elles sont le journal animé
de tout ce que l'auteur aperçoit dans ce pays où tout
l'étonne. Il ne recherche pas seulement les vieux pans
de murailles, comme on pourrait le croire ; il s'arrête

à regarder et à décrire les paysages; il raconte les usages, les traits de mœurs; s'il parle d'hiéroglyphes, c'est incidemment, car c'est pour d'autres publications qu'il garde avec soin tous les matériaux qu'il amasse, tous les documents qu'il recueille et qu'une mort prématurée devait stériliser entre ses mains.

Son ardeur est sans pareille, et rien ne la ralentit. Une nuit, on arrive aux environs du temple de Dendérah, qui est situé à environ deux lieues dans l'intérieur des terres; malgré l'obscurité, on saute hors de la barque et, un peu au hasard, on se met en quête du temple, qu'on a grand'peine à découvrir, malgré toutes les lanternes qu'on a emportées. L'expédition d'Égypte, ayant trouvé un zodiaque dans le temple de l'ancienne Tentyris, en avait conclu que ce monument était un des plus anciens de l'Égypte; cette opinion s'était accréditée, et, parmi les savants les mieux férus, Dendérah passait pour le spécimen de la plus ancienne architecture de l'Égypte. Du premier coup d'œil Champollion le jeune détruit tout cet échafaudage; l'édifice lui paraît admirable et la sculpture fort mauvaise : « La sculpture, dit-il, s'était déjà corrompue, tandis que l'architecture, moins sujette à varier, puisqu'elle était *un art chiffré*, s'était soutenue digne des dieux de l'Égypte et de l'admiration de tous les siècles. » Son goût d'artiste ne l'avait pas trompé, car, dès qu'il lit les inscriptions, il déchiffre les noms de Cléopâtre, de Ptolémée Césarion, d'Auguste, de Tibère, de Caligula, de Claude, de Néron, de Domitien, de

Trajan, d'Adrien, d'Antonin le Pieux. La science qu'il possède est si positive et procède avec une telle sûreté qu'il peut, pour ainsi dire, décomposer un monument tout entier et raconter à quelle époque particulière chacune de ses parties a été construite. Là il n'y a ni induction ni probabilité, il y a certitude absolue, et rien, depuis trente-six ans que Champollion le jeune est mort, n'est venu affaiblir l'importance de l'admirable découverte que nous lui devons. Bien plus, tout ce qu'il avait pressenti ou présumé en vertu des lois d'analogie, s'est trouvé confirmé par les études de ses successeurs. Jamais peut-être un seul homme n'eut une telle vision, aussi profonde, aussi étendue, aussi complète.

Une fois sur la terre d'Égypte, dévoré par la fièvre de savoir, il fait chaque jour des trouvailles inespérées. A Karnac, dans ces ruines immenses qui sont celles de la Thèbes aux cent portes, et qui n'ont rien de comparable au monde, il aperçoit sur une muraille, parmi les captifs liés ensemble que Sésostris offre à Ammon, à Maûth et à Khons (trinité du nôme thébaïque), la personnification du royaume de Juda, et il acquiert ainsi la confirmation de la prise de Jérusalem par l'Égyptien Schéschôck, que raconte le quatorzième chapitre du troisième livre des Rois. L'exactitude historique de la Bible, contrôlée par les monuments égyptiens, c'était plus qu'on n'avait jamais espéré, et les corps savants furent vivement frappés de cette sorte de confrontation inattendue qui apportait à Champollion le jeune le poids d'un témoignage irrécusable. Dans cette vie active et fiévreuse, où les heures suffisaient à peine aux labeurs toujours renaissants, il n'éprouvait aucune fatigue : « Ma santé est excellente, écrivait-il ; le climat me convient, et je me porte bien mieux qu'à Paris. Les gens du pays nous accablent de politesses ; j'ai en ce moment dans ma petite chambre : 1° un aga turc, commandant en chef de Gourna, dans le palais de Mandouëi ; 2° le cheick-el-beled (maire) de Médinet-Habou, donnant ses ordres au Ramesséum et au palais de Ramsès-Méiamoun ; enfin un cheick de Karnac, devant lequel tout se prosterne dans les colonnades du vieux palais du roi d'Égypte. Je leur fais porter de temps en temps des pipes et du café, et mon drogman est chargé de les amuser pendant que j'écris ; je n'ai que la peine de répondre par intervalles réglés à la question : Cela va-t-il bien ? que m'adressent régulièrement toutes les dix minutes ces braves gens, que j'invite à dîner à tour de rôle. On nous comble de présents ; nous avons un troupeau de moutons et une cinquantaine de poules qui, dans ce moment-ci, paissent et fouillent autour du portique du palais de Karnac. Nous donnons en retour de la poudre et autres bagatelles. »

Lorsque, après avoir franchi la première cataracte du Nil et dépassé le tropique du Cancer, il arrive au grand temple troglodytique d'Ibsamboul, il se trouve en présence d'un des monuments les plus étranges et les plus grandioses qui soient sortis des mains de l'homme :

« C'est une merveille qui serait une fort belle chose même à Thèbes, dit-il; le travail que cette excavation a coûté effraye l'imagination. La façade est décorée de quatre colosses assis, n'ayant pas moins de soixante et un pieds de hauteur : tous quatre, d'un superbe travail, représentent Ramsès le Grand (Sésostris). C'est un ouvrage digne de toute admiration.» A Ibsamboul il était parvenu au point le plus éloigné de son voyage; il n'avait plus maintenant qu'à se laisser glisser au cours du Nil qu'il venait de remonter. Mais cette seconde partie de son voyage fut naturellement la plus lente, car à chaque pas il s'arrêtait pour étudier les temples qui bordent les deux rives du fleuve, pour en relever le plan et en copier les inscriptions. Son plus long séjour fut à Thèbes, dans la vallée de Biban-el-Molouk, au milieu de ces tombeaux des rois qui lui révélaient les mystères de l'histoire, de la religion, de la cosmogonie égyptiennes. Ce récit, qu'il faut lire, et que toute analyse affaiblirait, est intéressant au plus haut degré.

Champollion le jeune revint en France peu de temps avant la révolution de Juillet; mais le gouvernement nouveau comprit promptement et sans peine combien il lui importait de s'attacher un homme d'une valeur si particulièrement exceptionnelle, et le 18 mars 1831 Champollion le jeune fut nommé titulaire d'une chaire d'archéologie qu'on venait de créer pour lui au Collége de France. Il ne devait point l'occuper longtemps, et l'altération rapide de sa santé lui permit à

peine de faire entendre sa parole aux nombreux auditeurs accourus pour l'entendre.

Chaque jour suffit à sa tâche. Champollion le jeune
touchait au terme de la sienne. Semblable à Moïse, il
mourait sur le mont Nébo sans pouvoir faire la conquête de cette terre promise vers laquelle il marchait
depuis déjà tant d'années. Trop de travail avait épuisé
ses forces; il s'en allait, s'éteignant par soubresauts,
revenant à la vie, se désespérant de partir sans avoir
achevé son œuvre, et demandant au destin implacable
de lui accorder une seule année encore pour fonder à
jamais le monument dont il n'avait fait que poser les
assises. Après lui, et comme héritier de son nom, il
n'avait personne qu'une petite fille trop jeune encore
pour comprendre le malheur qui la frappait. C'est là
peut-être la plus dure angoisse pour un homme de génie ; elle ne fut point épargnée à Champollion le jeune,
qui mourut le 4 mars 1832, à l'âge de quarante et un
ans, laissant un nom impérissable, des travaux ina-
chevés, mais une méthode sûre qui devait permettre
de marcher sur ses traces, de reprendre sa route et de
porter une lumière définitive sur les points qu'il
n'avait même pas eu le temps d'entrevoir.

La science qu'il a fondée est restée essentiellement
française. M. Emmanuel de Rougé a recueilli l'héritage de Champollion le jeune, et, grâce à la méthode
du maître, il a pu continuer les découvertes que la
mort avait interrompues ; M. Mariette vient après lui ;
l'ingénieux savant, qui a deviné et déblayé le Séra-

péum de Memphis, vit en Égypte dans la familiarité des ruines, qui chaque jour lui offrent quelques richesses nouvelles. Entre les mains de ces deux hommes, l'égyptologie a fait d'immenses progrès, dont chacun a consacré la gloire de Champollion le jeune.

Les papiers de ce dernier ont été acquis par l'État en 1832. Le ministre actuel de l'instruction publique est un homme de bon vouloir; ne pense-t-il pas que le temps est enfin venu de les publier, et de mettre le haut enseignement à même de profiter des excellents matériaux qu'ils renferment?

X

LES KIRGHIZES [1]

Moins heureux que le comte Beniowski, qui, parvenu à s'échapper du Kamschatka, finit par aborder à l'île de Madagascar, où il fut proclamé roi après avoir forcé ses nouveaux sujets à prêter serment à la Confédération de Bar, l'auteur du livre intéressant dont je vais parler a vécu neuf années en exil. M. Zaleski ne nous dit pas, dans sa courte préface, pour quelles causes il a été violemment déporté parmi les Kirghizes, mais on peut le soupçonner; deux cent mille Polonais poussés aujourd'hui vers la Sibérie nous apprennent quelle sorte de crimes la Russie punit par de telles cruautés. Nulle récrimination ne se rencontre sous la plume de M. Zaleski, à peine une allusion ; il a

1. *La vie dans les steppes Kirghizes*, par Bronislas Zaleski.

voulu dégager son livre de toute politique et s'est contenté de nous initier à la vie des peuplades errantes auxquelles il s'est mêlé si longtemps. Étranger sur le steppe, frappé souvent de sa beauté sauvage et absolument spéciale, témoin de mœurs étranges qui n'offrent aucune analogie avec celles des peuples occidentaux, il a essayé de rendre ses impressions, et, pour les compléter, il a joint à son récit des gravures à l'eau-forte qui aident singulièrement le lecteur à se figurer ces contrées désespérées. C'est donc d'un voyage purement pittoresque qu'il s'agit; point de géographie, point de géologie, çà et là quelques mots de botanique, quelques rapides indications d'agriculture, et l'auteur rentre vite dans les descriptions, auxquelles il excelle. Ce livre est une bonne fortune pour ceux qui aiment à étudier les coutumes des peuples lointains, car c'est la vie même prise sur le fait et doublement traduite par la plume et par le crayon.

I

Les Kirghizes occupent un immense plateau élevé de l'Asie centrale. Leurs peuplades, limitées par l'Oural, côtoient les bords septentrionaux de la mer Caspienne, enveloppent la mer d'Aral et s'avancent vers l'orient, du côté de Ombsk et de Sémipalatinsk. La partie qui obéit au gouvernement d'Orenbourg, située sur l'Oural, comprend un territoire trois fois plus grand que la France. Le professeur Hanstein en a relevé la position, et, prenant pour base le méridien de l'île de Fer, il la place entre le 60° degré, 40 minutes latitude et le 70° degré, 10 minutes longitude. C'est de là que partit jadis la célèbre horde d'Or qui s'empara de la Russie et pilla Moscou. Ce vaste pays, c'est le steppe. Ni villes, ni villages, ni maisons, ni chaumières ; çà et là la tente isolée d'un pasteur errant ; parfois quelques tentes réunies, qui alors forment un *aoul* (village) ; les chameaux, les chevaux, les moutons vont au hasard à travers l'étendue, cherchant pâture, flairant l'eau de loin et se réunissant au coup de sifflet de leur conducteur. Quand la terre est épuisée, que les troupeaux ne trouvent plus à se nourrir, on lève les demeures mobiles, on les charge sur les dromadaires, et toute la tribu, guidée par un ancien, s'en va à la recherche d'un pâturage nouveau et d'une source suffisante. Là où la peuplade a vécu l'herbe croîtra, et toute trace disparaîtra qui pourrait indiquer le séjour des hommes. « Les Mongols, dit l'auteur, ne savent que détruire et ne peuvent rien fonder. » Le steppe est semblable à la mer, il ne garde aucun souvenir visible de ceux qui l'ont traversé. Lorsque le vent visite ces plaines où rien ne l'arrête, il les bat d'une aile terrible et s'y déchaîne dans toute sa puissance. Quand le *bourane* (l'ouragan) souffle, c'est la mort qui arrive. La tempête déracine et disperse les tentes, enlève les troupeaux et les ensevelit, souvent pour toujours, sous les monceaux de sable.

En hiver, c'est plus dur encore : la neige, emportée comme un nuage, vole à travers le steppe, se réunit autour des *aouls*, qu'elle couvre et enferme pendant toute la durée de la bourrasque. Nulle énergie, si bien forgée qu'elle soit, nul courage ne peut lutter contre de pareils sinistres. Le voyageur que surprend l'ouragan d'hiver n'a qu'à se blottir sous la neige et à attendre avec résignation la fin de la tourmente : il a quelques chances alors, si le bourane ne dure pas trop longtemps, de sortir encore vivant de sa cachette; mais très-souvent, au printemps, quand la neige fond aux premiers rayons du soleil, on retrouve sur le steppe des ossements blanchis : ce sont ceux d'un voyageur et de son cheval, surpris par la tempête. On aime ce pays cependant. Ceux qui y sont nés le regrettent lorsqu'ils sont loin, et y reviennent toujours avec joie, car c'est le pays de la liberté. Il faut avoir voyagé dans le désert pour bien comprendre ce sentiment. Dans l'immensité monotone où l'homme est pour ainsi dire perdu, il sait, à n'en pouvoir douter, que toute force, tout secours, toute détermination doit venir de lui seul; ses facultés sont centuplées par la solitude et par l'hostilité d'une nature implacable; il se sent élevé à une puissance qu'il ne soupçonnait pas; du relatif où jusqu'alors il avait vécu, il monte dans l'absolu; il est dans un domaine nouveau, celui de la volonté responsable, et pour la première fois de sa vie peut-être il se sent essentiellement libre. C'est ce qui fait que le désert a tant de charmes pour ceux qui le parcourent, et c'est pourquoi il laisse tant de regrets à ceux qui l'ont parcouru. M. Zaleski, malgré les tristes pensées qui devaient l'accompagner pendant son exil, n'a pu échapper lui-même à cette forte impression : « Ce vaste horizon, dit-il, cette étendue incommensurable inspirent à l'homme un singulier sentiment de liberté. »

Dans ces prairies infinies, où l'on s'aperçoit de si loin, où l'on est toujours en défiance, l'homme a inventé une sorte de langage visible, à l'aide duquel il peut, à une très-grande distance, donner et demander des renseignements. Les évolutions diverses d'un cavalier, les gestes des bras sont les signes de convention que connaissent tous les habitants du steppe. L'habitude de vivre dans une atmosphère extrêmement pure et de parcourir sans cesse une surface plane leur a donné des sens exquis. Ils savent entendre et voir à des portées que nous ne soupçonnons pas. Les Arabes qui vivent dans le désert ont les mêmes facultés. A Alger, je me souviens qu'un Touareg, qui faisait l'éloge de la vue perçante des hommes de son douar, disait à l'officier qui l'interrogeait : « Je puis facilement distinguer une chèvre d'un mouton à six heures de marche; mais, ajoutait-il avec modestie, je n'ai pas de bons yeux. »

Les peuplades errantes qui forment les Kirghizes se nomment elles-mêmes *Kaïsaks*, c'est-à-dire les hommes libres. « Issues de la fusion des différentes tribus de l'Asie centrale, parlant la langue tartare, ces peuplades ne sont point de purs Mongols, mais possèdent cependant les traits caractéristiques de cette race, et appartiennent indubitablement à cette famille. » Le double trait spécial auquel on le reconnaît est l'exagération de la saillie des pommettes et le bridement excessif des yeux. La vie se passe à cheval, et tel cavalier qui fera sur son cheval une course de plusieurs semaines refusera obstinément de marcher à pied pendant deux cents pas. La crainte de la fatigue ne doit pas être le seul motif d'une telle paresse chez ces hommes naïfs et orgueilleux ; l'homme complet, l'homme libre, comme ils disent, est le cavalier ; aller à pied est une honte momentanée, une dégradation. Pillards, voleurs, vantards, ils sont fort dégénérés de leur ancienne bravoure, et Gengiskhan ne les reconnaîtrait guère ; leurs arcs, leurs flèches, leurs lances, leurs longs fusils à mèche sont plutôt des objets d'ornements pour eux que des instruments de défense. M. Zaleski raconte qu'une bande considérable de Kirghizes, réunis pour tenir tête à une petite expédition russe, s'enfuit ventre à terre en voyant briller au soleil les plaques d'acier des fourgons de transport, qu'ils avaient prises pour des canons.

Leur religion paraît être un islamisme fort mitigé par des coutumes locales et traditionnelles. Cependant Hanstein, pendant son voyage chez Dsandger-Khan, remarqua que les Kirghizes faisaient régulièrement les ablutions et les prières ordonnées. Dans les aouls considérables, surtout dans ceux qui servent de résidence à des chefs de tribus, les femmes sont voilées et évitent autant que possible toute conversation avec les hommes; dans les *petites tentes*, c'est-à-dire parmi les Kirghizes de bas étage qui vivent réunis en groupes peu nombreux, la femme, réduite absolument à l'état de servante, n'est guère mieux traitée qu'une bête de somme, et montre à découvert ses traits, qui n'ont en général rien de fort. agréable. Une coutume singulière veut que, pendant l'accouchement d'une femme, on fasse à côté d'elle le plus de bruit possible, afin de faciliter son douloureux travail. Hanstein raconte que pendant son séjour chez Dsandger, on fit un tel vacarme pour aider la favorite Fatime, qui se trouvait au terme d'une situation intéressante, qu'il fut obligé de quitter la place et d'aller chercher du repos loin d'un tel bacchanal.

Leur principale nourriture est le lait; ils en boivent à ce point que leur tente, leurs vêtements, leur personne exhalent sans cesse une odeur de petit-lait, comme les enfants nouveau-nés. Leur liqueur favorite, celle qu'on offre aux hôtes qui entrent sous la tente, et qui circule à pleines tasses les jours de fête, est le *koumys*, fait de lait de jument fermenté. Cette boisson, qui enivre facilement, est contenue dans une outre en peau de cheval, au milieu de laquelle plonge un bâton destiné à agiter le liquide, afin d'augmenter la fermentation. Il est d'usage, pour tout Kirghize qui se pique de belles manières, lorsqu'il vient en visite, de remuer ce bâton avant même de saluer le maître de la tente. M. Zaleski ne paraît pas trouver cette étrange boisson trop mauvaise; en revanche, M. Hanstein la

déclare détestable, et je le crois volontiers sur parole.
Quant au pain, les Kirghizes en ignorent l'usage; le
maïs et le millet, qu'ils récoltent en fort petite quantité
dans certains districts arrosés par des cours d'eau,
leur servent à préparer des galettes sans levain qu'ils
mangent avec du lait. Les viandes de mouton et de
cheval sont les seules dont ils se nourrissent, et la dernière est la plus estimée. Ils excellent surtout à en
composer une sorte de saucissons qui, si l'on en croit
ceux qui en ont mangé, ont un aspect fort appétissant
et un goût exquis. Les hommes font leurs repas seuls,
entre eux; lorsque l'un d'eux a rongé la moitié d'un
morceau de viande attachée à un os, il le passe par-
dessus sa tête à une des femmes assises derrière lui,
qui ne se fait pas faute de l'accepter avec un grand
merci, et de l'achever avec voracité. Hanstein raconte
une scène singulière que les lecteurs me sauront gré
de transcrire ici : « Quand un Kirghize d'un rang
élevé est présent au repas, il honore l'assemblée en
observant le cérémonial suivant : Tous les restes de
viandes sont placés devant lui; il se lave les mains, tire
de sa poche un couteau avec lequel il coupe la viande
en petits morceaux carrés, puis il les place dans un bol
de bois qui en est entièrement rempli. Ces prélimi-
naires achevés, il choisit un morceau de gras et un
morceau de maigre jusqu'à ce qu'il en ait toute une
pyramide dans la main droite, c'est-à-dire tout ce qu'il
peut y poser sans faire rouler cette pyramide, et crie
au Kirghize le plus proche : « *Atschad!* » c'est-à-dire :

« Viens ici! » L'homme appelé arrive en rampant sur ses mains et sur ses pieds, ouvre la bouche en plein au-dessus de cette pyramide, et la main du sultan voyage de la viande à cette bouche ouverte jusqu'à ce que tout ait disparu. Le Kirghize se retire pour faire place à un autre, et ainsi de suite jusqu'au dernier. Ce manége exige autant d'adresse de la part de celui qui donne que de celui qui reçoit. Il est de rigueur qu'aucun morceau ne doit tomber à terre. On comprend difficilement comment une bouche peut contenir de semblables portions. Le procédé par lequel elles sont avalées est un mystère encore plus profond, car il est impossible de mâcher la viande avec une bouche si remplie; aussi je remarquai que plusieurs de ces hommes se retournaient à la dérobée pour mettre dans leurs mains une partie, qu'ils reprenaient ensuite [1]. »

II

Dans cette plaine sans fin que l'œil parcourt sans obstacle jusqu'à l'horizon, blanche en hiver, verte ou grise en été, un arbre est un objet rare qui fait plaisir au voyageur, ranime sa force et lui donne l'espérance d'une source où il pourra boire. Nous qui vivons au milieu de jardins et qui avons souvent traversé des

1. *Souvenirs d'un voyage en Sibérie*, par Christophe Hanstein, p. 352-353.

forêts, nous ne pouvons imaginer l'influence magique
que la vue d'un arbre exerce sur l'habitant du steppe
ou du désert. Je me souviens qu'après avoir voyagé
dans le désert de Qôséir, où pendant plusieurs jours
j'avais suivi la route battue par les caravanes qui vont
vers la mer Rouge, où je n'avais eu sous les yeux que
des paysages sablonneux auxquels la seule pureté des
lignes donne une magnificence sans égale, je m'arrêtai
littéralement ébloui en apercevant les trois ou quatre
pauvres acacias qui entourent Bir-Amber; une semaine auparavant, j'avais passé auprès d'eux sans
même les remarquer, car j'avais les yeux encore pleins
de la verdure des palmiers du Nil; mais après un
voyage à travers les sables ils me faisaient l'effet d'une
forêt vierge chargée d'ombre et toute ruisselante de
feuillage. Il n'est donc pas surprenant que les Kirghizes, habitués à la désolation uniforme de leur pays,
rendent une sorte de culte superstitieux aux rares arbres qu'ils rencontrent sur le steppe. M. Zaleski a des-
siné une sorte de peuplier qui est le seul arbre qui
existe entre l'embouchure de l'Or dans l'Oural et la
mer d'Aral, c'est-à-dire sur un espace de plus de mille
kilomètres. Les Kirghizes ont pour lui une vénération
profonde; souvent ils se détournent de leur route directe pour aller le visiter, et ils le nomment *sinderich-
agatch*, l'arbre aux haillons. En effet, la coutume veut
que chaque voyageur passant ou se reposant sous son
ombre détache un fragment de ses vêtements, si petit
qu'il soit, et le suspende aux branches de l'arbre. A

défaut d'un morceau d'étoffe, on y accroche un morceau de peau de mouton ou des crins de cheval. Une pareille offrande porte bonheur, écarte la maladie, fait prospérer les troupeaux et prolonge l'existence. Chez les peuples de l'Orient, de pareils usages superstitieux ne sont pas très-rares. Dans le Liban, les fameux cèdres sont encore, à l'heure qu'il est, l'objet d'un culte difficile à définir, plus difficile encore à raconter, qui leur est rendu par la population chrétienne, malgré tous les efforts que les missionnaires lazaristes ont faits pour déraciner cette coutume païenne. Entre Naplouze et Djénin, sur la plus haute crête de la chaînette de montagnes qui s'incline vers la plaine d'Esdrelou, je me rappelle avoir vu une espèce de houx touffu, peu élevé, très-arrondi, qui littéralement disparaissait sous l'amas des guenilles aux mille nuances dont on l'avait chargé. J'eus beau interroger le drogman, le guide, les muletiers, nul ne put me donner une réponse satisfaisante. A toutes mes questions on disait : « C'est l'usage ! » à tous mes pourquoi on répliquait : « Parce que ! » A certaines époques de l'année les Coptes du Caire, vont en grande cérémonie adorer le sycomore d'Aïn-Schems (Héliopolis), sous lequel la tradition veut que Marie, Jésus et Joseph se soient reposés lors de la fuite en Égypte. Les nègres ont aussi leurs arbres-fétiches : il y a là une ressouvenance du paganisme que les mœurs des autres religions ne sont pas encore parvenues à faire oublier. Ces arbres sont sacrés, pour ainsi dire ; les abattre serait considéré comme un sacrilége, et nul

Kirghize n'oserait même détacher une branche morte du *sinderich-agatch*, que ses pères lui ont appris à vénérer.

La tente, *kibitka*, du Kirghize, est sa seule habitation. Elle est mobile comme la vie de son maître et le suit dans toutes ses excursions. Des tapis de feutre en garnissent l'intérieur, des peaux de moutons en ferment les parois. La charpente se compose de minces douves fendues, assez semblables aux cercles d'un tonneau. « Ces douves, dit Hanstein, sont placées en croix à chaque point où elles se touchent; elles sont percées et liées les unes aux autres par des attaches en peau dure, avec un nœud du côté opposé. De cette façon, on a dix ou douze parois d'environ cinq pieds de haut sur six pieds de long. On les rapproche de manière à former un cercle en le consolidant avec de la ficelle, et on en fait une grille ronde comme une sorte de filet grossier, avec des mailles carrées. C'est là la partie inférieure de la kibitka sur un diamètre de vingt pieds. Le plafond finit par une espèce de roue d'un diamètre de six à huit pieds. C'est un anneau de bois qui, à l'aide de rayons minces, se réunit à une rosace de bois ayant une petite ouverture au milieu. Cet anneau est percé d'une foule de petits trous destinés à recevoir des baguettes de coudrier, pointues vers le haut, et dont l'autre extrémité est attachée avec des cordes à la partie supérieure de la grille ou des parois de la kibitka. Le poids de l'anneau fait que ces baguettes se courbent et forment une corbeille ou demi-sphère au-dessus de la partie infé-

rieure et cylindrique de la kibitka, avec une circonférence moindre cependant en haut qu'en bas. Cette
corbeille est extérieurement recouverte de tapis de
feutre grossier, qui en font une habitation impénétra-
ble aux vents. Les douves dont se composent les parois
de la partie inférieure sont mobiles et peuvent être fermées comme on le ferait pour des ciseaux ouverts.
Aussi les suspend-on plus aisément en paquets sur les
flancs du chameau. On place la roue sur son dos, avec
un faisceau de douves qui la portent. Deux chameaux
sont nécessaires au transport d'une kibitka : l'un porte
la charpente, l'autre les tapis de feutre et les coussins. »
C'est là, on peut le croire, la demeure d'un grand personnage, d'un sultan, d'un *biy*, sorte de noblesse que
les Kirghizes reconnaissent à certaines familles qu'ils
nomment *l'os blanc*. Quant aux petites gens, force leur
est de se contenter d'une habitation moins luxueuse :
trois perches nouées au sommet par un anneau et recouvertes d'une seule pièce d'étoffe suffisent à les
mettre à l'abri de la neige ou des rayons trop ardents
du soleil. Il y a des Kirghizes plus pauvres encore, car
ceux-là n'ont pas même la petite tente dont je viens de
parler; en été, ils dorment dans le steppe, *plano sub
Jove;* en hiver, quand le froid les force à chercher un
refuge, ils demandent dans les kibitkas riches une
hospitalité qui ne leur est jamais refusée. Ces malheureux portent un nom particulier; on les appelle *bay-
gouches*, et on les traite avec un dédain civilisé qui fait
douter de la pureté des mœurs primitives. C'est parmi

les Kirghizes, peuple exclusivement pasteur, qu'on pourrait retrouver les traces certaines de la vie patriarcale. « La vie nomade, dit Hanstein, ne paraît pas avoir subi la moindre modification dans les milliers d'années qui nous séparent de l'antiquité. Le nomade n'obéit pas même aux ordres de son khan, si cela ne lui convient pas. En sa qualité de juge, le prince a cependant avec ses conseillers un peu d'autorité, chacun l'aidant à faire respecter les traditions. Je demandai un soir au khan s'il prononçait le jugement d'après les lois, suivant d'anciennes règles ou d'après son appréciation personnelle ; il me répondit : Uniquement d'après ma volonté. » Je crois que Dsandger s'est vanté, car il y a dans le steppe un droit coutumier qui, pour n'être pas écrit, n'en a pas moins force de loi. D'où vient-il? qui l'a formulé? On ne sait. Quand on presse les Kirghizes à ce sujet, ils parlent d'un saint qu'ils nomment Khango-Baba, mais ils ne peuvent dire ni de quel pays il était, ni dans quel temps il vivait. La base fondamentale de ce droit est le *koun*, rachat, qui rappelle singulièrement la *diia*, prix du sang, de l'islamisme. C'est en moutons que se solde le *koun* des Kirghizes, car c'est là leur véritable richesse. Pour le meurtre d'un sultan, deux mille moutons ; pour un *biy*, mille, et l'on diminue selon l'importance du personnage, jusqu'au mendiant, qui se paye deux ou trois moutons. La femme qui tue son mari, l'homme qui tue son père, doit subir la peine de mort sans rachat possible; l'infanticide n'est point puni; seul, Dieu qui

lit jusqu'au fond des consciences, peut apprécier les
motifs secrets d'un acte semblable. Chaque blessure a
son tarif; un doigt coupé, cent moutons; là blessure
qui entraîne la perte de la vue ou d'un bras ou d'une
jambe se paye autant qu'un meurtre. C'est un code
primitif, mais il a ses règles et prévoit d'avance certains cas particuliers qui peuvent se rencontrer dans
les veuvages ou les successions. La tradition se trans-
met de famille en famille, de père en fils, et le droit du
steppe est aussi respecté que le nôtre.

XI

LA MOSQUÉE TURQUE

La commission de l'empire ottoman a fait bâtir dans le jardin de l'Exposition une petite mosquée qu'il est intéressant de visiter, car elle donne une idée suffisante des édifices religieux que les Turcs construisirent et construisent encore dans leurs possessions d'Asie et d'Europe. C'est une mosquée de Brousse, *Yéchil-Djami* (la mosquée verte), qui a servi de modèle à celle dont aujourd'hui nous voyons la réduction au Champ-de-Mars; elle a été édifiée par Mahomet Iᵉʳ, quarante ans environ avant que les Osmanlis se fussent emparés de Constantinople. Qui a vu une mosquée les a vues toutes; les dimensions seules varient, l'ordonnance est toujours la même : un lourd bâtiment carré surmonté d'une ou de plusieurs coupoles, et accosté de minarets plus ou moins nombreux. C'est d'un excellent effet dans l'ensemble d'un paysage, mais le détail intérieur est peu élégant et fait regretter que les Turcs n'aient point su tirer de l'ornementation l'admirable parti auquel les Arabes ont excellé de tout temps.

Autrefois l'entrée des mosquées était rigoureusement interdite aux infidèles, fussent-ils juifs ou chrétiens. La civilisation européenne, en pénétrant en Orient avec les redingotes, l'ivrognerie et les fusils à percussion, a singulièrement détendu la vieille rigidité musulmane ; le dieu *Bakchich* (pour-boire) a adouci les plus intolérants, et l'on peut à cette heure fouler en paix « les parvis sacrés. » A Constantinople et au Caire, cela va de soi ; mais les villes les plus réfractaires à l'esprit moderne ont fini par ne plus résister. Aujourd'hui, à Jérusalem, il est permis de visiter *el haram al chérif*, la mosquée d'Omar, dont l'accès était absolument défendu aux giaours, ainsi que j'en ai personnellement fait la désagréable expérience en 1850.

Selon ce que Khalîl-ibn-Ishack a écrit dans son traité de jurisprudence musulmane, *la loi* exige qu'une mosquée soit carrée, en souvenir de la Kaaba, où la pierre noire est enchâssée à la Mecque ; aussi la disposition intérieure est toujours un quadrilatère relié à la circonférence de la coupole par des pendentifs en stalactites qui sont d'un effet charmant et paraissent être une importation du goût arabe. Toutes les mosquées ont été élevées par des souverains ou à l'aide de legs pieux dus à de riches personnages ; il est rare qu'elles ne soient pas entourées d'établissements hospitaliers destinés à pourvoir gratuitement au besoin de la population malheureuse. Ce sont les *imaret*, cuisines pour les pauvres ; les *medressé*, colléges ; les *daruch-chifa*, hôpitaux ; les *kitab-khane*, bibliothèques. Les constructions qui contiennent ces différents établissements font partie de la mosquée même, l'entourent et lui donnent souvent, comme à Sainte-Sophie, par exemple, une insupportable apparence de lourdeur. L'intérieur des mosquées n'est pas seulement un endroit réservé à la prière en commun, c'est une sorte de lieu sacré, lieu de refuge, de dépôt et d'asile. C'est là que les gens riches apportent leur fortune, dans de simples caisses de bois, fermées d'un méchant cadenas, entourées d'une corde équivoque ; une inscription tracée sur le couvercle indique le nom du propriétaire légitime du dépôt, qui serait fort hasardé chez nous et auquel personne là-bas ne se permet de toucher. C'est aussi dans la mosquée qu'on porte les malades dont la science humaine commence à désespérer, et la science humaine est peu de chose en Turquie, où le Koran suffit à tout, même à la pathologie. Il n'est pas rare de voir un moribond couché sur les nattes, appuyé contre un pilier, tourné vers la direction idéale de la Mecque, essayer de mêler sa voix aux prières que l'on récite. Il est un remède fort recherché, mais qui coûte cher, car à Constantinople comme ailleurs le prêtre sait qu'il vit de l'autel. Il s'agit de certains chapelets sacrés qui possèdent la vertu spéciale de guérir toutes les maladies. Leur origine est curieuse. En 1630, une inondation ravagea la Mecque et ébranla les fondations de la Kaaba. Mourad IV, le glorieux sultan qui faisait broyer les fumeurs dans un mortier, qui disait : « Les vengeances ne vieillissent pas, quoiqu'elles puissent blanchir, » fit, par piété, réparer la maison sainte où chaque musulman doit aller en pèlerinage au moins une fois dans sa vie. En échange de sa munificence, on lui envoya d'énormes chapelets composés, selon l'usage, de quatre-vingt-dix-neuf grains correspondant aux quatre-vingt-dix-neuf attributs d'Allah, mais qui avaient été taillés dans les trois colonnes d'ébène, *Hanan, Méian* et *Daïan,* sur lesquelles la Kaaba s'appuyait. On comprend qu'une telle origine a donné à ces chapelets une force merveilleuse ; il suffit donc d'en entourer un malade pendant une journée entière, du lever au coucher du soleil, pour qu'il soit délivré de toute souffrance. Il n'en faut pas trop rire ; ce genre de médication facile est usité ailleurs qu'en Orient ; l'eau et les médailles miraculeuses ont fait, dit-on, des cures extraordinaires dans des pays qui s'amusent beaucoup des superstitions musulmanes.

Toutes les mosquées sont flanquées de minarets, hautes et grêles tourelles à trois étages, qui équivalent aux clochers des églises catholiques, car c'est de là que les mouezzims appellent les fidèles à la prière. Selon leur importance, les mosquées ont plus ou moins de minarets : presque toujours deux, parfois quatre ; une seule, dans tous les pays soumis à l'islamisme, en possède six, c'est celle que le sultan Achmet Ier fit construire à Constantinople au commencement du dix-septième siècle. Il fallut de longues négociations pour arriver à cet important résultat. En effet, la grande mosquée de la Mecque, celle qui sert, pour ainsi dire, d'enveloppe à la Kaaba, n'avait que six minarets, et il était tout à fait inconvenant qu'une mosquée, fût-elle impériale, fût-elle élevée par le padischah, qui est l'ombre de Dieu sur la terre, pût avoir autant de minarets que le lieu saint par excellence. Le sultan Achmet se tira d'affaire en faisant bâtir un septième minaret à la mosquée de la Mecque. Aujourd'hui la mosquée d'Achmet étalant sa large façade sur l'*At-Meïdan*, et dressant ses élégantes aiguilles dans l'air, s'appelle encore *Alti-Minaréli-Djami*, la mosquée aux six minarets.

Une fois qu'on a franchi la porte d'une mosquée, on se trouve dans une vaste cour carrée (*sahn*, place), généralement abritée par des arbres, et qui contient les différentes fontaines nécessaires aux ablutions obligées : le réservoir (*meïdah*), armé d'un robinet (*hanaf-yat*), laisse couler l'eau qui doit être employée avec certaines formules dont je parlerai tout à l'heure ; les *chicman*, endroits difficiles à définir, quoiqu'ils soient indispensables, et enfin le *maghtas* (lieu du plongement), où tout bon fidèle doit s'arrêter en sortant des *chicman*. Trois ou sept marches séparent ordinairement la cour du sanctuaire proprement dit, qui se nomme *maksoûrah* (le lieu de retraite); c'est là que se récitent les prières. Indiquant la direction précise (*kiblah*) de la Mecque, une niche est creusée dans la muraille. C'est le *mihrab* (point qui aboutit) vers lequel tous les croyants doivent se tourner lorsqu'ils prient; toute prière est nulle lorsqu'elle n'est pas faite dans cette orientation; aussi n'est-il pas rare de voir les musulmans, en voyage, tirer une boussole de leur ceinture et examiner attentivement les oscillations de son aiguille avant de déployer le tapis sur lequel ils vont se prosterner. L'intérieur du *mihrab* est orné de marbres, de plaques de faïences, et devant lui un tapis particulier est étendu. Lorsqu'on fait face au mihrab, on voit à sa droite le *nimbar*, sorte de chaire où l'on a dépensé toutes les ressources de l'ornementation orientale; on y monte par un escalier de sept marches, sa plate-forme est abritée par un toit conique, son entrée est protégée par une riche portière (*setdrah*, d'où nous avons fait store). C'est là que se place l'imam. Le vendredi, qui est le jour du Seigneur chez les musulmans, — tous les niais qui voyagent disent : le vendredi est le dimanche des Turcs, — on attache deux drapeaux (*baydrik*) de chaque côté du *nimbar*; à Constantinople, dans la mosquée de Sainte-Sophie, ces drapeaux restent en permanence pendant toute l'année, en commémoration des étendards que, le 29 mai 1453, Mahomet II planta sur l'autel même de la basilique, pour en prendre possession au nom du Dieu unique que le Prophète a révélé.

Le *mihrab* et le *nimbar* sont indispensables à toute mosquée, si petite, si insignifiante qu'elle soit. Dans les plus importantes on trouve encore un ou plusieurs *dikkeh*, sorte de large tribune supportée par des colonnes très-basses, et où s'agenouillent les ulémas qui font la récitation des prières commandées ; de plus, çà et là, mais plus particulièrement auprès du *mihrab*, on voit des *coursy*, pupitres en forme d'*x*, composés d'incrustations de bois, de nacre, d'ivoire et d'écaille, sur lesquels on pose le Koran. Des nattes couvrent les dalles, et un grand tapis (*bouçat*) s'étend devant le *mihrab* et le *nimbar*. A la muraille sont appendues des tablettes oblongues (*laûh*, pluriel : *aloudh*), où sont inscrits des versets du Koran, le nom des kalifes, des traditions du Prophète. Du haut des voûtes pendent des quantités innombrables de houppes, d'œufs d'autruche (*beid-nadm*) et de lampes qui affectent quatre formes principales : des globes (*kidreh*), des lampions (*kandyl*), des lampes plates (*kanayeh*), des lustres (*magafeh*).

Tels sont, sauf des modifications locales absolument indifférentes, la disposition générale et l'ameublement d'une mosquée. Les cérémonies ordinaires du culte musulman sont toujours les mêmes, car elles ont été sévèrement prescrites et détaillées par les docteurs de la Loi. Dieu a ordonné au Prophète d'imposer aux hommes cinq prières par jour ; on les nomme : *Salat-el-soubh*, la prière du matin (elle se fait avant le lever du soleil); *Salat-el-dohr*, la prière de midi; *Salat-el-asr*, prière de l'après-midi; l'*asr* est l'heure intermédiaire entre le milieu et la fin du jour; *Salat-em-maghreb*, prière du coucher du soleil; *Salat-el-éche*, prière du souper, qui se fait environ à la deuxième heure de la nuit.

Pendant le quart d'heure qui précède chacune de ces cinq prières obligatoires, le mouezzim monte sur le minaret, et, marchant dans la galerie circulaire extérieure, se tournant alternativement vers les quatre points cardinaux, il chante d'une voix sonore, sur un air très-mélancolique et très-lent, les paroles suivantes : « L'unité atteste son unité, déclarez son unité; il n'y a d'autre dieu que Dieu, et Mahomet est le prophète de Dieu; Dieu est le très-grand, Dieu est le très-grand; j'atteste qu'il n'y a d'autre dieu que Dieu, j'atteste que Mahomet est le prophète de Dieu; vive la prière, vive la prière, vive l'action du salut ! Dieu est le plus grand, Dieu est le plus grand; il n'y a de dieu que Dieu ! » Que de fois dans mes voyages j'ai été réveillé avant le jour par la voix du mouezzim qui semblait tomber du ciel à travers l'obscurité. L'appel à la prière est toujours semblable; seulement, le soir, le mouezzim ajoute à la fin : « La bienveillance, la miséricorde soient sur toi, ô Prophète, sur toi, ô Prophète, sur tous les membres de ta famille et sur tous tes compagnons ! »

Lorsque, après avoir entendu l'appel du mouezzim, le musulman se rend à la mosquée, il s'arrête dans la cour et fait des ablutions ; l'ordre dans lequel elles doivent s'exécuter est minutieusement réglé, et il n'est pas permis de s'en écarter. On prend de l'eau dans sa main droite, on boit trois fois et trois fois on dit : « Louange à Dieu purificateur du péché ! » — et toujours trois fois, — pour les narines : « O Dieu ! je vous supplie de me faire sentir l'odeur du paradis ! » — Pour le visage : « J'ai résolu de n'adorer que le seul Dieu ! » — Pour le bras droit depuis le bout des doigts jusqu'au coude : « O Dieu ! donnez-moi le livre de mes actions dans cette main et faites en sorte que Mahomet intercède pour moi ! » — Pour le bras gauche : « O Dieu ! ne me donnez pas le livre de mes actions dans cette main. » — Pour la tête : « Je vous prie, ô Seigneur, de me laisser sous l'abri de votre empyrée ! » — Pour les oreilles : « Faites, ô Seigneur, qu'au jugement dernier elles entendent les paroles du Prophète, votre ami. » — Pour le pied droit : « O Dieu, ce pied qui a été créé par vous, fixez-le sur le pont *Al-Sirât* » (c'est le *passage* qui sépare le paradis de l'enfer) ; — pour le pied gauche : « Je vous prie, Seigneur, de fixer ce pied fautif sur le pont redoutable. » Les ablutions sont terminées ; le musulman se lève, il se tourne vers le *mihrab*, les mains à la hauteur de la poitrine, la paume dirigée vers le ciel, et il dit : « O Dieu, par la sainteté du Seigneur Jésus, par la grande amitié que vous aviez pour lui, nous vous prions de pardonner nos péchés, d'exaucer nos vœux et d'accepter nos services envers votre grandeur ! » On se rend alors dans le sanctuaire, et la prière commence. Ce n'est, à proprement parler, qu'une série de prosternations (*réka*) qui varient de nombre et d'ordre : la première prière en contient six, la troisième huit, là dernière sept ; le front et la paume des mains doivent toucher la terre ; après chaque *réka*, on doit saluer les anges à droite et à gauche. Toute prière débute par la récitation du *fatha*, qui est le premier chapitre du Koran, et les oraisons les plus compliquées, les plus longues, ne sont composées que de versets du livre saint. Généralement un uléma fait la prière à voix basse, les fidèles rangés derrière lui imitent tous ses gestes, se prosternent quand il se prosterne, se lèvent quand il se lève, s'inclinent, saluent, tournent la tête comme lui. Pendant ce temps l'iman est sur le *nimbar*, entre les deux drapeaux flottants ; il s'appuie sur le sabre (*syef*) qui symbolise le sabre du Prophète, l'instrument de conversion cher à Mahomet.

En effet, c'est là l'esprit même de l'islamisme : la conquête et la force brutale. Mahomet, voyant une charrue, dit un jour : « Partout où entre cette machine l'opprobre entre avec elle ! » On comprend dès lors que tous les pays de foi musulmane s'étiolent, dépérissent et meurent. Les voyageurs qui ont visité l'Orient savent dans quelle stérilité morale et physique languissent tant d'admirables contrées où il ne faudrait déployer qu'un peu d'intelligence et de bonne volonté pour obtenir une fécondité sans pareille. Le proverbe grec a raison : Là où un Turc met le pied, l'herbe sèche. Certes l'Orient méditerranéen a perdu, exté-

rieurement du moins, sa vieille et farouche intolérance ; il y a trop de vaisseaux de guerre, armés de
bons canons, qui se promènent de ce côté, pour que
les musulmans n'aient pas quelques aimables procédés
pour les infidèles ; mais dans les pays qui restent, par
leur position géographique, isolés de toute civilisation
européenne, l'absurdité et la férocité n'ont point de
bornes. Nos consuls savent, par une cruelle expérience, ce que l'on fait d'eux à Djeddah, sur les bords
de la mer Rouge, et les lecteurs qui connaissent les
excellents récits de Palgrave, de Vambéry, de Guillaume Lejean, ont appris ce que valait l'islamisme pur
professé à Riad ou à Bokhara. C'est la négation de
tout instinct généreux, l'abandon de soi-même, l'abrutissement. Toute religion qui s'appuie sur le sabre est
une religion coupable, démoralisante et bien souvent
stupide. Si à cela on ajoute le dogme de la fatalité, elle
réduit les hommes à l'état de troupeaux qu'on peut
pressurer, écraser, décimer, sans encourir de responsabilité, puisque *c'était écrit.*

On peut voir, dans l'excellent livre du docteur
Chenu sur la campagne de Crimée, combien le dogme
fataliste de l'islamisme a empêché les améliorations
les plus élémentaires de pénétrer dans l'armée turque,
qui cependant a certaines prétentions de nous imiter.
« Le médecin en chef de l'armée française, dit-il, est
chargé d'étudier l'état sanitaire de nos alliés musulmans ; il constate qu'il y a absence plus complète de
soins hygiéniques, et que le service médical faisait

complétement défaut. » De tout il en est ainsi, et cela se comprend. Le Koran, étant la dernière révélation que Dieu ait faite et fera aux hommes, est le livre par excellence; il contient la loi civile, la loi morale, la loi religieuse, la loi militaire, et c'est être impie que de demander la science à des livres profanes.

Quant à la façon dont les peuples soumis aux princes musulmans sont gouvernés, on peut s'en faire une idée en se rappelant ce que disait Mouctar-Pacha, fils du terrible Ali-Tépéléni de Janina : « Il n'y a que nous autres pachas qui devrions savoir lire et écrire; si j'avais un Voltaire dans mes États, je le ferais pendre, et si je connaissais quelqu'un de plus instruit que moi, je le tuerais à l'instant. » On peut penser, d'après cela, que Mouctar-Pacha eût été un partisan assez froid de l'instruction obligatoire.

Me voici loin de la mosquée, il faut y revenir. Celle du Champ-de-Mars ne contient que le *mihrab* et le *nimbar;* elle n'a pas de cour, et le simple vestibule qui précède le sanctuaire est destiné à recevoir les chaussures des fidèles qui ne se présentent jamais que déchaussés à la prière. Parfois, dans les rues du Caire, de Constantinople, de Damas, en passant devant une mosquée, on aperçoit par la porte entr'ouverte une pyramide de vieilles savates dressée dans un coin contre la muraille : c'est que l'heure de la prière a été criée et que les fidèles sont prosternés devant Dieu.

Malgré le soin très-intelligent qui a présidé à la construction de la petite mosquée que la commission ottomane nous montre aujourd'hui, malgré ses agréables proportions et ses jolis carreaux de faïence, je regrette, en la voyant, qu'elle ne soit pas, comme le temple égyptien, l'antique vestige d'un culte disparu pour jamais.

XII

LES DIEUX A L'EXPOSITION UNIVERSELLE

I

« Comment fait-on un dieu, dit Minutius Félix ? —
On le fond, on le forge, on le sculpte, il n'est pas encore dieu (*nondum deus est*) ; on le soude, on le dresse,
il n'est pàs encore dieu. Enfin on l'orne, on le *consacre*, on le prie ; le voilà dieu, après que l'homme l'a
voulu et qu'il l'a dédié. » Toutes les divinités sorties
du limon du Gange, écloses dans l'imagination des
peuples de l'Archipel indien, sculptées sur les bords du
Zambèze dans un morceau d'ébène par un nègre lippu,
assemblées plume à plume par l'habitant tatoué des
îles Sandwich, et qui, dans leur pays natal, révérées
avec forces génuflexions, disparaissent dans l'âcre fumée des viandes brûlées, et parfois même sont haï-

gnées de sang humain, doivent se trouver singulièrement compromises et diminuées à l'Exposition universelle, car elles n'y figurent que comme spécimen
curieux du bric-à-brac mythologique. La Société des
missions protestantes a mis une légitime coquetterie à
montrer au public une collection d'idoles rapportées
de pays lointains, et auxquelles on a substitué les
images d'un culte intelligent et élevé. Il faut croire cependant qu'on n'est pas difficile pour les conversions,
et que les études du catéchisme ne sont pas poussées
très-loin. « Un jour, sur les hauteurs des Cordillières.
dit George Pouchet, Humboldt et Bonpland virent
des sauvages, soi-disant chrétiens, exécuter leurs dan-
ses sanglantes et brandir la hache de guerre, pendant
qu'un bon franciscain élevait l'hostie, tolérant parfaitement cette manière un peu américaine de *danser* la
messe. »

La maison des Missions évangéliques est intéressante à visiter; elle ressemble à un musée théogoni-
que. On dirait que tous les discoureurs du *café de
Surate* ont déposé là la preuve matérielle de leurs arguments. C'est le produit de bien des voyages, de bien
des efforts, de bien des dangers; pour affronter tant
de périls, il faut une foi vivante et un courage à toute
épreuve. On ne peut qu'approuver et admirer les
hommes intrépides qui bravent les fatigues, les privations, les tortures, le martyre, pour aller annoncer *la
bonne nouvelle* aux peuplades obtuses et farouches
auxquelles l'idée de Dieu n'apparaît encore que sous

un aspect absurde et repoussant. Ces missionnaires, que le protestantisme pousse avec ardeur vers tous les coins du monde, sont les plus merveilleux pionniers que la civilisation ait jamais envoyés sur les routes de l'obscurité et de la barbarie. Partout où ils arrivent, ils apportent la lumière, ils remplacent les cultes sanglants, les mœurs implacables, la cruauté, l'ignorance, le respect des coutumes criminelles, par les douces pratiques, la mansuétude, la tolérance, l'instruction, l'espérance d'un état meilleur. Comme l'Apollon de la fable antique, ils dissipent les nuages et tuent le serpent Python.

Par ce qu'ils ont détruit, on peut comprendre ce qu'ils ont fondé. Ils donnent leurs preuves aujourd'hui, et les idoles exposées par les Missions évangéliques sont autant de témoignages en faveur de cette œuvre excellente. En voyant ces figures baroques, grimaçantes, maladroites et informes, on se rappelle les récits que l'on a lus et les excursions que l'on a faites soi-même. Je n'ai pu m'empêcher de penser avec tristesse au noble et vaillant Livingstone, dont heureusement le sort n'est plus indécis, en apercevant deux affreux fétiches en bois noir qui viennent des bords du Zambèze, et que sans doute il en a rapportés. Si les dieux sont ainsi dans ces lourds pays de l'Afrique centrale, comment donc y sont les hommes ? Ces deux divinités forment un ménage, le dieu et la déesse. Le premier est un morceau d'ébène, taillé en forme quasi-humaine ; il est tout nu, comme il convient à un immortel vêtu de sa propre majesté; je soupçonne une main pudique de lui avoir fait subir quelques modifications avant de le présenter à la bonne compagnie du monde civilisé; il a des yeux fort écarquillés, des membres grêles, un gros ventre, et figure assez bien un fœtus nègre qu'on aurait pétrifié; sa compagne est d'une grâce plus chaste : elle affiche quelque décence et porte une jolie cotte en indienne, retenue sur les hanches par une ceinture en verroteries bleues. Il y a une extrême ressemblance et comme un air de famille entre tous les fétiches de l'Afrique; le grand continent noir a bien moins d'imagination que la Polynésie, et je sais une idole du Sennaar qui est presque la copie exacte de l'idole du Zambèze. La seule différence essentielle est dans la matière : le bois de sycomore peint en rouge remplace l'ébène.

Le Dieu Tétongo, qui habite Karontoga, n'est point déplaisant; si son écorce est rude, puisqu'il est en bois de teck, il n'en a pas moins le cœur tendre et singulièrement porté aux doux épanchements de la famille; ce n'est point un dieu triste et morose, restant dans sa taciturnité solitaire; non, c'est un brave homme; il doit aimer la conversation, le soir, les pieds sur les chenets de sa céleste cheminée. On peut croire qu'il se reproduit par bouture, comme le cactus, car ses trois enfants sont greffés sur sa poitrine; en baissant sa tête il peut les embrasser, et ses petits peuvent, en allongeant les bras, le chatouiller pour le faire rire. J'ai du goût pour ce Tétongo; sa bedaine placide et gonflée prouve qu'il abuse des légumes et que son alimentation est peu variée; ses larges oreilles indiquent un honnête penchant à la somnolence. Il y a de la finesse dans ses yeux retroussés, et un bon fond de crétinisme dans son crâne étroit; de plus, il est très-bien sculpté, ce qui ne nuit jamais à un dieu élevé au rang d'objet d'art et de curiosité.

Kaïli ne devait pas être commode avant d'être chassé de l'empyrée océanien et d'être étiqueté dans une vitrine. Il était le principal dieu de la guerre dans les îles Sandwich, et appartenait en propre à S. M. Kaméhaméha Ier. On ne décochait pas une flèche, on ne donnait pas un coup de casse-tête sans l'invoquer! Sa puissance n'avait point de pareille, et, rien qu'à le voir, on le comprend facilement. Du reste, ses malheurs ne l'ont point déplumé, ce qui laisse soupçonner que, pendant ses voyages des Sandwich en Angleterre et d'Angleterre en France, il a toujours été emballé avec soin. Ce dieu est une forte tête, car il n'a ni bras, ni jambes, ni torse. Il est en plumes, comme un bon oreiller.

Il est de couleur rouge, ce qui est naturel pour un dieu militaire, avec des sourcils noirs; sa bouche est un énorme rictus orné de dents de squale qui ne sont point à pivot comme celles du docteur Roggers, car elles sont attachées avec des ficelles; son œil — quel œil! et comment les ennemis de Kaméhaméha pouvaient-ils en supporter le regard? — est une plaque de nacre où l'iris est figuré par une bille en ébène; le sourcil est terrible; le front bas et d'une stupidité pleine de promesses, est surmonté d'une crinière ou d'un cimier en plumes rouges et noires, qu'on prendrait volontiers pour le casque d'un pompier en grande tenue. Quand Kaïli daignait éternuer lui-même, il devait, ainsi que son collègue Jupiter, faire trembler l'Olympe tout entier. En effet, il a un nez large, profond et outrageusement retroussé; mais il n'en a pas l'air plus malin pour cela. Tel qu'il est il ressemble assez bien à ces chaperons mobiles dont on surmonte les tuyaux de cheminée pour les empêcher de fumer.

Il est fort probable que Kaïli, Tétongo, Taroa et autres divinités baroques ou terribles ont quelque part, sous la grande voûte bleue, un paradis confortable qu'elles gardent pour leurs élus; par où y va-t-on? par le renoncement de soi-même, comme les Hindous? par l'immolation des ennemis, comme les Sioux et les Delawares? je ne sais. Dans une de ces discussions du Conseil d'État où il aimait à prendre la parole, Napoléon disait, en octobre 1804 : « Le paradis est un lieu central où les âmes de tous les hommes se rendent par des routes différentes; chaque secte a sa route particulière! » Cette idée est libérale, consolante et bonne; il faut espérer qu'elle est juste, et qu'à cet universel rendez-vous d'outre-tombe on comprend enfin la vérité qu'on a demandée sur terre à tant d'idoles qui jamais n'ont su répondre.

S'il suffit de prier sans repos ni relâche pour gagner le paradis, il appartient exclusivement aux bouddhistes, car jamais secte n'a fait un tel abus de la prière. La vie d'un homme ne suffirait pas à réciter toutes les litanies qui doivent assurer son salut. L'homme heureusement est un animal ingénieux, et sous quelque latitude qu'il soit, sur les rives du Godavéry ou sur les bords du Tibre, il sait que :

Il est avec le Ciel des accommodements.

Le catholicisme admet sans difficulté la substitution pour la prière; on fait dire une messe à telle ou telle intention, et les moines prient pour le rachat de l'humanité. Là, du moins, c'est l'homme qui prie pour l'homme, et l'action ne manque pas d'une certaine grandeur. Mais le bouddhisme ne s'est point arrêté là, et il a inventé, — qui le croirait? — la machine à prières. Il y en a une dans les vitrines de l'Exposition. Elle ressemble à ces hochets composés d'un petit tambour tournant autour d'une baguette. Chaque fois qu'on agite la machine, qui est creuse et contient des oraisons écrites, elle fait un tour et une prière est faite. Comme on le voit, le moyen est expéditif et ne fatigue pas les genoux. Mais cela ne suffit pas encore à la paresse de l'homme qui, naturellement, veut être très-heureux et ne se donner aucune peine; alors les spirituels sectateurs du grand Lama, dont tout devient relique, ont imaginé des moulins à prières : moulins à eau, s'il vous plaît, et à vent aussi. Les premiers sont formés d'une roue à palettes, traversée par un arbre de couche; on appuie chaque extrémité de l'axe sur une pierre au-dessus d'un ruisseau ; l'eau, en s'écoulant, fait mouvoir la roue : chaque palette porte une prière écrite; chaque fois qu'une palette tourne, la prière est récitée. L'autre machine fonctionne à la façon d'un moulin à vent minuscule; lorsqu'il souffle tempête, les ailes et les prières vont comme le diable, et l'on se met en avance pour plusieurs mois. Il est bien entendu que les fidèles vont se promener pendant que la rivière ou le zéphyr prient pour eux.

Certes, avec de tels et si ingénieux moyens, on peut expédier une belle quantité de litanies en vingt-quatre heures. Cela ne suffit pas cependant, et le salut, c'est-à-dire l'absorption en Bouddha, ne paraît être assuré qu'à ceux qui tout le jour, à quelque occupation qu'ils se livrent, égrènent leur chapelet et répètent, sans s'arrêter, la formule sacrée : *Om, mani padmé, houm !* ce qui signifie textuellement : Oh! le joyau dans le lotus, *amen !* Si l'on démontait la machine à prières qui est au Champ-de-Mars, il est probable qu'on la trouverait pleine de petits papiers sur lesquels le célèbre centon est tracé. Il a une vertu spéciale et qu'il faut expliquer. Tous les êtres vivants sont, comme on sait, divisés en six catégories : les anges, les démons, les hommes, les quadrupèdes, les oiseaux, les reptiles. L'histoire naturelle n'a jamais pu aller plus loin au Thibet. Chacune de ces classes correspond à l'une des six syllabes de la prière toute-puissante. Or les êtres vivants, selon leurs bonnes ou leurs mauvaises actions, passent incessamment, de transmigration en transmigration, dans le corps des êtres qui composent ces six espèces de créatures, jusqu'au jour où, à force de mérites, ils sont réunis à Bouddha, c'est-à-dire à l'âme universelle d'où viennent toutes les âmes et où elles doivent retourner ; c'est là le but final, le but rêvé, et le seul moyen de l'obtenir est de réciter sans cesse : *Om, mani padmé, houm !* Ainsi qu'on le voit, dans cet heureux pays, le salut n'exige pas un grand effort de mémoire.

Cependant cette récitation régulière ne paraît pas suffisante à quelques Lamas esprits forts, qui s'imaginent qu'il faut autre chose qu'une formule difficile à comprendre pour s'attirer les bonnes grâces de la divinité. Alors ils passent à des pratiques religieuses un peu plus accentuées, et ils s'ouvrent le ventre. Quand un Lama s'est résolu à donner ce grand exemple de foi, il l'annonce longtemps à l'avance, et au jour convenu, devant la foule rassemblée, il paraît au milieu du temple ; il s'accroupit sur l'autel, car il sera la victime, et il place un large coutelas nu sur ses genoux. Les chants commencent, s'augmentent, s'exaspèrent, deviennent furieux. Le Lama détache sa ceinture, saisit son couteau, se fend le ventre dans toute sa longueur, s'arrache les entrailles et les dépose, toutes fumantes, devant lui.

A ce moment même il devient lucide et prononce d'inéluctables prophéties. Puis, dans sa main il recueille le sang qui s'échappe de sa blessure, souffle dessus, et trois fois, avec de grands cris, en asperge le peuple prosterné. Après cela il renoue ses vêtements, essuie son coutelas, le remet dans sa ceinture, se lave, va s'asseoir à l'ombre d'un arbre, parce qu'il est fatigué, et fume sa pipe en buvant une tasse de thé. Souvent le même Lama recommence cette opération sept ou huit fois dans la même année. Qu'on le sache bien, il n'y a là ni supercherie, ni adresse, ni tour de passe-passe; cette horrible cérémonie n'est que trop réelle dans tous ses incidents, quelque étranges qu'ils soient; mais elle est l'œuvre du démon. Ce sont du moins des missionnaires catholiques français qui l'affirment, et je suis trop poli pour me permettre de les démentir.

A ces sanglantes jongleries je préfère la fête des fleurs qui, chaque année, dans le mois de janvier, attire une innombrable quantité de pèlerins à la lamaserie de Koum-boum; on devrait plutôt la nommer la fête des statues, car les images exposées à la vénération des fidèles représentent les hauts faits de la vie de Çakya-mouni, les types des différents peuples qui suivent sa loi, des animaux, des arbres; le tout orné et enguirlandé de fleurs épanouies. Il y a là des chefs-d'œuvre d'exactitude et de modelé. En quoi sont-ils? en marbre, en bois, en granit? Ils sont en beurre. Toutes les vaches du pays sont mises à contribution; pendant les trois mois qui précèdent ce jour consacré, on baratte sans repos ni trève, on presse, on égoutte. Si la matière manque pour donner au nez de Bouddha la dimension liturgique, on court à l'étable, on rebaratte de plus belle jusqu'à ce qu'on ait obtenu de quoi faire un nez convenable et particulièrement divin. Sur un théâtre, des personnages en beurre, mus par un mécanisme caché, défilent, au son de la musique, au milieu de décorations en beurre éclairées par des lampions où le beurre alimente les mèches. Cette fête des fleurs dure toute la nuit; au point du jour les personnages, les décorations, les statues, les ornements sont renversés, détruits, réunis en boules immenses qu'on roule hors de la ville, et qui servent de nourriture aux corbeaux. Et voilà comme il convient d'honorer la Divinité. C'est là aussi que croît, pour la plus grande satisfaction des âmes ferventes du Thibet, l'arbre aux dix mille images (*Koum-boum*) qui est né de la chevelure de Tsong-kaba. Ce Tsong-kaba fut un réformateur du culte bouddhique, qu'il essaya de ramener à la pureté primitive. C'était un homme de bien, évidemment aimé des dieux, car il entendait, à plus de cent lieues de distance, les plaintes touchantes d'un pou qu'un sectateur infidèle écrasait, au mépris de la loi. La nature eût été ingrate de ne pas faire quelque chose pour un si saint personnage, et elle lui témoigna le respect qui était dû à ses mérites, en créant exprès pour lui l'exemplaire unique de l'arbre aux dix mille images. Son tronc, ses branches, ses pédoncules, ses feuilles et ses fleurs naissent et grandissent, couvertes de caractères thibétains qui signifient sans doute : *Om, mani padmé, houm!* L'arbre existe, ceci n'est point douteux; il est abrité sous un dais d'argent qui lui a été gracieusement offert par l'empereur Khang-hi ; ce souverain dévot et d'une force peu commune sur le rituel, laissa à Koum-boum une somme considérable dont le revenu doit entretenir trois cent cinquante Lamas, dont l'unique mission est d'arroser l'arbre merveilleux toutes les fois qu'il a soif. Il y a là un mystère d'histoire naturelle qu'il serait curieux de pénétrer ; mais comme l'arbre de Tsong-kaba est en si grande vénération qu'il faut payer pour le voir, payer pour le toucher, payer pour le baiser, payer pour en emporter une feuille, je le soupçonne d'appartenir à la grande famille botanique des *Sacerdotalia Carotensis*.

Voilà cependant à quels enfantillages imbéciles en est arrivée la morale de Gautama qui devint Bouddha, c'est-à-dire sage par excellence. Il était fils du roi de Bénarès, le Câsiradja Çouddhodana ; la sagesse était en lui du jour de sa naissance ; il ne riait pas, ne pleurait pas, et vivait comme si « tous ses sens étaient fermés. » Son père, le prenant pour un idiot, le mit simplement à la porte. Gautama, qui ne désirait rien tant, se retira dans la solitude, prit en main le bâton des mendiants, jeta sur ses épaules une peau de tigre, — qui seule avec celle de la gazelle est exempte de souillure, — noua ses cheveux sur le sommet de sa tête et commença la vie d'anachorète. Ses profondes méditations lui apprirent que, dans une de ses existences antérieures, il avait été roi de Vârânasi, que la royauté est un fardeau très-lourd, et que la vie contemplative est supérieure à toutes les puissances de ce monde. De plus, il savait, par sa propre généalogie, qu'il descendait directement des rois Soleils, qui, les premiers, régnèrent sur la terre. Il renonça à toutes les grandeurs qui lui étaient promises, mangea des racines, parcourut les solitudes, dormit sur la terre nue, et éleva son esprit vers la compréhension de l'âme universelle. Son père eut alors quelques remords d'avoir renvoyé un fils si habile aux méditations surhumaines, et il vint, avec toute sa cour, le trouver dans sa retraite afin d'abdiquer entre ses mains et de lui remettre le sort de ses peuples. C'est alors que commença l'œuvre militante, l'apostolat de Bouddha. Les villes se faisaient désertes, les campagnes étaient abandonnées, car tous les hommes, suivis de leurs femmes et de leurs enfants, venaient écouter la parole de Gautama, qu'on nommait alors Çakyamouni, à cause de sa double origine royale et solaire. Par sa propre vertu, il s'élevait en l'air, à dix pieds au-dessus du sol, de façon à dominer facilement les foules rassemblées; il leur parlait d'une voix si douce qu'elle les persuadait, et si forte, qu'elle était entendue à toute distance. Quand son temps fut venu, il salua ses fidèles une dernière fois et monta vers le ciel. Quelques mauvaises langues racontent qu'il est mort tout tranquillement sous un arbre auprès de la rivière Atchiravati; mais il ne faut pas les croire.

Il est représenté par plusieurs statuettes à l'Exposition des Missions protestantes; l'une le montre sous la forme de Gautama : il est accroupi à la mode orien-

tale, coiffé de cette mitre hindoue qu'on nomme kiri-
tha ; une de ses mains repose sur sa cuisse ; il médite
et semble perdu dans des contemplations intérieures.
Il est en bois doré, et tous ses ornements sont en
fragments de miroir. Par son travail et l'acuité des
lignes, cette idole semble indiquer qu'elle arrive de
l'archipel indien. Une autre est en albâtre, avec des
ornements dorés ; c'est Bouddha en possession de son
immortalité bienheureuse ; quoiqu'elle ne soit pas en
beurre, elle doit venir du Thibet.

L'influence de Bouddha a été considérable ; il a sé-
paré l'Inde en deux, s'est étendu dans une grande
partie de l'énorme continent et a pénétré victorieusement en Chine. Aussi les brahmanes lui ont conservé
une rancune sérieuse ; ils en parlent sans respect,
mais ils ont tâché de l'accaparer et de le faire entrer,
bon gré mal gré, dans leur innombrable panthéon.
Pour cela, ils ont prétendu que Bouddha n'était autre
qu'une incarnation de Wishnou. Les Déthyas, sorte
de magiciens très-puissants, s'étaient rendus redoutables aux dieux par des œuvres de piété qui chaque jour
les rapprochaient du trône d'Indra. Wishnou, au lieu
de les attaquer à force ouverte, préféra employer la
ruse. Dans le sein même de Maya-Dévy, femme de
Çouddhodana, il s'incarna sous le nom de Gautama. Il
naquit, grandit, fit l'idiot et fut chassé par son père.
Alors, sous l'apparence d'un pieux anachorète, il se
présenta aux Déthyas, leur révéla une morale nouvelle qui les entraînait vers le scepticisme, vers l'oubli

des dieux, et leur fit abandonner les ablutions, les sacrifices et toutes les cérémonies du culte brahmanique. Dès lors, les Déthyas, négligeant l'étude des Védas, méprisant les préceptes sacrés tracés par Manou, perdirent leurs mérites et, par conséquent, leur pouvoir. Les dieux furent sauvés, mais l'hérésie persista, car elle avait des racines profondes que rien encore n'a pu arracher.

Wishnou eût pu dire aussi : Encore une victoire pareille et nous sommes perdus! En effet, le stratagème était peut-être ingénieux, mais son résultat le plus positif fut d'entraîner une immense population vers le bouddhisme, qui compte aujourd'hui encore plus de 300 millions de sectateurs. Tous les dieux que l'époux de Lakémi voulait sauver ne sont pas morts, tant s'en faut; ils vivent encore vers le Gange et le Sind. Ils ont beaucoup fait parler d'eux dans ce terrible soulèvement que l'Angleterre a modestement appelé la révolte des cipayes. Les Missions évangéliques en ont enlevé quelques-uns aux temples sculptés qui les contenaient; ils sont là pêle-mêle avec des colifichets de toute espèce, bien déchus de leur grandeur nationale, mais encore intéressants et dignes d'attention.

II

Si, comme on l'a dit, toute religion, abstraction faite de sa morale particulière, est par-dessus tout une affaire d'histoire naturelle, on comprend sans peine que l'Inde ait un panthéon multiple, souvent difforme et parfois monstrueux. Dans un pays où des montagnes sont blanchies par les neiges pendant toute l'année, où le soleil a une puissance torride, où les fleuves s'enchevêtrent aux rivières, où les végétations trouvent à peine assez de place pour développer leurs forces génératrices, où tous les règnes de la nature semblent animés d'une violence de production sans égale, les dieux devaient être nombreux, doués de facultés extraordinaires, et apparaître sous des formes constamment renouvelées. Les divinités à six têtes comme Kartikeya, à face d'éléphant comme Ganésa, d'oiseau comme Garouda, de singe comme Hanuman, à vingt bras comme Ravâna, ont dû naître d'une terre toujours humide, toujours chauffée, toujours en mal d'enfantement. Dans ce pays où l'aspect change perpétuellement, selon les saisons successives, il est naturel que les dieux subissent des transformations (avataras), pour remplir plus facilement les diverses fonctions qui leur sont imposées. Les avataras de Wishnou sont célèbres ; il en a opéré déjà neuf ; la dixième doit s'accomplir à Cambalagrâma ; le dieu, sous le nom de Calki, apparaîtra pour régénérer l'Inde, chasser les infidèles, et rétablir le culte pur du premier âge.

Malgré ce polythéisme plantureux où chaque faculté de l'âme, chaque phénomène de la nature paraît avoir son représentant divin particulier, l'Inde reconnaît un être préexistant à tout, sans commencement ni fin, principe et essence de toutes choses, source divine et intarissable : c'est Brahma. Sous ses ordres directs s'agite la triade, composée de Brahmâ, la création ; Wishnou, la conservation ; Siva, la destruction. Un simple accent circonflexe met une distance énorme entre les deux Brahmas. Vingt volumes ne suffiraient pas à raconter les aventures des trois dieux que je viens de nommer ; je n'ai, du reste, à m'occuper ici que des idoles exposées par la Société des Missions protestantes.

Une des plus curieuses est celle d'Ouma-Câli, qui est la femme légitime de Siva, adoré sous le nom de Câla, le temps dévastateur. Malgré son nom de Câli, qui veut dire noire, sa statuette est d'un bleu-violet assez foncé ; elle est représentée sous sa forme terrible ; un collier de têtes de mort descend sur sa poitrine, ses hanches sont ceintes d'une pagne composée de bras coupés ; elle agite ses quatre bras avec violence et tire une langue teinte de sang. On a eu raison de la montrer ainsi, car c'est une fort désagréable personne, quinteuse, aimant les querelles, battant ses gens, se disputant avec son mari, recherchant les émotions vives, se plaisant au meurtre et ne reculant devant rien pour satisfaire ses méchants appétits ; tranchons le mot sans respect pour sa divinité : c'est une insupportable virago. Elle est représentée dansant, à moitié folle et aux trois quarts ivre, sur le corps d'un homme mort. Ce cadavre est celui du géant Tripurâsura, qu'elle vainquit et tua en combat singulier. Elle ressentit une telle joie de sa victoire, qu'elle se mit à danser comme un Peau-Rouge qui vient de scalper son ennemi. Sa danse fut si violente qu'elle ébranlait la terre ; les montagnes s'écroulaient, les arbres déracinés s'abattaient sur les troupeaux écrasés, les fleuves sortaient, en bouillonnant, de leur lit, les villes s'effondraient, et les hommes agenouillés criaient vers le ciel : « Est-ce donc la fin du monde ? » Les dieux envoyèrent messager sur messager à cette mégère en démence ; rien ne l'arrêtait, car elle n'entendait rien ; alors son mari, Siva, prit un parti héroïque ; il se précipita au-devant d'elle, étendu sur le dos, et l'appela Parvâti, qui est le nom qu'elle préfère. Au moment où elle allait retomber sur lui de tout son poids et lui causer quelque grave désordre dans l'organisme, comme on dit à l'Académie de médecine, elle le vit, le reconnut et s'arrêta. Le monde fut sauvé, et les dieux respirèrent.

On comprend qu'avec une femme d'un tel caractère Siva ne soit pas fort heureux en ménage ; il est lui-même assez vif, la patience lui échappe et les soufflets pleuvent dru comme grêle ; alors on se boude, tout se rembrunit sur le Kélâsa, dans le Siva-Poura, qui est leur séjour habituel. Les dieux interviennent, on calme les deux époux, et la paix est faite jusqu'à la première querelle. De ce mariage sont nés deux enfants, Kartikeya et Ganésa, qui n'ont entre eux aucun point de ressemblance. Tous deux sont représentés au Champ-de-Mars par de très-jolies et très-fines statuettes en bois noir.

Il est facile de reconnaître Kartikeya ; il a six têtes, douze bras, et est à califourchon sur un paon, qui est sa monture favorite. C'est le dieu de la guerre et des voleurs ; mais, depuis une cinquantaine d'années, ces derniers négligent un peu son culte et s'adressent de préférence à madame sa mère, qui ne peut se défendre d'une certaine tendresse instinctive pour tous les bandits. Kartikeya a été élevé par les six nymphes qui habitent la constellation des Pléiades : chacune d'elles avait soin d'une de ses têtes et d'une de ses paires de bras. Il a été expressément créé et mis au monde pour détruire quelques géants qui opprimaient le monde et devenaient embarrassants pour les dieux eux-mêmes. Il s'acquitta vaillamment de sa tâche et coupa en deux Courapadma, qui était le plus vieux et le plus redoutable. Les deux parties du géant séparées devinrent un paon et une poule d'eau. Kartikeya les prit tous deux ; du premier il fit sa monture de bataille, et le second fut son étendard. Son arme ordinaire est l'arc, et sa couleur hiératique est le jaune.

Son frère Ganésa est charmant, et il est difficile de ne pas éprouver pour lui un sentiment de tendresse respectueuse. Il n'a pas été heureux le pauvre petit, et sa tête d'éléphant prouve que ses malheurs ont commencé à sa naissance. Il est dans la même vitrine que Kartikeya, et on peut le reconnaître à la trompe qui lui sert de nez, à son gros ventre, à son petit œil malin et à sa défense brisée. Il est le dieu de la sagesse, et de plus il remplit, avec une chaste modestie, les délicates fonctions que les Grecs avaient confiées à Lucine. Il a quatre bras, ainsi qu'il convient à un dieu fort occupé; lorsqu'il est en toilette, il se peint en violet, ce qui lui donne un air mélancolique qui le rend plus intéressant encore. Au moment où il venait de naître, tous les dieux, assemblés chez son père, s'empressaient d'aller présenter leurs hommages au nouveau-né; il était beau comme le jour, et de lui on eût pu dire ce qu'on disait de Pûrna : « Il était agréable à voir, ravissant; il avait le teint blanc et la peau couleur d'or ; sa tête avait la forme d'un parasol, ses bras étaient longs, son front large, ses sourcils réunis et son nez proéminent. » — Le père et la mère se réjouissaient, et par hasard ne se disputaient pas. Tout à coup le dieu Sani, noir, portant ses armes dans ses quatre mains, arriva monté sur son vautour repu de charognes ; il détournait intentionnellement la tête, car son regard est tellement brûlant qu'il réduit en cendres tout ce qu'il atteint. Ouma-Câli, qui ne s'était point querellée depuis longtemps, chercha noise au dieu Sani en lui disant :

« Est-ce par mépris pour moi que tu ne veux pas voir mon fils, ou par jalousie, parce que tu ne saurais en avoir un aussi beau ? » Sani leva les épaules et abaissa ses yeux vers Ganésa, dont la tête disparut subitement en fumée. « Cela jeta un froid », comme dit Giboyer. Ouma-Câli prit son mari aux cheveux ; Siva donna des coups de pied dans le vautour de Sani, qui se sauva, et l'on resta avec un enfant décapité, ce qui ôtait de la grâce à son sourire. Pour calmer le désespoir des parents, Brahmâ envoya chercher la tête du premier être qu'on trouverait couché vers le nord ; toute créature qui dort tournée dans cette direction meurt infailliblement. On trouva un éléphant, on en prit la tête et on la mit sur les épaules du jeune Ganésa, qui frétilla immédiatement de la trompe avec une gentillesse parfaite. Pour compenser le désagrément d'un tel profil, Brahmâ lui accorda d'être invoqué avant toutes les autres divinités, et de recevoir la dédicace des livres religieux.

Ganésa grandissait ; sa trompe allongeait ; ses défenses étaient blanches, et entretenues avec un soin qui dénotait une certaine coquetterie. Un jour qu'il prenait le frais sous le péristyle du palais paternel, Siva, qui venait d'avoir une discussion orageuse avec sa femme, parut tout à coup de fort méchante humeur. Au moment d'entrer dans son appartement, il se retourna vers Ganésa et lui dit : « Je n'y suis pour personne ! » Puis il ferma la porte avec violence. Ganésa était un bon fils ; il se mit lui-même en sentinelle et se promena de long en large, en tenant sa trompe sous le bras, afin de ne pas marcher dessus. Pendant qu'il était là, méditant le texte de Manou : « Le faux témoin tue ceux qui sont nés et qui sont à naître par une déclaration fausse concernant de l'or ; il tue tous les êtres par un faux témoignage concernant de la terre, » Wishnou, qui parcourait le ciel et la terre dans sa sixième avatara, sous la forme de Parasourama, destructeur des castes militaires, entre tout à coup, et dit : « Le dieu Siva, s'il vous plaît! » Ganésa répondit : « Il est sorti ! — Ça n'est pas vrai! répliqua Wishnou. » Le mot était vif; de plus, Ganésa, toujours absorbé dans ses méditations, ne reconnaissait pas le dieu déguisé. Malgré sa douceur ordinaire, il se sentit blessé par un démenti si formel, et autant pour punir que pour chasser le personnage brutal qui lui parlait si grossièrement, il lui donna un coup de trompe par le visage. Mal lui en prit. Wishnou riposta par un coup de poing, et lui cassa une défense. Ganésa tomba tout à trac sur le sol, fort étourdi et tout à fait humilié. On accourut au bruit. Wishnou se nomma; on se fit mutuellement des excuses, mais le mal était sans remède, et Ganésa est encore brèche-dent à l'heure qu'il est. Sa canine droite est rompue un peu au-dessous de l'alvéole ; il en souffre aux changements de saison, mais il ne se plaint pas; car il est patient, parce qu'il est éternel.

A côté de Ganésa, on voit un oiseau à tête d'épervier ayant un dieu sur son dos ; c'est Garouda qui porte Wishnou ; l'un et l'autre sont en bois noir et d'un agréable travail. Son origine est assez curieuse et prouve que les causes naturelles produisent souvent les mythes les plus baroques. Calyapa, petit-fils de Brahmâ, est un Pradjapati, c'est-à-dire un seigneur des créatures. Il eut treize femmes, toutes les treize filles de Dakcha, qui naquit du pouce de Brahmâ, un jour que ce dernier, façonnant le monde, avait besoin d'être aidé et qu'il ne trouvait personne auprès de lui. Une de ces femmes, nommée Kadrou, mit au monde les serpents ; une autre, Vinatâ, fut mère de Garouda. Les deux femmes, se disputant l'affection de leur mari, étaient jalouses l'une de l'autre ; on faisait plus que de s'injurier, on se gourmait de temps en temps. Les fils prirent naturellement parti pour leur mère respective, et c'est depuis cette époque que Garouda (l'oiseau de proie) fait une si rude guerre aux serpents. Comment se fait-il que Garouda, issu de si haute lignée, arrière-petit-fils direct de Brahmâ, en soit réduit à être chevauché par Wishnou ? L'histoire le raconte. Vinatâ, ayant perdu une gageure contre Kadrou, devint l'esclave de cette dernière, car la liberté de l'une ou de l'autre était l'enjeu du pari. Garouda ne pouvait s'habituer à l'idée que sa mère était devenue la servante d'une rivale. Alors les serpents, voyant son désespoir, lui offrirent la délivrance de Vinatâ, s'il parvenait à voler la lune qui, comme chacun sait, est le réservoir du breuvage qui rend les dieux immortels. Garouda ne se le fit pas dire deux fois. Il monta vers l'empyrée, prit la lune et la cacha sous son aile. Indra et tous les dieux se ruèrent sur le ravisseur, qui fit bonne contenance et s'escrima si bien du bec et des serres, qu'il mit tout l'Olympe en fuite; Wishnou, qu'on chargeait toujours des besognes désespérées, attaqua Garouda seul et le vainquit. Mais au milieu de la lutte il y eut de si bons procédés échangés de part et d'autre, que les deux combattants restèrent amis et signèrent un traité définitif par lequel Garouda s'engageait à être la monture de Wishnou, en échange de l'immortalité que le dieu lui donnait. Depuis ce temps ils vivent en bonne intelligence, et on les voit rarement l'un sans l'autre.

La même vitrine contient aussi une statuette de Krichna; ce dieu est debout, un pied passé devant l'autre; il a les traits hindous très-accentués, le nez proéminent, l'œil très-ouvert, le sourcil saillant; il est presque nu et joue de la flûte. C'est, avec Rama, un des héros de la poésie de l'Hindostan; il est fort aimable, du reste, et représente la dernière incarnation de Wishnou. C'est la divinité chérie du Bengale, où les fêtes de Phâlgouna (pleine lune de février-mars) sont célébrées avec une ardeur extrême. Sa mère, qui fut de toute beauté, était Dévaki, sœur du roi Kansa. Ce dernier, ayant appris par des astrologues que son neveu devait le détrôner un jour, ordonna de le mettre à mort. On le confia alors au berger Nanda, qui emporta l'enfant au delà de la rivière Yamouna, sur laquelle il put marcher à pied sec, pendant que le serpent

Sécha étendait ses seize têtes au-dessus du berceau afin de le protéger. Krichna, devenu berger lui-même, apprit à jouer de la flûte, et par ses grâces charmantes ravagea le cœur des pastourelles, qui ne pouvaient le voir sans l'aimer. Je n'ai pas besoin de dire qu'après des actions héroïques par lesquelles il étonna le monde, il conquit des royaumes et devint le plus grand roi de la terre. Il devait mourir misérablement cependant, tué à coups de flèches par un chasseur peu scrupuleux qui le prit pour une bête fauve. A sa mort, ses seize mille huit cent huit femmes, conduites par Râdhâ, sa favorite, se brûlèrent sur le bûcher en bois de çantal qui consuma son corps. Ainsi qu'on le voit, c'était un vert-galant, et l'histoire de ses amours est restée populaire aux Indes. Ses femmes ne le quittaient jamais. Grâce à sa puissance surnaturelle, son éléphant, son cheval, son palanquin étaient composés de femmes enchevêtrées les unes dans les autres avec un art infini. Il allait ainsi, parcourant ses domaines, toujours porté par les êtres qu'il aimait, et dont il ne pouvait détourner sa pensée ou sa vue. Néanmoins il a vécu cent vingt-cinq années et est mort par accident.

Il est encore à l'Exposition universelle un objet curieux appartenant à la religion brahmanique ; mais il n'est pas dans la maison des Missions, et, pour le voir, il faut se transporter dans le palais même, à la région de la Hollande, entre les salles consacrées aux beaux-arts et celles où sont réunis les admirables documents de l'histoire du travail. Ce sont quatre tableaux encadrés de bambous et peints sur un très-beau tissu de coton enduit d'un apprêt. Ils appartiennent à M. Francis Van den Broek, qui les a gracieusement livrés à la curiosité du public, et ont été trouvés dans l'île de Bâli, au palais du radjah de Béliling, lorsque cette ville fut enlevée d'assaut en 1845 par les troupes néerlandaises. L'islamisme a vainement frappé aux portes de Bâli ; l'île est restée fidèle au vieux culte ; les habitants, sectateurs de Siva, portent sur le front la ligne du lingam et ont conservé la division hiératique des quatre castes : les brahmanes, les kchatriyas (militaires), les vaisyâs (marchands), les coudras (gens du peuple), qui sont sortis, comme on sait, de la bouche, du bras, de la cuisse et du pied de Brahmâ. Ces tableaux représentent des faits tirés de la mythologie hindoue, et l'un d'eux me paraît reproduire un épisode du Ramayana. On y reconnaît en effet Hanuman, le dieu singe, agile, espiègle, intelligent et fort, qui transportait les montagnes, sautait d'un bond à travers le détroit qui sépare l'Inde de Ceylan, et aida puissamment son ami Rama à la conquête des îles de l'archipel. Envoyé à Lanka comme espion, il fut découvert et arrêté ; pour le punir, on enduisit sa longue queue de résine et on y mit le feu. Hanuman ne se déconcerta pas ; il sauta sur les maisons, de terrasses en terrasses, et alluma ainsi la ville entière ; puis il alla tremper sa queue dans une citerne, où elle s'éteignit, s'assit paisiblement sur une montagne et regarda brûler la cité ennemie, tout en mettant du beurre consacré sur ses plaies afin de les calmer. Il devait être fort divertissant de vivre dans ce temps-là. On fera bien d'aller regarder les tableaux de M. Francis Van den Broek, qui a exposé aussi, dans la pagode chinoise, une collection sans pareille d'anciens bronzes japonais.

J'espérais que le temple mexicain contiendrait quelques bonnes idoles telles que Huitzilopotchli, Tlaloc et Quetzalcoalt, mais il n'en est rien ; il renferme quelques estampages faits en Égypte, des photographies et autres curiosités passablement banales, mais de dieux, point. Cela se comprend ; il y a si longtemps que les missionnaires catholiques ont apporté les bienfaits de la paix à la patrie des Aztèques, qu'on n'y peut plus rencontrer les traces d'un culte païen. Néanmoins ce temple, malgré ses dimensions fort réduites, est curieux, tout au moins par sa forme extérieure, car il prouve que les batailles de Cortez dans Mexico ne furent pas une petite affaire, et que chaque édifice religieux était une véritable forteresse très-facile à défendre et très-difficile à emporter d'assaut. Ces temples étaient immenses ; le plus grand de la capitale contenait seul cinq mille prêtres qui y avaient leur habitation ; c'était une ville dans une ville. Ces téocallis avaient souvent plus de 1000 pieds carrés. Ils avaient la forme d'une pyramide composée de cinq ou six degrés d'une largeur énorme, et terminée par une plateforme où s'élevaient deux espèces de tourelles carrées entre lesquelles était dressée la pierre des sacrifices, et où brûlait nuit et jour un feu qui ne devait jamais s'éteindre. C'était sur ces degrés, qui formaient des terrasses en retraite les unes sur les autres, que défilaient les lentes processions à la vue du peuple entier prosterné sur les places et dans les rues. On ne prenait pas les victimes au hasard, on ne les immolait pas inopinément ; on les choisissait, on les gardait dans l'enceinte du temple ; rien ne leur faisait défaut, ni les viandes succulentes, ni les boissons exquises, ni les parfums, ni les fleurs, ni la musique, ni même quatre jeunes filles aussi belles qu'on pouvait les trouver, et dont chacune était pour le malheureux condamné « l'ange des dernières amours. » Quand l'heure réservée allait sonner, précédant la longue théorie des prêtres, il gravissait lentement les degrés du téocalli ; arrivé sur le faîte, il était saisi par cinq prêtres qui lui tenaient la tête, les bras, les jambes, et on l'étendait immobilisé sur la pierre redoutée ; un sixième, armé d'un couteau aigu, en pierre volcanique, ouvrait d'un seul coup la poitrine et en arrachait le cœur, qu'il présentait encore tout palpitant en offrande au soleil.

« Lors de la dédicace du grand temple d'Huitzilopotchli, en 1486, dit William Prescott, les prisonniers réservés depuis quelques années pour cette solennité furent amenés de tous les points du royaume dans la capitale. Ils étaient rangés à la file, et leur procession occupait près de 2 milles d'étendue. La cérémonie dura plusieurs jours. 70,000 captifs périrent, dit-on, sur les autels de l'horrible divinité ! »

C'est après avoir perdu le grand temple que Cortez se décida à la retraite et commença son mouvement dans cette terrible nuit du 1ᵉʳ juillet 1520, qui a gardé dans l'histoire le nom de *noche triste;* pendant que, attaqué sur la digue, débordé de tous côtés, il cherchait à sauver ce débris d'armée qui plus tard devait tirer une cruelle vengeance de son échec, il entendait les cors, les tambours et les cris de joie qui résonnaient sur la plate-forme des téocallis, et le poursuivaient à travers son effroyable route. C'est le grand temple qu'il devait attaquer et prendre dès son retour dans la ville; aussitôt que l'édifice fut tombé en son pouvoir, Mexico se crut perdue et fut domptée pour toujours.

N'existe-t-il pas dans la presse et ailleurs des esprits grognons et malveillants qui ont prétendu que notre récente expédition du Mexique avait été superflue; qu'elle avait coûté fort cher et ne nous avait rien rapporté? Pourquoi se montrer ingrat, et ne pas reconnaître avec bonne foi que nous lui devons le cartonnage mexicain qui est au Champ-de-Mars et les salamandres axolotes du Jardin d'acclimatation?

XIII

LE SCAPHANDRE

Il n'existe pas, je crois, une dénomination plus vicieuse que celle-là, et l'on peut être surpris que les inventeurs l'aient choisie, car la définition est diamétralement opposée à son objet. Le mot *scaphandre* est composé de deux vocables grecs qui signifient *bateau-homme*. On pourrait donc présumer, d'après cela, que l'appareil ainsi désigné est destiné à soutenir l'homme sur l'eau, et à lui permettre de demeurer indéfiniment à la surface en faisant tous les mouvements qu'une barque peut exécuter. Il n'en est rien. L'homme revêtu du *scaphandre* ne peut se maintenir sur l'eau qu'avec des efforts considérables, car son poids est tel, qu'il est forcément entraîné vers le fond. Le vrai nom de ce vêtement sous-marin, admirablement combiné, serait *ichtyandre*, l'homme-poisson. En effet,

16.

son but est de permettre à l'homme de descendre, de séjourner, de travailler à de grandes profondeurs, en recevant néanmoins la quantité d'air respirable qui lui est nécessaire, et en conservant toute la liberté de ses gestes.

Il y a déjà longtemps que j'ai vu fonctionner ces appareils pour la première fois ; c'était au mois de décembre 1850, à Constantinople. Un Français, ancien garde du corps retiré en Orient depuis la révolution de Juillet, et négociant en tapis, laissa tomber dans la Corne-d'Or un sac contenant 25,000 fr. au moment où il mettait le pied sur l'échelle du bateau à vapeur qui allait le conduire à Smyrne. On mouilla une bouée et l'on prit immédiatement des points de repère pour reconnaître l'endroit exact où le sac avait disparu. A cette époque, un petit navire commandé par un Anglais venait d'entrer à Constantinople, arrivant du golfe de Tchesmé, où il avait essayé de repêcher les épaves que la mer garde fidèlement depuis la nuit du 18 juin 1822, pendant laquelle Canaris et Pipinos firent sauter le vaisseau du capitan-pacha. Notre compatriote s'adressa au capitaine anglais ; ce dernier promit de faire en sorte de retrouver le sac perdu, et l'on se mit à l'œuvré. J'assistai à la première tentative, et ne l'ai point oubliée.

Le plongeur était un Grec, rompu dès l'enfance aux dures pratiques de la pêche des éponges, qui est fréquente dans les mers de l'Archipel, sur les côtes de Rhodes, de Chypre et de Syrie. Malgré son habileté et sa grande habitude, il préférait se servir d'un scaphandre que l'Anglais avait à bord. Il endossa l'étrange costume, fut coiffé du casque énorme et chaussé de souliers pesants; on lui mit la corde d'appel à la main et on le descendit dans l'eau, pendant qu'une pompe mue à la vapeur lui envoyait l'air respirable. Il disparut sous les flots tranquilles de la Corne-d'Or; mais nous le suivions de l'œil, car au-dessus de lui s'élevait un bouillonnement gazeux qui indiquait toujours sa place. Il n'était pas dans la mer depuis trois minutes qu'il tirait sa corde d'appel par saccades désespérées qui firent redouter un accident. On le remonta en toute hâte. On le coucha sur le dos, on le décoiffa, et il put alors raconter que le fond très en pente de la Corne-d'Or ne lui permettait pas de se tenir facilement debout; de plus, que la profondeur, plus considérable que l'on n'avait cru, le rendait trop léger, et enfin que la violence du courant le *chavirait* et le renversait en arrière. Alors à ses souliers on ajouta des lames de plomb; sur son dos et sur sa poitrine on mit un double plastron de même métal; à sa ceinture on attacha des poids suspendus à des cordes.

La pesanteur du vêtement ainsi surchargé était telle, qu'on était obligé de soutenir le pauvre diable par derrière et par devant; il titubait comme un homme ivre et paraissait près de s'affaisser. C'est à grand'peine qu'il put gagner le bastingage pour être lentement glissé dans l'eau, où cette fois, du moins, il put se maintenir. L'argent ne fut jamais retrouvé; il avait sans doute été, au moment de sa chute, entraîné par le courant, qui est très-rapide en cet endroit; mais le plongeur découvrit, en se promenant sur les fonds du port, une vingtaine de canons en bronze dont il opéra très-lestement le sauvetage, et que le sultan Abdul-Medjid abandonna, à titre gracieux, au Français qui avait perdu les 25,000 fr. inutilement recherchés.

L'appareil complet se compose d'un vêtement et d'une pompe, car le but poursuivi et atteint a été de mettre l'homme à l'abri de l'action meurtrière de l'eau, et de le laisser en communication permanente avec l'air respirable. Le vêtement est d'une seule pièce; il est en caoutchouc de première qualité recouvert d'une forte toile qui le garantit des déchirures que des frottements inévitables contre des câbles, des rochers ou des doublages soulevés pourraient lui faire. Les manches sont terminés par des ouvertures rendues intentionnellement si étroites et si pressantes, afin d'éviter toute infiltration d'eau, qu'on est forcé, pour les mettre au plongeur, d'employer un instrument nommé *ouvre-manchettes*, et qui ressemble à une truelle renversée, creuse et demi-circulaire. Et cependant les précautions sont telles, que des bandelettes de caoutchouc assez larges sont roulées encore autour des poignets, mais de façon cependant à ce que la pression ne soit pas excessive et ne ralentisse pas la circulation du sang. Ces bandelettes, lorsqu'elles sont trop serrées, font gonfler les mains, ôtent toute force à l'articulation du coude et toute sensibilité aux doigts. La toilette d'un plongeur qu'on revêt du scaphandre est donc chose fort délicate et qui exige une certaine expérience. Les négligences peuvent avoir des conséquences terribles et l'on ne saurait mettre trop d'attention à les éviter.

Lorsque l'homme est couvert de son vêtement, il chausse ses souliers, sorte de brodequins qui se referment par-dessus le pantalon et sont armés de semelles qui pèsent ensemble 14 kilog. Ensuite sur les épaules on lui met une pèlerine qui n'a rien de commun avec le léger mantelet que les femmes nomment ainsi : elle est en caoutchouc garni d'une armature de cuivre qui lui donne un poids et une résistance considérables; elle s'attache aux vêtements qu'elle recouvre de manière à en faire partie intégrante. Alors on place le casque, qui pèse 32 livres. Il est en cuivre étamé, ouvert de quatre lunettes munies de verres très-épais défendus contre les chocs extérieurs par un fort grillage; les lunettes sont placées à droite, à gauche, au-dessous et en face des yeux. Cette dernière seule est mobile et n'est vissée qu'au dernier moment, lorsque le plongeur, qui plie sous le faix et est soutenu par deux hommes, va être lentement descendu dans l'eau. Ce casque, qui paraît si monstrueux au premier aspect, est un chef-d'œuvre, car il doit recevoir l'air respirable, laisser échapper l'air vicié et ne jamais permettre à l'eau de pénétrer dans sa cavité. Un très-ingénieux système de soupapes, dont l'expérience a prouvé la perfection, obtient ce résultat, qu'il n'était peut-être pas très-facile de combiner. Sur la poitrine et sur le dos du plongeur on attache un double plastron qui pèse 64 livres. Le costume complet, avec ses accessoires, est de 70 kilog.; mais l'homme déplaçant un poids d'eau approximatif de 67, il n'en porte plus guère que 3 lorsqu'il parvient au fond.

A l'arrière du casque, un peu au-dessus de l'oreille gauche, se visse hermétiquement un tuyau qui, aboutissant à une pompe, apporte de l'air au plongeur ; cet air est déversé à l'intérieur par trois ouvertures plates, de manière à glisser sur la surface interne et à enlever la buée que sans cesse la respiration accumulerait sur la glace des lunettes. Sur le côté droit une soupape donne issue à l'air expiré par le plongeur. Ce dernier reste en relation constante avec les personnes qui sont sur le bord de l'eau. A l'aide d'une corde fixée à sa ceinture et dont l'extrémité est tenue par un homme, il échange des signaux faciles et dont le sens est invariable. — Un coup sec imprimé à la corde veut dire : tout va bien ; — deux coups : donnez-moi plus d'air ; — trois coups : donnez-moi moins d'air ; — cinq coups : remontez-moi. — Grâce à la perfection des appareils employés et aux précautions prises, les accidents sont extraordinairement rares et doivent presque toujours être attribués à d'injustifiables imprudences.

Le costume que je viens de décrire rapidement peut servir pour des profondeurs ne dépassant pas 30 mètres, et l'homme qui l'a revêtu, s'il est déjà familiarisé avec ce genre de travail, peut rester quatre ou cinq heures sans remonter. Mais au delà de 60 mètres, la pression de l'air serait trop forte, et pour l'éviter, ou du moins pour la neutraliser en partie, le plongeur reçoit une nouvelle cuirasse de plomb qui pèse 15 kilogrammes. Néanmoins, et malgré cette surcharge, il est rare qu'il puisse rester à fond pendant plus de deux heures.

On pourrait croire que l'homme complétement submergé doit, au bout d'un certain temps, être glacé par le contact presque direct des masses d'eau qui l'entourent; loin de là, il ressent une chaleur qui parfois devient insupportable. Sous cet imperméable costume, l'évaporation ne peut se faire, et l'homme serait bientôt noyé de sueur s'il ne portait un premier vêtement complet en laine tricotée qui absorbe la transpiration. De plus, la chaleur solaire l'atteint au fond de l'eau avec une grande violence. On peut s'en faire une idée en se rappelant ce fait qui est acquis à la science : un matelot anglais, travaillant sous une cloche à plongeur, à une profondeur de 17 mètres, vit tout à coup sa chambre sous-marine se remplir de fumée, et il s'aperçut que son bonnet, placé au foyer d'une des lentilles qui faisaient office de lunettes, s'était allumé à la concentration des rayons solaires. Ce n'est cependant pas là l'inconvénient ordinaire que peuvent redouter les hommes qui travaillent à l'aide du scaphandre. Il en est un qu'ils n'évitent que bien rarement, mais dont le remède immédiat est toujours à leur portée: ils sont pris subitement, avec une acuité extraordinaire, par une douleur d'oreille intolérable. Pour la faire passer, il suffit de fermer la bouche, de la contracter deux ou trois fois comme si l'on voulait se mordre les joues et d'avaler vivement sa salive. Par ce moyen on a déterminé l'ouverture de la trompe d'Eustache, qui communique de la bouche à l'oreille ; l'air reprend son équilibre dans cette dernière, et la douleur cesse comme par enchantement. Ceci n'est qu'une souffrance passagère et qu'il est facile de vaincre ; mais il en est une autre qu'il est moins aisé de faire cesser. La pression de l'eau sur les extrémités inférieures du plongeur est telle, que très-souvent, sinon toujours, ses bas sont imprimés en creux sur ses jambes ; cette pression, on le comprend sans peine, cause un engourdissement, un fourmillement, qui deviennent singulièrement pénibles : le plongeur alors se couche sur le dos, lève ses jambes en l'air, le plus haut possible ; il ferme la soupape d'échappement, l'air qui lui est envoyé s'accumule rapidement dans l'appareil, passe entre les vêtements et les membres, délivre ces derniers de la pression qui les immobilisait, et redonne au sang une circulation normale qui met fin à la douleur.

Ce sont là, entre autres, les deux genres de malaise que détermine le scaphandre et contre lesquels les plongeurs ont à lutter. On peut croire cependant que c'est un métier pénible que de rester à de grandes profondeurs dans ces vêtements de plomb et sous la pression de l'eau, car dans la circulaire en date du

10 janvier 1860, par laquelle l'amiral Hamelin, alors ministre de la marine, prescrit l'usage du scaphandre à bord des bâtiments à hélice, on peut lire: « Les hommes employés à des travaux sous-marins recevront, pour chaque opération, une allocation de 5 fr., plus 10 c. par minute de séjour sous l'eau. » Il faut qu'un tel travail détermine des fatigues bien considérables pour qu'il soit rémunéré au prix de 6 fr. l'heure. Et cependant qu'est-il, si on le compare au labeur effroyable auquel les anciens plongeurs étaient condamnés? Je me rappelle, faisant quarantaine au lazaret de l'île de Rhodes, avoir suivi de l'œil pendant toute une matinée les manœuvres des pêcheurs d'éponges. J'ai rarement vu un spectacle plus douloureux. Hâve, maigre, développant des côtes saillantes où la peau était collée sur les os, montrant des genoux cagneux, des bras étiques, un thorax bombé, le plongeur, après avoir attaché une grosse pierre à sa cheville, et passé dans sa ceinture un couteau qui ne pouvait que faiblement le défendre contre les squales nombreux dans ces parages, faisait quatre ou cinq signes de croix à la mode grecque et se laissait couler ; on le tenait par une corde sur laquelle on pouvait voir ses soubresauts et suivre ses efforts. Le temps pendant lequel il était disparu semblait bien long ; cependant, au bout d'une minute, une minute et demie, il remontait, tiré en toute hâte par ses compagnons. Dès que sa tête effarée apparaissait au-dessus de l'eau, on le saisissait, on le hissait jusque sur la petite barque, on l'asseyait en

l'appuyant contre les plats-bords, et il restait là, immobile, haletant, les bras inertes, les yeux démesurément ouverts, aspirant l'air à toute poitrine, visiblement en proie à d'intolérables battements de cœur, près de s'évanouir, à moitié mort. Parfois deux minces filets rouges zébraient sa peau brune et glissaient sur son cou : c'était le sang qui lui sortait des oreilles. Il se reposait ainsi pendant un quart d'heure à peu près, puis, sur un ordre du patron, il se redressait sur ses jambes tremblantes, il refaisait ses signes de croix et de nouveau descendait dans la mer.

Dans le golfe de Naples, vers les eaux de Capri, sur les côtes barbaresques, j'ai vu les pêcheurs de corail laisser tomber leurs dragues informes qui brisent, détruisent ces belles végétations sous-marines, et ne rapportent à bord que des fragments insignifiants, à moins qu'une chance extraordinaire et toujours fortuite n'ait permis au brutal instrument de saisir un de ces précieux polypiers à la naissance même de son tronc et de le déraciner d'un coup. Avec le scaphandre, l'homme, devenu maître de l'élément même, n'a plus à souffrir comme le pêcheur d'éponges, n'a plus à ruiner sans profit une forêt de matières précieuses comme le pêcheur de corail. Tôt ou tard ces retardataires à tout progrès de la civilisation, les hommes de la côte de Syrie, les hommes des Syrtes, les hommes de Baharem qui cherchent les perles, abandonneront leurs vieux engins, ne risqueront plus leur santé, sinon leur vie, dans un travail improductif, abrutissant et dangereux ; ils adopteront le vêtement de caoutchouc, les souliers plombés, le casque de cuivre et la pompe qui chasse l'air oxygéné jusqu'à 70 mètres de profondeur. Il faudra bien du temps avant qu'on en arrive là, mais on y arrivera, et nos petits-enfants riront bien quand on leur racontera que des hommes tout nus allaient en deux minutes chercher des perles au fond de l'eau, et que cela suffisait, et que cela était ainsi et qu'on n'avait rien inventé de mieux.

La marine française cherche, avec un grand esprit de sagesse, à populariser, sur nos flottes et dans nos ports, l'usage du scaphandre. Son utilité est incontestable, et on a pu l'apprécier en maintes circonstances graves. Quand il s'agit d'aveugler une voie d'eau, de remettre en place les feuilles soulevées du doublage, de débarrasser l'hélice des algues qu'elle a ramassées dans sa route et enchevêtrées autour de son arbre, de relever une ancre dont la chaîne est brisée, de construire les fondations d'une jetée ou les pieds-droits de l'écluse d'un bassin, le scaphandre est employé avec un succès que rien n'a encore démenti. Chaque navire a maintenant son appareil, et des matelots sont exercés à vaincre les difficultés du métier de plongeur ; par leçons successives, sous l'œil de contre-maîtres habiles, on leur donne graduellement l'expérience indispensable à tout travail exceptionnel ; car pour savoir respirer, se mouvoir et utiliser ses propres forces sous cet incommode vêtement, dans un élément hostile, il faut une éducation, et elle ne s'acquiert pas en un jour. Je ne sais si notre admirable régiment de pontonniers, celui qui a gardé la tradition du grand Eblé, a été pourvu de scaphandres ; tout serait possible avec de tels hommes et de semblables instruments, et l'on élèverait des ponts à la baguette.

Grâce aux scaphandres, nous saurons le fond de la mer comme nous connaissons l'écorce terrestre. Il y a de belles expéditions sous-marines à tenter ; sans aller bien loin, sans sortir de cette Méditerranée qui est si charmante, si perfide et si bleue, on pourrait faire en scaphandre une excursion qui ne manquerait pas d'intérêt, et qui pourrait peut-être procurer quelques objets de curiosité propres à mettre sur des étagères. Il s'agirait simplement de parcourir le fond du détroit de Messine, et d'y rechercher les trésors de Rome enlevés par Alaric et qui tombèrent là dans le naufrage de la flotte barbare. Si l'on ne retrouvait pas les vases sacrés, les statues, les armes et les bijoux, on aurait du moins la chance d'apercevoir de près l'horrible gueule de Charybde et les six têtes aboyantes de Scylla.

XIV

DE LA MORTALITÉ

PENDANT LA GUERRE DE CRIMÉE [1].

Quand les drapeaux sont repliés, que les canons sont muets, que la victoire a refermé ses ailes, que les vainqueurs ont ceint leurs fronts du laurier triomphal; quand on a chanté des cantates héroïques et fait à travers les villes de glorieuses entrées; quand le bruit s'est éteint et que la fumée s'est envolée, lorsqu'on a enfin oublié les dangereux enivrements du combat, il est bon de descendre courageusement jusqu'au cœur même de la réalité, de compter les plaies, de sonder les blessures, de ranimer les morts pour les

1. *Rapport au Conseil de santé des armées sur les résultats du service médico-chirurgical aux ambulances de Crimée et aux hôpitaux militaires français en Turquie*, par J. C. Chenu, médecin principal, etc.

interroger, et de voir, en un mot, ce que coûte la gloire. C'est la plus chère de toutes les denrées illusoires qu'on offre en pâture au vulgaire troupeau des humains. « La guerre coûte plus que ses frais, a dit J. B. Say ; elle coûte ce qu'elle empêche de gagner. » Or, la gloire est essentiellement nationale en France ; le soldat joue au milieu de nous un rôle considérable ; son poids s'est fait souvent sentir dans nos propres balances, et déjà plus d'une fois il a changé la forme de l'État. Nous prenons feu facilement, nous en appelons volontiers au brutal argument du canon ; l'uniforme nous séduit, la fanfare nous exalte ; nous aimons les monarchies à cheval et brandissant l'épée ; nous avons, à l'état normal, de grosses armées permanentes. Paris a presque autant de casernes que de théâtres. *Cedant arma togœ* est un mot qui n'est jamais compris parmi nous. Nous sommes de grands enfants qu'on amuse avec des tambours, et qu'on mène où l'on veut avec des trompettes. Les hommes sages et sérieux qui ont voulu réagir contre cet esprit belliqueux que la triple tradition gauloise, franque et romaine nous a légué comme une sorte d'instinct naturel, sont généralement traités de rêveurs et d'utopistes, ce qui permet de ne les point écouter et de lever les épaules à leurs discours. Ce n'est pas d'aujourd'hui cependant que Calvin, qui n'avait point une âme tendre, a dit : « Ceux qui ont le glaive sont ennemis de Dieu. »

Pour bien comprendre ce que c'est que la guerre,

pour la contempler dans toute son horreur, pour se rendre un juste compte de ses cruautés voulues et si souvent inutiles, ce ne sont point les écrivains militaires qu'il faut consulter. Pour ces hommes honorables et convaincus, la fin justifie toujours les moyens; outre une technologie souvent fastidieuse, ils ont, par métier, un mépris profond pour ce qu'il y a de plus respectable au monde, pour la vie de l'homme. Pour eux la bataille est une partie d'échecs, dont le soldat est le pion; ni plus ni moins. Dans cette masse d'êtres vivants qui vont s'entre-choquer, ils ne voient qu'une chose: ce qu'ils appellent l'objectif! Un ruisseau à franchir, un village à occuper, une redoute à réduire; tout est là; le nombre d'hommes qu'il sera nécessaire de sacrifier pour arriver à ce résultat importe peu. Ils racontent avec orgueil la boucherie héroïque qu'ils ont dirigée; quant à ceux qui sont morts, que Dieu ait leur âme!

Les hommes qui, par fonction, ont côtoyé les armées en campagne et qui ont naïvement écrit le récit des faits dont ils avaient été les témoins, sont plus instructifs, et laissent souvent échapper des aveux qu'il est bon de retenir. Quelle narration de bataille, quel bulletin, quel poëme vaudra jamais cette phrase terrible que je trouve dans un opuscule qu'un ancien intendant militaire a publié sur la campagne de Russie: « Le bivouac d'Ochmania, où l'on arriva le 6 (décembre 1812) à cinq heures du soir, fut encore plus funeste que ceux des jours précédents. La division

Gratien, forte de 12,000 hommes, avait quitté Wilna le 4, pour se porter à notre rencontre; arrivée à Ochmania elle était réduite à 6,000 hommes, et de ces 6,000 hommes pas un n'a survécu; tous ont péri dans la nuit du 6 au 7[1]. » Pas de commentaires; pas de réflexions; un fait très-facile à comprendre dans son épouvantable simplicité: en une seule nuit, 6,000 hommes sont restés couchés pour toujours sur la terre où ils avaient cherché le sommeil. C'est là de l'histoire concrétée et élevée à la dixième puissance.

Parmi les officiers de tout grade et de toute sorte qui sont attachés au service d'une armée active, celui à qui la gloire mesure la part d'une main avare, celui qui brave le plus de périls, qui jour et nuit voit la mort face à face, celui qui connaît toutes les misères et n'ignore aucun danger, c'est le médecin. Sur le champ de bataille, il panse les blessés; dans les ambulances, à l'hôpital il lutte, en s'oubliant lui-même, contre un ennemi invisible mais incessant, bien plus redoutable que les canons rayés et que les carabines de précision; contre cet adversaire qui vous saisit à l'improviste et vous tue loin de l'enivrante folie du combat, honteusement, pour ainsi dire, en désagrégeant la vie molécule par molécule; contre ces lourds et implacables fléaux qui sont le typhus, le choléra, la pourriture d'hôpital. Quand un de ces héros modestes, que les nations in-

---

1. *Itinéraire de l'empereur Napoléon pendant la campagne de 1812,* par le baron Denniée, p. 168.

grates ne savent même pas honorer convenablement, auxquels on devrait dresser des statues, et qui ont fait preuve d'un courage supérieur à tous les courages, écrit ce qu'il a vu, met en ordre les *observations* qu'il a recueillies et publie un livre de statistique qui se contente d'enregistrer les faits sans même les commenter, on peut être certain d'avance qu'on va toucher à une œuvre grave, pleine d'enseignements, et qui restera comme un document historique de la plus haute valeur. Le *Rapport médico-chirurgical* que le docteur Chenu vient de publier sur l'expédition de Crimée est un de ces livres-là. Pour la première fois peut-être les voiles sont déchirés; les plaies sont mises à nu; on sait ce qui remplit les hôpitaux d'une armée en campagne, ce qui comble les cimetières, ce qu'il faut d'hommes pour faire un homme, ce que le boulet abat, ce que la fièvre tue. Sous une aridité apparente, ce livre cache un intérêt puissant; il est terrible dans toute l'acception du mot; il n'a ni compromis ni faux-fuyant; c'est une condamnation; il dit la vérité sans phrase. Des chiffres, des chiffres: tel jour, tant d'entrées à l'hôpital; tant de sorties; tant de morts; total.

Il a fallu une patience à l'épreuve et un très-remarquable esprit de classification pour arriver à mettre seulement en ordre les documents nombreux qui remplissent les sept cent trente-deux pages in-4° de ce volume; il a fallu aussi une méthode très-sûre pour pouvoir classer plus de quatre cent mille entrées aux hôpitaux ou aux ambulances; car sur les 309,268 hommes envoyés de France et d'Algérie en Crimée, l'effectif moyen de l'armée française n'a jamais dépassé le chiffre de 150,000 hommes. On serait dans l'erreur si l'on croyait que ces quatre cent mille entrées dans les divers hôpitaux et ambulances que la France avait fait établir en Crimée, à Constantinople, aux îles des Princes, à Gallipoli, sont dues en grande partie à des blessures; loin de là; le nombre des blessés est extrêmement minime si on le compare à celui des malades. « La guerre, dit le docteur Chenu, n'inspire généralement dans le monde que l'idée de combats, de luttes plus ou moins meurtrières. On oublie trop facilement que la proportion de ceux qui succombent à la suite de maladies, dues en grande partie à *l'insuffisance de leur constitution*, est infiniment supérieure à la proportion de ceux qu'atteint le feu de l'ennemi. » Le livre tout entier prouve cette vérité jusqu'à l'évidence. Le vrai combat, le combat meurtrier, le combat dont on ne revient guère, n'a pas lieu à la tranchée ou à l'assaut, il a lieu à l'hôpital. Bien souvent celui qui sauve les armées, ce n'est pas le général, c'est le médecin, l'humble major qui, s'il succombe sur le lugubre champ d'honneur où l'enchaînent le devoir et le dévouement professionnel, ne sera même pas considéré comme mort à la suite *d'événements de guerre*, et ne pourra par conséquent faire jouir sa veuve des bénéfices que la loi du 26 avril 1856 accorde à ceux qui meurent de leurs blessures. Il y a là, à notre avis, une flagrante iniquité qu'il doit suffire de signaler pour faire disparaître.

Jamais, avant ce rapport lumineux, on n'avait fait ressortir avec autant de force et de clarté les services éminents que le corps médico-chirurgical rend aux armées et par conséquent à la nation. Pas une minute, au milieu de l'invasion du typhus, du choléra, dans des hôpitaux infectés ou infects, à travers une insuffisance de moyens à laquelle il faut obvier sans cesse, pas une seconde le dévouement, l'abnégation ne se ralentissent. Dans ces circonstances, essentiellement pénibles, les chirurgiens militaires gardent et accroissent les admirables traditions du corps médical qui est une des gloires de la France. Dans bien des cas, les chirurgiens et les médecins ont donné des exemples de courage et de respect de soi-même qu'il est bon de rappeler. En 1832, après les émeutes de juin, une circulaire du ministre de l'intérieur ordonna à tous les chirurgiens, médecins, officiers de santé de Paris de donner immédiatement la liste des blessés qu'ils soignaient. Tous refusèrent avec indignation, tous à l'exception d'un seul qui, depuis ce fait, traîne dans l'opprobre et le mépris une vieillesse que son talent aurait pu rendre honorable. — La Crimée a prouvé une fois de plus que les vertus civiles pouvaient être égales et même supérieures au courage militaire.

M. Chenu a consacré toute une importante partie de son livre à la classification et à la description succincte des blessures qui ont été observées et des opérations qui ont été faites ; je ne le suivrai point sur ce terrain qui serait peu agréable au lecteur et sur lequel je craindrais de manquer de compétence. Mais en accompagnant, avec le docteur Chenu, l'expédition pas à pas, en entrant avec lui dans les hôpitaux, dans les ambulances, nous pourrons savoir exactement ce que nous a coûté la gloire d'avoir pris la partie sud de Sébastopol. En passant, l'on pourrait aussi résoudre ce problème : Étant donnés 309,268 hommes, combien doivent périr pour que l'un d'eux soit maréchal de France?

I

Chacun se souvient encore de la guerre de Crimée et des causes qui l'amenèrent, je n'ai donc point à en parler ici. La question des lieux saints, question complexe et dont il est toujours facile de faire sortir des événements divers selon les besoins ou les intérêts du moment, avait été soulevée entre les cabinets de Saint-Pétersbourg et la Sublime Porte. L'Angleterre et la France prirent part à la discussion en appuyant diplomatiquement la Turquie. Une lettre souveraine où les protocoles d'usage semblaient avoir été modifiés dans une intention outrageante vint compliquer le dé-

bat par une animosité personnelle ; l'expédition fut ré-
solue. La guerre avait été déclarée par le Czar au
Sultan le 26 septembre 1853 ; les flottes anglo-fran-
çaises pénétrèrent dans la mer Noire le 3 janvier 1854,
et le 19 mars de la même année nos premières
troupes partirent pour l'Orient, où les quatre principales sectes qui divisent l'Europe religieuse allaient
se trouver face à face : d'un côté les catholiques, les
protestants et les musulmans ; de l'autre les Grecs orthodoxes. Exemple remarquable de la confusion phi-
losophique qui préside aux déterminations les plus
graves des gouvernements, et qui prouve que l'intérêt
accidentel de leur prépotence dirige seul leurs actions.
En somme, qu'allait-on faire? Maintenir en Europe un
peuple obtus, arriéré, immobilisé forcément par sa loi
fataliste, ennemi de nos institutions qu'il ne comprend
pas, et hostile systématiquement, autant par nature
que par religion, à toute espèce de progrès. Mais l'intérêt commercial de l'Angleterre exige le *statu quo*
dans la Turquie occidentale, afin que la Russie ne
puisse descendre jusque dans la Méditerranée ; mais il
convient au système d'équilibre adopté par la France
de garantir, autant que possible, l'intégrité des ter-
ritoires européens de la Porte, afin d'élever une barrière à l'ambition de l'Autriche qui rêve de s'emparer de la vaste presqu'île qui va du Danube aux
rivages épirotes. Ainsi, dans cette guerre, rien que de
la diplomatie ; les paperasses des chancelleries ne suf-
fisant plus, on allait ouvrir des protocoles à coups

de canon; les obus allaient remplacer les dépêches.

A la fin d'avril, l'effectif des troupes françaises arrivées en Orient est de 23,000 hommes servis par quarante-deux médecins de tous grades. Les soins hygiéniques ne sont point négligés, et le commandant provisoire de l'armée, le général Canrobert, pousse la sollicitude jusqu'à publier un ordre du jour (Gallipoli, 3 mai 1854) qui indique longuement aux soldats la recette pour faire le *pilaw*, nourriture excellente, fort usitée en Orient, et à laquelle le riz sert invariablement de base. Autant pour occuper les hommes que pour mettre Gallipoli en état de défense, on y fait construire des fortifications. La santé des troupes s'en ressent immédiatement; sur un effectif de trente mille hommes, les entrées dans les hôpitaux sont, dans le mois de mai, de 2,278 qui se divisent ainsi: blessés ordinaires (c'est-à-dire en dehors des faits de guerre), 390; galeux, etc., 334; fiévreux; 1,544.

Vers le 15 juin, les armées alliées sont campées près de Varna, dans des positions saines, choisies avec discernement, sur des plateaux, loin des marais et dans le voisinage des bois. Dès le 22, on peut prévoir la terrible épidémie qui se prépare, car un zouave est foudroyé par le choléra. Le 3 juillet, un soldat du 42ᵉ de ligne meurt en deux heures. Le maréchal Saint-Arnaud se préoccupe des craintes que ces deux accidents isolés peuvent faire concevoir, et, par son ordre du jour nᵒ 69, il ordonne qu'une ration de vin sera distribuée aux hommes les mardi, jeudi et dimanche de chaque semaine. Pendant tout ce mois, le choléra augmente ; il est à Marseille, à Gallipoli, à Constantinople, à Varna, sur les navires qui font incessamment le service entre ces quatre points et qui, dit M. Chenu, « sont les chaînons intermédiaires de cette ligue pathologique qui a relié un instant les ports de la Bulgarie à ceux du midi de la France. » Du 15 au 17, le duc d'Elchingen et le général Carbuccia meurent à Gallipoli. Actuellement l'ennemi réel, ce n'est pas l'armée russe, c'est le choléra ; plus tard il n'épargnera point les chefs des forces franco-anglaises, et il emportera successivement le maréchal Saint-Arnaud et lord Raglan.

Ce fut le 16 juillet que l'expédition de la Dobrudscha fut décidée, expédition malheureuse de tous points et qui nous coûta plus qu'une bataille rangée. Le 21, l'armée se mit en marche, précédée de la première division que commandait par intérim le général Espinasse. Il est bon de savoir de quoi se compose l'ambulance d'une division en campagne ; en voici le détail : 7 médecins, 1 pharmacien, 3 infirmiers-majors, 19 infirmiers, 65 paires de cacolets et 5 paires de litières. Jusqu'au 28 juillet, malgré l'intensité du choléra qui chaque jour augmente, l'armée peut continuer sa route en avant ; mais, dès le 29, le nombre des cholériques s'accroît dans de telles proportions qu'il faut faire halte et marcher en arrière. On n'a pas encore rencontré les Russes et déjà l'on est vaincu par l'épidémie. L'effectif des bachi-bozougs est réduit de moitié. Ce qui en reste se traîne jusqu'à Kustendjé, traverse la ville, le 30, et laisse les rues « jonchées de cadavres et d'agonisants. » Il faut lire ce que dit un témoin oculaire : « Le général Yusuf avait résolu de tomber à l'improviste, par une marche de nuit, sur le gros des troupes réunies aux alentours de Baba-Dag ; mais au moment où, à six heures du soir, l'ordre du départ fut donné, 500 hommes restèrent étendus sur le sol et ne purent se relever. A huit heures, il y avait 150 morts et 350 agonisants. C'était un affreux spectacle, bien propre à briser les cœurs les plus affermis. Il ne s'agissait plus de combattre, de chercher un ennemi sans cesse disparaissant, mais bien d'échapper au fléau. » L'effectif moyen des troupes pendant ce mois de juillet est de 55,000 hommes ; les seules entrées aux hôpitaux militaires français indiquent : 8,239 cholériques. Le corps expéditionnaire de la Dobrudscha compte 4,841 décès, dès la fin de juillet.

Le mois d'août n'est pas moins terrible. Involontairement on pense au premier chant de l'Iliade : un dieu vengeur lance des flèches mortelles sur l'armée. On établit une ambulance provisoire à Kustendjé ; sur 600 cholériques qu'elle contient, 320 meurent du 2 au 4 ; 50 autres meurent à bord des navires qui doivent les porter aux hôpitaux de Constantinople sur lesquels on évacue tous les malades qui paraissent transportables. Le 1ᵉʳ zouaves seul embarque 300 hommes atteints du choléra. Le mouvement de retraite continue ; l'ambulance de la première division ne suffit plus à recevoir le nombre des malades : le 2 août, elle reçoit 263 cholériques ; le 3, 300 ; le 4, 215 ; le 5, 297. « C'était une série continue de cholériques et de cadavres, » dit le docteur Cazalas. Les moyens de transport manquent et l'on est forcé de prendre les chevaux des généraux et des officiers supérieurs.

Le maréchal Saint-Arnaud, par son ordre général n° 89, porte la ration de viande par jour et par homme à 350 grammes. De plus, il ordonne une distribution de sucre et de café trois fois par semaine. La flotte n'est pas à l'abri, et du 1er au 25 août on compte 1,485 cholériques et 757 décès parmi nos matelots, et encore n'a-t-on pu se procurer l'état des navires qui étaient mouillés à Varna et à Constantinople. Quant à la première division, dont l'effectif était de 10,590 hommes, elle en perd 2,036 pendant les marches de la Dobrudscha. Du 18 juillet au 18 août, 11 médecins militaires sont emportés. Ici se place une observation qui est atroce dans sa naïveté : « Les régiments de ligne, dit le docteur Chenu, ont proportionnellement plus souffert que les autres corps. Le 27° de ligne, par exemple, qui arrivait de France, était composé de soldats trop jeunes pour entrer en campagne. Le 20° de ligne a perdu cinq pour cent de moins que le 27°, parce qu'il venait d'Algérie et qu'il avait subi une première *épuration*, ce qui veut dire les pertes d'une première campagne. » La mort préside-t-elle donc un conseil supérieur de révision ?

Il ne suffisait pas à notre pauvre armée d'être *épurée*

par le choléra ; l'empereur de Russie allait essayer sur
elle de l'épuration par l'incendie. Là on put réellement admirer la puissance terrible du gouvernement
russe, qui, si son projet avait réussi, anéantissait l'expédition alliée sans tirer un coup de canon. Le feu fut
mis aux bazars de Varna (10 août), dans les boutiques spéciales qui contenaient les huiles, les esprits,
les essences, à proximité de nos magasins à poudre et
de nos parcs. Grâce à l'énergie admirable des soldats
d'artillerie, la part de l'incendie fut faite et tout fut
sauvé.

L'épidémie cependant n'a point cessé encore, et le
maréchal Saint-Arnaud, par son ordre général n° 97,
défend aux soldats de manger des fruits et particulièrement des fruits verts. Sur l'effectif moyen qui a été de
50,000 pendant le mois d'août, les hôpitaux comptent
5,418 entrées, ainsi réparties : blessés ordinaires
(incendie de Varna), 126 ; fiévreux, 2,249 ; cholériques, 3,043. À la fin du mois, tout se prépare pour
l'expédition de Crimée.

Le 14 et le 15 septembre, les armées alliées débar-
quent à Oldfort sans rencontrer d'obstacle, et le 18,
l'ordre général, n° 105, du maréchal Saint-Arnaud
constate que le choléra a complétement disparu. Le 20,
de midi à quatre heures, les Russes sont forcés de se
mettre en retraite sur Sébastopol après avoir perdu
la bataille de l'Alma. Les Russes avaient opposé
60,000 hommes et 140 bouches à feu aux 58,808
hommes et aux 133 pièces d'artillerie des armées

alliées qui se divisaient ainsi : Français, 30,328 ; Anglais, 21,480 ; Turcs, 7,000.

Le service médical de nos ambulances, qui, pendant la journée du 20 septembre, avait à répondre aux besoins de trente mille combattants français, aurait dû être composé de 38 médecins et de 3 pharmaciens ; mais, un ordre supérieur ayant retenu l'ambulance du quartier général à bord de la flotte, le service s'est trouvé réduit à 31 médecins et pharmaciens. Or, les ambulances ont reçu et ont eu à panser, le 20 septembre, 1,197 blessés français et 297 blessés russes ; total, 1,494. Donc 30 médecins ont eu en moyenne 50 blessés à soigner : « Si l'on accorde dix minutes à chaque blessé, dit le docteur Chenu, et c'est évidemment bien peu, on trouve 500 minutes ou 9 heures de travail par médecin, sans parler des amputations, des ligatures, etc., etc.; et sur ces 30 médecins il y avait 14 aides-majors de 2ᵉ classe, non encore faits au service, timides, indécis, qu'il fallait guider ; ce n'est pas un travail ordinaire. » Les médecins de nos ambulances eurent 79 amputations à faire dans la journée.

Les armées alliées se dirigent vers Sébastopol; pendant la marche, le choléra reparaît ; le 23, M. Michel, médecin-major, en meurt ; le 26, le maréchal Saint-Arnaud est forcé de remettre le commandement au général Canrobert ; le 27, M. Bailly, médecin aide-major, meurt du choléra ; le 29, le maréchal Saint-Arnaud meurt du choléra, en mer, à bord du *Ber-thollet*. Ce n'est point assez de tant de misères ; le scorbut se déclare dans la flotte, qui compte plus de 500 malades.

Nous sommes arrivés devant Sébastopol et le long siége va commencer; la première partie de la campagne est terminée; une seule fois on a rencontré l'ennemi, et il a été vaincu; arrêtons-nous un instant en présence des six mois qui viennent de s'écouler, et résumons le mouvement des ambulances et des hôpitaux. Si les chiffres ont de l'éloquence, c'est en pareille matière.

Du 1er avril à la fin de septembre, l'effectif moyen de l'armée française a été de 35,833 hommes; les entrées aux hôpitaux ont été de 20,137, qui se décomposent ainsi :

Blessés par l'ennemi	1,167
Blessés ordinaires	901
Fiévreux	5,964
Cholériques	11,666
Galeux, etc	409

Les décès par suite d'événements de guerre (soldats tués ou morts de leurs blessures) sont au nombre de 157; les décès par suite de maladies sont au nombre de 8,325. Ainsi qu'on le voit par ce tableau, qui est d'une exactitude inexorable, l'ennemi qui décime les armées et contre lequel il faut toujours être prêt à combattre, c'est la fièvre, c'est le choléra; contre lui les combinaisons stratégiques sont inutiles, et les navires cuirassés sont surperflus.

II

Comment les armées alliées furent arrêtées devant Sébastopol par un siége qui n'avait été qu'imparfaitement prévu, nul ne l'ignore. Un homme de génie, je parle sans jeu de mots, le général Totleben, se trouva dans la ville assiégée, mais non pas investie ; il l'arma de défenses nouvelles, se multiplia, montra une énergie sans égale, une science profonde, prouva un admirable esprit de ressources, et pendant un an nous immobilisa au pied de ces murailles qu'il avait l'art de renforcer sans relâche. Ce fut un grand deuil pour notre armée, un vif sujet d'inquiétude pour le pays ; mais l'honneur du drapeau était engagé et il convenait de ne reculer devant aucun sacrifice. On s'irritait des lenteurs forcées d'une telle guerre, de ces cheminements de taupe, de ces combats d'embuscade, de ces travaux énervants de sape et de terrassement ; on eût voulu marcher en avant et aller chercher, fût-ce au cœur même de la Russie, cet ennemi qu'on n'apercevait que derrière des remparts. Le général Canrobert lui-même semble ne considérer le siége de Sébastopol que comme un cas de force majeure auquel, malgré son désir, il ne peut échapper ; le docteur Chenu, dans deux ou trois passages de son beau livre, exprime le même regret. Sans embarras aucun, j'avouerai que je suis d'un avis diamétralement opposé, et que j'ai toujours eu pour le général Totleben une reconnaissance profonde de ce qu'il nous avait si longtemps arrêtés devant l'objectif qu'il défendait avec un si rare talent !

Je ne fais pas un paradoxe, et je m'explique. Si, poursuivant les Russes l'épée dans les reins après la bataille de l'Alma, nous fussions entrés avec eux à Sébastopol, nous étions perdus. Appuyés sur une base d'opération sans cesse ravitaillée par nos flottes qui trouvaient la mer libre devant elles, nous aurions pris notre route vers la Russie; avec l'insouciance ou plutôt l'imprévoyance qui fait le fond même de notre caractère, avec l'imperturbable et trop souvent vaine confiance que nous avons en nous-mêmes, nous aurions marché en avant; nous nous serions enfoncés dans les steppes, au hasard des chemins, suivant toujours un ennemi habile en retraites; les maladies, les fatigues, les privations de toutes sortes auraient creusé dans nos rangs des vides que des renforts envoyés en hâte eussent comblés momentanément; les pertes que nous avons faites autour de Sébastopol ont été épouvantables, mais elles ne sont rien en comparaison de celles que nous aurions inévitablement subies si, rapidement maîtres de la ville, nous avions gagné l'intérieur des terres. C'est sur les routes que la Russie a perdu le plus grand nombre de ses soldats. J'ai ouï conter à un général russe que 35,000 hommes de belles et bonnes troupes quittèrent Saint-Pétersbourg après avoir défilé devant l'empereur Nicolas; 14,000

seulement purent arriver à Sébastopol, l'avant-veille
de la bataille d'Inkermann, qui décima ceux qui
avaient su résister aux fatigues du voyage. Au moins,
sur les plateaux de Sébastopol nous étions, par nos
vaisseaux, sans cesse en communication avec la France,
toujours à portée de recevoir ses secours de toutes sortes ; par nos vaisseaux encore, nos soldats blessés, malades, pouvaient être évacués sur Constantinople, sur
Gallipoli, sur Marseille même ; mais une fois dans
l'intérieur, poussés en avant par les dures exigences
de l'honneur militaire, assaillis par les rigueurs d'un
hiver exceptionnel, que serions-nous devenus et de
quelles pertes aurions-nous payé la gloire de vaincre
la Russie chez elle et de prendre notre revanche de
1812 ? Qui sait si un désastre semblable à la retraite
de Moscou ne nous attendait pas encore ? C'est le siége
forcé de Sébastopol qui nous l'a épargné, et le général
Totleben, en prolongeant son admirable défense, nous
a rendu, à mon avis, un service important, d'autant
plus important que la nécessité de pourvoir au renou-
vellement perpétuel de la garnison assiégée a couvert
la Russie des cadavres de ses soldats. Pour eux, les
étapes à travers les immenses plaines de l'Empire ont
été plus meurtrières que nos attaques et nos assauts.

On ne croyait pas que la ville fût si forte, que le
siége serait si pénible ; on n'y était point préparé, et,
dès l'échec des premiers jours, il y eut un grand découragement que chaque Français ressentit à la pensée
des souffrances qui assaillaient notre armée. Ces souf-

frances étaient nombreuses et de bien des sortes ; le livre du docteur Chenu le constate avec une lucidité désespérante. Dès le 1er octobre 1854, l'armée française est divisée en corps de siége et en corps d'observation. On essaye des reconnaissances, on débarque le matériel ; les trois armées alliées ne présentent guère qu'un effectif de 55,000 hommes valides, ce qui est peu pour faire face aux difficultés inexprimables qui se présentent et dont la moindre n'est pas la nature rocheuse du terrain, qui exige des efforts surhumains pour creuser les tranchées ; aussi les hommes succombent sous le poids des corvées dont on les accable. Aux maladies, au feu de l'ennemi vient s'ajouter une cause nouvelle de destruction qu'on ne prévoyait pas encore ; la température s'abaisse tout à coup et, le 9 octobre, descend à plusieurs degrés au-dessous de zéro. Le 17 octobre, on fait une tentative sérieuse contre Sébastopol ; elle échoue ; nous ramenons 61 morts, 401 blessés. Le choléra semble vouloir renaître et reprendre la proie qu'il a laissée échapper, aussi : « 28 octobre. — A partir de ce jour, à cause du choléra et de l'affaiblissement de l'armée de siége, le nombre des travailleurs est réduit, mais celui des heures de travail est augmenté. » En somme, c'est à peine si le soldat a le temps de se reposer. Le service des tranchées est particulièrement pénible ; il exige une immobilité absolue. « Le service pendant les nuits froides, dit M. Chenu, alors que les tranchées sont remplies de neige et pluie, ou lorsque le thermomètre est à 7 ou 8 degrés au-dessous de zéro, a donné par la suite beaucoup de malades et de congelés. » On peut facilement comprendre par quelles fatigues nos soldats étaient épuisés, en lisant ce passage du journal du siége rédigé par le général Niel : « Dans ces derniers temps, le nombre d'hommes à fournir chaque jour pour le débarquement des vivres et du matériel, pour l'approvisionnement des batteries, pour les travaux du siége et pour les gardes de tranchées, a été si considérable que *le soldat n'a même pas eu une nuit de repos sur deux.* » Les travaux du siége sont commencés depuis un mois ; pas un jour, on pourrait dire pas une heure ne s'est passée sans combat, et cependant, sur 4,747 entrées à l'hôpital, les blessés ne comptent que pour 1,288 ; ce qui domine ce sont les fiévreux, car la fièvre est par excellence la maladie de la lassitude, de la misère, des privations.

Pendant les premiers jours de novembre, les Russes, qui ont 500 pièces en batterie, font un feu continuel sur nos ouvrages et préludent ainsi, par l'excès de fatigue qu'ils nous causent, à la journée du 5, où fut livrée la bataille d'Inkermann. Ce jour-là l'effectif de l'armée française était de 41,049 hommes sous les armes. Le combat fut dur, on en connaît les détails ; les pertes générales furent énormes, et se composent de 19,133 hommes tués, blessés, disparus, qui se divisent ainsi :

	Tués.	Blessés.	Disparus.
Armée française...	229	1,551	70
Armée anglaise...	529	2,286	?
Armée russe......	6,062	9,406	?

Le scorbut augmente ses ravages dans la flotte; les efforts redoublent pour en garantir nos soldats, et le 9 novembre arrivent enfin les premiers vêtements chauds expédiés de France. Le 14, un ouragan terrible se déchaîne sur la Crimée, la mer Noire et Constantinople. La baraque d'ambulance du quartier général s'abat sur les blessés; les tentes sont enlevées, les tranchées inondées, les travaux de siége interrompus. Huit navires de transport, qui étaient chargés de vêtements et de provisions pour les armées alliées, se perdent à l'entrée du port de Balaclava. A Constantinople, 300 cholériques, placés provisoirement sous des tentes, sont à demi submergés; on les sauve en toute hâte; trois seulement sont oubliés et ne sont retrouvés que le lendemain; « et il faut le dire, ajoute le docteur Chenu avec une philosophie recommandable chez un médecin, leur état n'est pas plus mauvais que celui de la plupart de leurs camarades transportés à l'intérieur de l'hôpital. »

Le 16 novembre, là température devient si froide que l'on constate plusieurs cas de congélation; quant aux tranchées, les hommes y ont de l'eau jusqu'aux genoux. Chaque jour, les soldats reçoivent une ration de vin, de rhum ou d'eau-de-vie. Ce qui est frappant et digne d'éloges, c'est l'incessante préoccupation du général Canrobert pour la santé et pour le bien-être relatif de l'armée placée sous ses ordres. On peut affirmer que ses soins n'ont pas peu contribué à faire supporter les difficultés sans nombre que le siége et l'hiver accumulaient autour des troupes françaises. Pendant le mois de novembre, sur un effectif moyen de 56,600 hommes, 8,990 sont entrés à l'hôpital, dont 2,015 blessés, 2,981 fiévreux, 3,043 cholériques, 47 scorbutiques et 371 congelés. C'est vers le 18, c'est-à-dire quatre jours après l'ouragan qui culbuta les tentes et noya les abris, que les premiers cas de scorbut se montrent dans l'armée. Quant à la flotte, elle en est infestée, et dès le 14, sur six vaisseaux mouillés à Katcha, on compte 1,021 scorbutiques.

L'état sanitaire de l'armée ne s'améliore pas ; les fatigues augmentent avec le froid et les difficultés du siége ; le 12 décembre on établit dans chaque régiment une infirmerie de cinquante hommes, ce qui allége les travaux surhumains auxquels les médecins sont condamnés dans les hôpitaux et dans les ambulances. Les mois se suivent, mois d'hiver, obscurs, lents à passer ; les alertes sont incessantes, les combats toujours renouvelés. L'armée anglaise est comme anéantie ; depuis le commencement de la campagne elle a reçu 54,000 hommes ; au 1er janvier, il lui en reste 27,000, dont la moitié à peine valide. Rien ne nous est épargné, ni la fièvre, ni le choléra, ni le scorbut, ni le typhus, ni les congélations. Les ambulances sont encombrées ; on évacue les malades sur Constantinople qui ne sait plus où les placer. La flotte redouble de zèle pour opérer les transports pénibles; vers les derniers jours du mois de janvier, le vaisseau le *Jean-Bart* avait reçu 700 militaires malades ou blessés, qu'il devait conduire à Constantinople. Le médecin en chef de l'escadre, le docteur Marroin, raconte ainsi ce lamentable voyage; la citation, toute pénible qu'elle soit, mérite d'être lue et méditée attentivement :

« Grâce à la rapidité de sa marche, le *Jean-Bart*, malgré le mauvais temps, fit une courte traversée. La batterie basse avait été affectée aux maladies les plus graves; mais avec le mauvais état de la mer on dut en maintenir les sabords exactement fermés. Ceux qui ont partagé les fatigues de cette campagne peuvent seuls se faire une idée du degré d'infection qui en fut la conséquence. La matière des vomissements se mêlait aux déjections alvines sur les matelas, sur le pont. L'eau de mer, embarquant par les écubiers, charriait d'une extrémité de la batterie à l'autre cette masse d'ordures d'une repoussante fétidité. Quels étaient les moyens dont on disposait pour lutter contre un pareil foyer d'infection? La ventilation, soit par les sabords, soit par les manches à vent, était impossible; le nettoyage de la batterie ne pouvait se faire. Comment, en effet, déplacer cette masse de malades serrés les uns contre les autres, et dont la prostration était augmentée par le mal de mer? Sans doute, les soins de propreté, les fumigations chlorurées luttèrent avec constance contre cette cause sans cesse renouvelée d'empoisonnement miasmatique ; mais ai-je besoin d'ajouter que ce fut sans résultat efficace? »

Les armées anglaises et françaises étaient pourvues aussi abondamment que possible ; elles étaient soignées par un corps médical trop peu nombreux, il est vrai, mais instruit, dévoué jusqu'au martyre, et qui se multipliait avec une abnégation qu'on ne saurait trop admirer. Relativement du moins, ces armées étaient heureuses si on les compare à l'armée turque, où nul service de chirurgie et de pharmacie n'avait été installé. Relégués, oubliés, dédaignés, les malheureux soldats turcs mouraient sans se plaindre. Il ne fut point possible de leur envoyer des médecins français, qui suffisaient à peine à leur dur labeur ; on s'étonne de cette incurie de l'armée turque ; c'est à cela que mènent forcément les dogmes fatalistes. Un musulman ne sera jamais ni chirurgien, ni médecin ; l'exorcisme lui suffit, c'est une science facile à apprendre et à pratiquer. A tous les malheurs qui peuvent fondre sur lui, le musulman se contente de dire : *Allah Akbar !* Dieu est le plus grand ! ou *Allah Kérim !* Dieu est généreux! Ce système a sa grandeur, mais il ne peut rien contre les épidémies et les blessures. On se fera une idée de l'insouciance native et traditionnelle des musulmans, quand on saura qu'à Constantinople, la ville des incendies par excellence, on a été obligé de recruter le corps des pompiers parmi les Arméniens, parce qu'aucun Turc n'en voulait faire partie. A quoi bon, en effet? S'il est écrit que la maison doit brûler, elle brûlera, et la pompe n'y ferait rien.... On mourait donc dans l'armée turque sans demander aucun secours à la science humaine, puisqu'il avait été écrit que l'on devait mourir.

Le mois de février fut très-froid et donna bien des cas de congélation. Un désastre imprévu vint encore augmenter nos pertes. Le 15 du mois, dans les bouches de Bonifacio, par un temps violent et un embrun excessivement épais, la frégate *la Sémillante* périt corps et biens et ajouta 702 morts à ceux que nous comptions déjà. Le 23 février pendant la nuit, on attaque les *ouvrages blancs* sans pouvoir s'en rendre maître. C'est à propos de ce fait d'armes que le zouave Chantaume a écrit la phrase suivante, que je cite textuellement : « Mon ensienne compagnie du 2ᵉ zouaves été d'ataque pour enlever les bateries blanche; il était 105 hommes, il se sont rentourner 20 aux camp sans être blécer [1]. » Dans ce mois, le scorbut sévit dans des proportions inquiétantes et menace d'envahir toute l'armée. En parlant du choléra, M. Chenu a fait observer qu'il atteignait surtout les recrues; le scorbut procède différemment et choisit de préférence les anciens soldats; il constate en outre que le régiment de tirailleurs algériens (turcos) n'offre pas un seul scorbutique. Dans le résumé du mois, le docteur Chenu jette un vrai cri de détresse : « Les blessés ne présentent plus la même force de réaction; le froid a une action

____

1. *Lettres d'un zouave,* publiées par le duc de Mortemart.

déplorable sur les plaies. Insuccès chirurgical désolant ! »

Le mois de mars et le mois d'avril, en apportant
une température plus douce, n'amènent cependant
aucune modification sérieuse dans l'état sanitaire de
l'armée. Le 4 mars, M. Ancinelle, médecin-major,
meurt du typhus; le 10, son confrère M. Senaux succombe à la même affection. Le général Canrobert, par
son ordre général n° 186, remercie le corps médical
du dévouement dont il ne cesse de donner des preuves.
Des recommandations hygiéniques spéciales sont adressées à tous les chefs de corps, dans l'espoir d'assainir
les campements et de diminuer l'intensité des maladies. Le 22 mars, les Russes font sur nos tranchées
une attaque violente qui ne réussit pas. Pendant le
mois d'avril, les combats reprennent une vigueur plus
active; les corvées augmentent et le scorbut fait de
nouveaux progrès. Avant d'entrer dans la période ex-
clusive des combats qui va s'ouvrir avec le printemps,
il n'est pas inutile de faire le tableau sanitaire de l'armée pendant les cinq derniers mois qui viennent
de s'écouler, mois d'angoisses et de misères que
nos soldats ont supportés avec une inébranlable fermeté.

L'effectif moyen a été de 83,600 hommes, qui ont
fourni aux ambulances et aux hôpitaux 38,109 entrées,
ainsi réparties :

<pre>
        Blessés par l'ennemi............   6,045
        Blessés ordinaires..............   197
</pre>

Fiévreux...................... 24,094
Cholériques................... 1,010
Scorbutiques.................. 3,102
Typhiques..................... 645
Congelés...................... 2,845
Galeux, etc................... 172

Les décès sont au nombre de 3,369, dont 563 causés par suite de blessures.

III

Je crains de fatiguer la patience du lecteur par ces longues et monotones énumérations ; elles sont indispensables cependant, et portent avec elles un réel enseignement, car seules elles peuvent dire, mieux que tous les récits, de quelles souffrances est atteinte une armée en campagne. Nul soin, je le crois, n'a manqué à la nôtre ; la sollicitude de ses chefs n'a cessé de veiller sur elle ; le dévouement traditionnel du corps médical s'est surpassé ; chacun a fait plus que son devoir ; le ravitaillement était fréquent, et cependant dans quelle proportion terrible les maladies s'abattaient sur nos soldats! Enfin le printemps est venu ; les approches, qui n'ont point été suspendues pendant l'hiver, vont être poussées avec une activité plus grande ; l'heure est enfin arrivée des opérations militaires ; la mort dans le combat est préférable à la mort sur la paillasse d'un hôpital. Des renforts nombreux ont été expédiés de France. Pendant le mois de mai, nous comptons un effectif moyen de 106,000 hommes devant les murs de Sébastopol. Le 8, les premiers détachements piémontais arrivent, et le 19, le général Pélissier prend le commandement en chef de l'armée. C'est dans ce mois que sont livrés les combats furieux devant le bastion central et du cimetière, qui occasionnent des pertes assez considérables pour qu'on soit obligé de suspendre momentanément les hostilités afin de pouvoir enterrer les morts ; c'est aussi dans ce mois que nous faisons une expédition sur Yénikalé ; nous pénétrons jusque dans la mer d'Azow, et sur notre parcours nous détruisons environ *six cents bâtiments de commerce !* Quatre médecins, MM. Fratini, Mamelet, Barre et Bausse, meurent du typhus ; trois autres, MM. Caumont, Gaullet, Petit-Bon, sont blessés à l'affaire du cimetière.

De grands projets sont réservés pour le mois de juin, on peut le deviner au redoublement du feu des armées alliées. Le 7, on s'empare du Mamelon Vert, des Ouvrages blancs et des Carrières. Les ambulances ne sont point respectées par les projectiles ; dans celles de Karabelnaia, M. Lambert, médecin-major, est blessé à la cuisse par un boulet de canon, et des malades sont atteints par les éclats d'une bombe qui fait explosion auprès des lits. Tout était préparé pour donner l'assaut général le 18 juin. L'anniversaire de la grande défaite avait été intentionnellement choisi ; d'un seul coup on voulait venger la retraite de 1812 et la bataille de Waterloo. L'intention était louable assurément, mais le résultat n'y répondit guère. L'attaque manqua de simultanéité ; elle fut meurtrière, tout à fait inutile, et peut-être aurait-elle réussi si elle eût été conduite avec plus d'habileté. Après le combat, les hostilités furent suspendues, afin de pourvoir à l'ensevelissement des morts ; nos ambulances sont encombrées à ce point qu'on est forcé d'y adjoindre six chirurgiens de marine, qui viennent aider nos médecins militaires. Pendant ce mois, deux médecins et un chirurgien de marine, MM. Couzier, Robelain et Stephani, meurent du choléra. Le 28, lord Raglan succombe à son tour au mal qui a emporté le maréchal Saint-Arnaud. L'armée est de nouveau attaquée par le fléau, surtout entre le 15 et le 30 juin ; sur un effectif moyen de 120,000 hommes, nous comptons 4,762 cholériques entrés aux ambulances.

Pendant le mois de juillet, le médecin en chef de l'armée fait des visites à tous les campements et prescrit des mesures hygiéniques ; les fièvres, les fièvres rémittentes, le scorbut augmentent sous l'influence des chaleurs extrêmes, et le choléra ne diminue guère ; M. Mestre, médecin principal, M. Gontier, pharmacien, meurent du choléra. En dehors des ambulances situées à portée du camp, les armées alliées disposent de 23 hôpitaux pouvant contenir 19,182 lits, qui ne suffisent pas au nombre d'hommes atteints par l'ennemi ou par les maladies ; dans ce seul mois de juillet, sur un effectif moyen de 118,000 hommes, les fièvres et les fièvres rémittentes envoient 10,388 soldats aux ambulances de Crimée !

Le 6 août, le général Pélissier, par son ordre général n° 19, 2ᵉ série, porte à la connaissance des troupes le décret du 4 qui décide que les campagnes compteront double pour l'armée d'Orient. Une telle mesure n'était que strictement juste, car il est rare que des hommes aient eu à lutter contre une telle accumulation de maladies et de difficultés de guerre. Après la bataille de Tracktir (16 août), dix chirurgiens de marine viennent prêter leur assistance aux médecins militaires ; dans la journée même du combat, 300 amputations sont pratiquées dans les ambulances. MM. Michelet et Videt, médecins, meurent du choléra. Le scorbut donne 2,581 entrées sur un effectif moyen de 119,000 hommes.

Au mois de septembre, nous touchons à la place. Nos approches sont à 27 mètres de la tour Malakoff, à 40 du petit redan, à 50 du bastion du Mât, à 70 du bastion central ; le feu est incessant et meurtrier ; par 24 heures nous comptons environ 150 hommes tués ou blessés. Les Russes, obligés de se maintenir constamment en force pour repousser un assaut possible, sont écrasés par les feux convergents et perdent 1,500 ou 2,000 hommes par jour. Le 8 septembre, toutes les dispositions sont prises pour l'assaut définitif ; nous mettons en ligne 126,705 hommes ; les colonnes sont suivies par des ambulances volantes; trois grandes ambulances établies à la baie de Carénage, à Karabelnaia, au Clocheton, sont desservies par 42 médecins.

Il est inutile de raconter l'assaut, dont toutes les péripéties sont connues. La journée coûta aux assiégeants et aux assiégés, en tués, blessés, disparus, 21,802 hommes. La part de la France est de 1,634 tués, 4,789 blessés, 1,416 disparus. Les trois grandes ambulances reçurent, le jour même du combat, 3,360 blessés; or, en faisant la division par 42, on trouve que chaque médecin eut 80 blessés à soigner. Franchement, si le corps médical employé en Crimée a commis quelques erreurs de diagnostic ou de pansement, comment ne pas l'excuser en se rendant compte des travaux surhumains qui lui incombaient? Je sais que, dans les hôpitaux de nos grandes villes de France, il arrive souvent qu'un médecin a plus de 80 malades à examiner, chaque matin, dans la visite qu'il fait à son hôpital. Mais ces malades sont, pour ainsi dire, venus un à un; ils ont été examinés par l'interne de service; le médecin les connaît pour les avoir vus la veille; en s'approchant de leur lit, il sait à qui il a à faire. Dans une ambulance, un jour de bataille, il n'en est point ainsi. Chaque blessé apporté est un *sujet* nouveau qui exige un examen approfondi et sérieux; souvent il faut procéder immédiatement, et sous peine de la vie du malade, à une amputation, à une désarticulation, à l'extraction d'un projectile. Les minutes sont précieuses, on ne sau-

rait aller trop vite, chaque seconde est comptée, et cependant le temps que demandent l'application du chlo-
roforme et une opération, quelque simple qu'elle soit,
est toujours relativement considérable ; qu'on juge de
ce que peut faire un chirurgien qui se trouve en face de
80 blessés qui, au même moment, réclament ses secours. La mitraille n'a point épargné les médecins, et
cinq d'entre eux, MM. Huart, Darcy, Gainau, Daga,
Didiot, sont blessés pendant l'action.

M. Chenu cite l'extrait suivant de la *Relation du
médecin en chef*, et je le cite après lui, car il est fécond
en enseignements et me paraît de nature à diminuer
singulièrement la joie orgueilleuse des victoires : « A
la suite de la prise de Sébastopol, il y avait en traitement dans nos ambulances 10,520 malades ou blessés,
et pour faire le service il n'y avait pas quatre-vingts
médecins, même en comptant cinq médecins détachés
de la flotte (ce qui, entre parenthèses, donne 131 malades et demi par médecin). Il était impossible de dis-
traire un seul médecin du service des régiments, car le
personnel des corps était déjà lui-même insuffisant.
Les nombreux mouvements de troupes exigeaient chaque jour quelques médecins pour suivre les colonnes
en marche, en cas d'accident ou de rencontre de l'ennemi. Il faut ajouter à cette situation la rareté des
évacuations de malades sur Constantinople. En effet,
la plupart des bâtiments de l'État étaient activement
employés, et les bâtiments du commerce furent momentanément seuls chargés du transport des malades.

Aussi l'encombrement détermina le développement de la pourriture d'hôpital dans presque toutes les ambulances. »

Le 12 septembre, un ordre du jour annonce à l'armée que le général Pélissier est élevé à la dignité de maréchal de France.

Le but de la campagne paraît atteint; la partie sud de Sébastopol est en notre pouvoir; les combats sans nombre qui ont eu lieu pendant les cinq derniers mois ont amené ce résultat qui semble promettre une paix prochaine et la fin de tant d'héroïques fatigues. Nous allons résumer l'état sanitaire de l'armée depuis le 1er mai jusqu'au 1er octobre, afin de voir la part qui revient aux événements de guerre et celle qui incombe aux maladies. L'effectif moyen des troupes a été de 117,600, qui ont donné aux ambulances 77,138 entrées ainsi réparties :

Blessés par l'ennemi	28,486
Blessés ordinaires	33
Fiévreux	26,749
Fièvres rémittentes	7,506
Cholériques	8,033
Scorbutiques	6,178
Typhiques	110
Galeux, etc.	41

Donc, blessés et blessés ordinaires, 28,519, — Malades, 48,619.

Les décès sont au nombre de 10,967, dont 2,850 par suite de blessures, et 8,117 par suite de maladies.

Je n'ai pas besoin de faire remarquer, je pense, que dans ce résumé je ne compte pas parmi les décès les morts sur le champ de bataille ; j'ai parlé et ne dois parler que des ambulances et des hôpitaux. Le nombre des *tués* viendra plus tard, quand, la paix signée, nous ferons le compte général de nos pertes et de celles de l'ennemi pendant cette campagne.

IV

Maîtresse de Sébastopol, notre armée a dû y trouver des abris supérieurs aux baraques et aux tentes qu'elle occupait ; la guerre s'est singulièrement ralentie ; tout le monde est las, les vainqueurs aussi bien que les vaincus ; on peut croire que les soldats vont jouir d'un bien-être relatif et que l'état sanitaire s'améliorera, sous l'influence de combats moins nombreux et de fatigues moins excessives. Loin de là. Tout ce plateau de Chersonèse, toute la vallée de Sébastopol, ne sont qu'un vaste charnier où les émanations putrides ne vont pas tarder à engendrer des maladies terribles qui briseront l'énergie des médecins sans lasser leur courage. Dès le mois d'octobre, la pourriture d'hôpital envahit les ambulances. La mort n'épargne pas les médecins : trois d'entre eux meurent, MM. Bouquerot, Marquès, Tavernier ; le premier du typhus, les deux autres du choléra.

Novembre arrive, avec lui l'hiver et des souffrances nouvelles. M. Meunier, médecin aide-major, meurt d'une invagination (colique de *miserere*); M. Tanguerey, chirurgien de marine, meurt de la dyssenterie. Une explosion fortuite d'un magasin de munitions renverse et détruit l'ambulance de la 4ᵉ division du 2ᵉ corps : MM. Goutt, Richepin, Tedeschi, Peigné, Dartigaud, Rigal, médecins, sont blessés. Quelques rares combats ont eu lieu pendant ces deux mois; sur un effectif moyen de 140,000 hommes, ils ne fournissent que 926 entrées à l'hôpital.

Pendant les mois qui vont suivre, la diplomatie s'emploie activement à mettre fin à cette guerre dont le but essentiel est atteint. M. de Seebach va accepter sa mission conciliatrice. Les ambassadeurs de toutes les puissances se réuniront à Paris, et la paix enfin sera signée. Mais le dernier de nos soldats ne sortira de Crimée que le 6 juillet 1856, et jusque-là notre armée est exposée à des misères plus grandes que celles qu'elle a déjà supportées. Il faut, jusqu'au bout, continuer notre œuvre ingrate; toute la gloire est acquise, il n'y a plus que des souffrances à subir. En décembre, le thermomètre s'abaisse rapidement; le 18 et le 19 il marque *vingt-deux* degrés au-dessous de zéro ; un détachement considérable d'hommes expédiés à Kamiesch pour y chercher du bois est décimé par le froid. Beaucoup de soldats ont les pieds et les mains gelés; évacués sur Constantinople, ils y meurent en grande partie. Les morts subites par suite de congélation ne sont pas rares. M. Braunwald, chirurgien-major, meurt du typhus. Le scorbut envahit l'armée. Les ambulances ne suffisent plus ; on est forcé d'y joindre des tentes.

En janvier, au scorbut s'ajoute le typhus, qui enlève les médecins Brumens et Masson et le pharmacien Boussard. Les ambulances sont infectées et deviennent excessivement dangereuses pour les médecins et les infirmiers. Dans le rapport du médecin en chef au conseil de santé, je lis : « Le scorbut ne laissera plus, si cela continue, un seul des anciens soldats du deuxième corps ; le nombre des scorbutiques est énorme. Tout le monde fait des efforts surhumains pour améliorer la situation, et le résultat est presque nul, quoi qu'on fasse ; l'alimentation est plus que médiocre ; nos médecins des ambulances et des régiments n'ont pas un instant de repos ; ils succombent à la peine et leurs forces épuisées trahissent leur courage. Chaque jour j'en perds un ou deux pour le service. Il a fallu demander du secours au service médical français de Constantinople ; six médecins aides-majors ont été envoyés, mais ce n'est pas assez pour combler les vides... Le personnel ne résistera pas si on ne l'augmente immédiatement. »

Le typhus s'abat sur l'armée, comme un vautour sur un cadavre. Visites de médecin en chef, prescriptions sanitaires, alimentation variée et augmentée autant que possible, rien n'y fait. Chaque régiment fournit au fléau un contingent considérable. L'énergie et l'intelligence des chefs peuvent seules sauvegarder la santé des soldats ; ainsi, dans un rapport du médecin en chef, je remarque le passage suivant : « Nous avons rencontré peu de malades au 17ᵉ bataillon de chasseurs (10 sur un effectif de 250). (Le bataillon était alors à Eupatoria, dans un milieu infecté.) Ce bataillon est caserné dans des hangars très-convenables, d'une bonne élévation, et qui ont été améliorés par un pavage soigné ; chaque soldat s'y est construit une couchette distante de 30 centimètres du sol ; une propreté exquise règne partout... C'est l'exemple le plus remarquable de ce qu'une bonne direction peut obtenir. » Si ma mémoire me sert fidèlement, le chef de ce bataillon modèle était M. de Férussac, qui, à la tête de ces mêmes soldats qu'il avait énergiquement sauvés de la contagion en Crimée, fut blessé en 1859 au combat de Palestro, et qui vient d'être récemment promu au grade de colonel.

Ici je n'ai plus à résumer, je n'ai plus à raconter, il faut citer. Il faut qu'on puisse voir, admirer et se rappeler toujours l'héroïsme incroyable dont le corps médical français a fait preuve pendant les mois désastreux qui vont suivre. L'armistice va être signé, qu'on ne l'oublie pas ; on ne combat même plus ; les tables d'entrée aux hôpitaux donnent 0 pour les blessés à l'ennemi. J'ouvre cette liste nécrologique, litanies sacrées du dévouement et du devoir accompli. Je cite textuellement le livre du docteur Chenu, p. 122, 125, 126.

« 3 février. M. Leclerc, médecin aide-major, meurt du typhus.

7. M. Lardy, médecin aide-major, meurt du typhus.

19. M. Cordeau, médecin aide-major, meurt du typhus.

20. M. Savaëte, médecin aide-major, meurt du typhus.

21. M. Darligaux, médecin aide-major, meurt du typhus.

23. M. Piaget, médecin requis, meurt du typhus.

2'. M. Dulac, médecin aide-major, meurt du typhus.

26. M. Girard, médecin-major, meurt du typhus.

— M. Volage, médecin principal, meurt du typhus.

— M. Sagne, médecin aide-major, meurt du typhus.

28. M. Gueury, médecin aide-major, meurt du typhus.

— M Forget, médecin aide-major, meurt du typhus.

1er mars. *Cessation du feu des batteries russes.*

2. M. Ragu, médecin aide-major, meurt du typhus.

4. M. Miltenberger, médecin aide-major, meurt du typhus.

6. M. Bouquerot, médecin aide-major, meurt du typhus.

12. M. Peyrusset, médecin-major, meurt du typhus.

— M. Leker, médecin aide-major, meurt du typhus.

13. M. Molinard, médecin aide-major, meurt du typhus.

17. M. Félix, médecin-major, meurt du typhus.

18. M. Rampont, médecin-major, meurt du typhus.

22. M. Servy, médecin aide-major, meurt du typhus.

23. M. Précy, médecin aide-major, meurt du typhus.

— *Ordre du jour pour annoncer à l'armée la naissance du prince impérial.*

24. M. Gillin, médecin aide-major, meurt du typhus.

2'. M. Jacob, médecin sous aide, meurt du typhus.

26. M. Perrin, médecin aide-major, meurt du typhus.

— M. Berthemot, médecin-major, meurt du typhus.

31. M. Fournier, médecin aide-major, meurt du typhus.

2 avril. *Ordre général pour annoncer la nouvelle de la paix.*

— M. Puel, médecin-major, meurt du typhus.

— M. Carron, pharmacien aide-major, meurt du typhus.

4. M. Goutt, médecin-major, meurt du typhus.

10. M. Moulinier, médecin-major, meurt du typhus.

10. M. Frette-Damicourt, médecin-major, meurt du typhus.

13. M. Demannet, médecin aide-major, meurt du typhus.

— M. Bonnet-Mazimbert, médecin-major, meurt du typhus.

19. M. Leclerc, médecin-major, meurt du typhus.

— M. Pégat, médecin-major, meurt du typhus.

23. M. Granal, médecin aide-major, meurt du typhus.

28. M. Lamarque, médecin aide-major, meurt du typhus.

— M. Sautier, médecin sous-aide, meurt du typhus. »

Le mois de mai est plus clément. Deux médecins seulement, MM. Godquin et Desblancs, meurent du typhus. Au mois de juillet, M. Barby, médecin principal, rentre en France, malade, épuisé de fatigue, et meurt en septembre.

Du 1ᵉʳ octobre 1855 au 1ᵉʳ juillet 1856 (l'évacuation définitive eut lieu le 6), l'effectif moyen de l'armée fut de 133,333 hommes, qui fournirent aux ambulances 72,272 entrées ainsi divisées :

Blessés par l'ennemi	951
Fiévreux	41,720
Fièvres rémittentes	4,768
Cholériques	723
Scorbutiques	13,923
Typhiques	9,411
Congelés	776

Les décès furent au nombre de 12,963 ; 242 par suite de blessures, 12,721 par suite de maladies.

Les hostilités réelles ont commencé le 20 septembre 1854, par la bataille de l'Alma, et se sont terminées le 1ᵉʳ mars 1856, par la cessation du feu des batteries russes de la partie nord de Sébastopol. La guerre effective, entre nous et les Russes, a donc duré dix-sept mois et dix jours. Il y a eu trois batailles : Alma, Inkermann, Tracktir ; des combats très-nombreux ; deux assauts généraux dont le premier, celui du 18 juin, a échoué. Depuis l'entrée en campagne, c'est-à-dire depuis le mois d'avril 1853 jusqu'au mois de juillet 1856, l'effectif moyen de nos troupes a été, par mois, de 86,763 hommes ; l'effectif total envoyé a été de 309,268 hommes, qui ont fourni aux ambulances et aux hôpitaux 436,144 entrées.

Cinq armées étaient en présence ; voici le tableau récapitulatif que le docteur Chenu donne de leurs pertes :

	Tués.	Morts à la suite de blessures ou de maladies.	Total.
Armée française, 1854-56...	10,240	85,375	95,615
Armée anglaise —	2,755	19,427	22,182
Armée piémontaise, 1855-56.	12	2,182	2,194
Armée turque, 1853-56.....	10,000	25,000	35,000
Armée russe, —	30,000	600,000	630,000
	53,007	731,984	784,991

Ainsi, au dire d'un homme plus compétent que personne, qui s'est appuyé sur des documents officiels, contrôlés, que sa situation spéciale mettait à sa disposition, cette campagne a coûté *sept cent quatre-vingt-cinq mille hommes :* sans être d'un caractère bien morose, on peut estimer que c'est à dégoûter de la guerre, extrémité épouvantable à laquelle on ne doit recourir que dans les cas de nécessité absolue.

19.

V

Pendant la durée de cette campagne, nos pertes ont été exceptionnellement graves; sur 309,368 hommes envoyés de France, 95,615 sont morts; ce qui est une proportion énorme et insolite. 20,000 hommes environ ont été tués ou sont décédés à la suite de leurs blessures; la maladie seule en a enlevé 75,000, c'est-à-dire le quart à peu près de l'effectif. Le nombre des journées d'hôpital pour blessures a été de 1,934,313; — pour maladies, 5,337,888. Le prix moyen de la journée d'hôpital étant de 2 fr. 50, les blessés ont coûté 4,835,782 fr. 50; les malades ont coûté 13,344,720 francs. La part la plus forte dans nos pertes et dans nos dépenses doit donc être portée au compte de la maladie, et non pas à celui des événements de guerre.

En présence d'une mortalité pareille, on peut se demander à quelles causes principales il faut l'attribuer. M. Chenu paraît ne pas hésiter: les maladies sont dues en partie aux vices du système de recrutement et à l'insuffisance du service médical; la gravité qu'ont présentée certaines blessures résulte de l'emploi d'armes et de projectiles perfectionnés. Nous étudierons ici ces trois points avec l'éminent auteur du *rapport* que nous venons d'analyser.

Il ressort des renseignements fournis personnellement par le docteur Chenu et empruntés au docteur
Artigues, médecin principal, qu'un assez grand
nombre de conscrits admis par les conseils de révision
ne sont pas en état de supporter le service militaire.
Deux intérêts sont en présence : celui de l'armée, celui de l'agriculture ; M. Chenu penche pour le premier, ce qui est naturel. Les *non-valeurs* ne servent
qu'à encombrer inutilement les régiments d'abord, les
hôpitaux ensuite, ce qui est onéreux pour le trésor et
pour le pays. M. Chenu, sur cette matière, n'y va pas
de main morte ; il voudrait que les conseils de révision
fussent matériellement responsables des soldats trop
faibles qui sont envoyés sous les drapeaux, ou du moins
« qu'ils (les conseils) fissent l'essai d'une étape, tambour battant, le sac au dos, avec armes, bagages, munitions et des vivres pour cinq ou six jours. Après cette
épreuve, ils comprendraient la mesure des forces que
doit avoir un soldat. » J'avoue que je trouve cette idée
assez séduisante, et qu'il ne me déplairait pas de voir
tous les membres du conseil, le préfet et le général en
tête, se livrer à cette expérience personnelle, mais à
une condition : c'est que le même préfet, le même général, le même conseil, feraient une journée de moisson, de labour ou de fenaison, sous le soleil et réduits
à la portion congrue qui sert de nourriture ordinaire
à nos paysans. Après cette épreuve, ils comprendraient la mesure de forces que doit avoir un agri-
culteur, et prononceraient en connaissance de cause.

Les conseils de révision font de leur mieux, je n'en doute pas. L'armée se plaint de la mauvaise qualité des recrues qu'on lui adresse; l'agriculture est-elle bien satisfaite des ouvriers qu'on lui laisse? M. Chenu sait aussi bien que moi que, dans certains départements de la France la récolte pourrirait sur pied si les Belges ne se *louaient* pas pour faire la moisson. Dans combien de cantons, les colonels n'ont-ils pas mis des soldats à la disposition des fermiers qui manquaient de bras pour couper, botteler, rentrer et battre les céréales? En temps de guerre et même en temps de paix, la France donne tout ce qu'elle peut, et il serait injuste de lui demander davantage. La cause est plus élevée; elle n'est pas du ressort des conseils de révision; M. Chenu ne l'effleure même pas, et je me garderai bien d'en trop parler. C'est à la permanence des armées qu'il faut demander compte de tant de mal. Lorsque l'Europe renoncera à ce funeste système qu'a inauguré le premier empire, lorsqu'elle en fera le bilan impartial, elle sera épouvantée des résultats qu'elle découvrira. Par fonctions, M. Chenu a dû être appelé souvent à faire partie des conseils de révision; il connaît toutes les lois, tous les décrets, toutes les ordonnances qui les régissent; mieux que d'autres il pourrait nous dire pourquoi l'on y rencontre certaines modifications; il pourrait nous dire pourquoi la taille moyenne des Français n'est plus aujourd'hui ce qu'elle était autrefois et pourquoi l'on est obligé d'admettre dans *les carabiniers* des hommes qui jadis n'auraient, tout au plus, été que *des dragons*. A force de pressurer une matière, on l'épuise, et malgré toute leur bonne volonté, les conseils de révision, forcés de recruter le contingent décrété, ne peuvent pas ne pas envoyer de *non-valeurs* aux armées.

Sont-ce les hommes faibles qui les premiers ressentent les atteintes d'une épidémie? Oui, si cette épidémie est le choléra (p. 36). Non, si c'est le scorbut (p. 121). On peut demander à des soldats de supporter toutes sortes de fatigues militaires, mais exiger qu'ils résistent à l'irrésistible invasion d'une maladie, c'est plus qu'on n'est en droit d'imposer à la nature humaine. Aussi je ne trouve pas que le docteur Chenu soit tout à fait juste lorsque, pour soutenir sa thèse, il écrit : « L'effectif présent à l'Alma n'était que de 30,000 hommes, et cette petite mais vaillante armée s'était débarrassée de ses non-valeurs, puisqu'elle comptait déjà 18,000 entrées dans les hôpitaux, avant d'avoir vu l'ennemi, avant d'avoir fait une marche forcée. » Il est vrai qu'elle n'avait pas vu l'ennemi, c'est-à-dire les Russes; mais sur la route elle avait rencontré un ennemi bien plus redoutable, le choléra, qui l'avait décimée dans les plaines de la Dobrudscha. C'est là un fait avec lequel il faut compter cependant, fait anormal qui a tué plus d'hommes qu'une bataille et dix marches forcées. « Jamais, écrit M. Scrive, je n'ai assisté à un spectacle plus désolant, plus épouvantable que celui qui s'offrait à nos yeux, lorsqu'on mettait à terre ces pauvres soldats rendus méconnais-

sables par le fléau qui les avait frappés. » C'est un
médecin militaire qui parle ainsi, et certes les conscrits choisis par le conseil de révision eussent été des
colosses, qu'ils n'auraient point résisté à l'intensité
du mal qui les atteignait.

« La cause principale de la mortalité, écrit M. Chenu
(p. 639), se trouve dans l'encombrement des hôpitaux ; » et il attribue cet encombrement à la faiblesse
des hommes choisis pour le service. La thèse me semble n'être que d'une vérité relative. Les conditions auxquelles les nécessités de la guerre soumettent les soldats, ont sur leur santé une influence prépondérante,
et que les rapports des inspections médicales n'hésitent
point à reconnaître. En dehors des épidémies telles que
le choléra, et auxquelles les plus vieux généraux mêmes
ne peuvent se soustraire, il y a, aux décès prématurés,
d'autres causes que la faiblesse constitutionnelle des
soldats. Pour bien faire comprendre ma pensée, je
citerai quelques exemples empruntés au livre même de
M. Chenu :

« 9 octobre 1854. — Abaissement de la température de plusieurs degrés au-dessous de zéro.

« 9 novembre (un mois après, mois de corvées, de
tranchées, de travaux supplémentaires, mois pendant
lequel le général Niel a écrit : « Le soldat n'a pas une
« nuit de repos sur deux. »). Arrivée des premiers envois de vêtements chauds. »—C'est seulement à la date
du 28 que je trouve la mention suivante : « On distri-
bue des capotes à capuchon et des guêtres chaudes. »

Dans le mois de janvier 1855, M. Marroin, médecin en chef de l'escadre, écrit : « Je ne puis passer sous silence les difficultés déplorables que rencontraient les chirurgiens de marine, en accompagnant les blessés et les fiévreux de l'armée évacués sur Constantinople. La distribution des boissons et des vivres s'opérait sans aucune régularité. *On manqua souvent d'eau pour les tisanes comme pour les pansements...* Des hommes épuisés par la maladie, *à peine protégés par quelques lambeaux de couverture*, arrivaient à la plage pour être embarqués sur des navires de commerce frétés à cet effet, car la marine impériale était débordée par les nécessités du service. » (P. 75-76.)

Lorsqu'il parle du transport des malades sur les navires, le docteur Chenu n'écrit-il pas (p. 709) : « La situation des blessés est bien plus cruelle encore : ils n'ont pas été pansés depuis leur départ de Crimée; l'appareil s'est dérangé et gêne plus qu'il ne sert; le gonflement des parties a rencontré trop de résistance dans le linge qui s'est durci ; la gangrène, la vermine même ont envahi les plaies ; » et (p. 710) : « Les bâtiments de commerce chargés du transport des malades et des blessés n'étaient point organisés pour ce service... *Si le bâtiment avait un médecin, il n'avait ni bandes, ni charpie, ni linge*, ses provisions n'étaient point en rapport avec ses besoins. » On a beau ne pas être une *non-valeur*, il est difficile de résister à de si déplorables circonstances.

« 27 février. — Les causes de l'invasion scorbu-

tique sont, comme toujours, l'absence absolue de végétaux frais, l'usage prolongé de vivres de campagne
et surtout l'usage de la viande salée ; la fatigue, pas
assez de repos, pas assez de sommeil, le froid et l'humidité. » (Circulaire du médecin en chef de l'armée.)

17 mars, ordre général n° 189, prescrivant des mesures hygiéniques dans les campements. Or, c'est le
sixième mois du siége.

« 17 juin. — La situation sanitaire donne des inquiétudes ; elle est attribuée aux causes suivantes :
« 1° fatigue, les hommes n'ayant qu'un repos relatif
de trente-six heures entre les gardes de tranchées ;
2° alimentation trop uniforme ; absence absolue de
végétaux frais ; 3° influence d'un sol sur lequel une
armée a longtemps bivouaqué ; 4° défaut d'acclimatation surtout pour les jeunes soldats. »

« 18-19 décembre. — 22 degrés de froid. *On envoie des hommes en corvée ;* presque tous sont atteints
de congélation grave aux pieds et aux mains. »

Février 1856. — En présence de l'invasion du
typhus, que dit M. Scrive, le médecin en chef? « Les
causes auxquelles on doit attribuer les maladies graves
qui sévissent sur l'armée sont, dans l'ordre de leur
plus grande influence : 1° les rigueurs extraordinaires
de l'hiver, *sans abris suffisants ;* 2° le travail *exagéré*
des troupes et l'*insuffisance* de sommeil ; 3° *l'humidité
et l'infection des abris ;* 4° l'alimentation *grossière,*
non variée, sans végétaux frais, *souvent médiocre
comme qualité* et parfois *insuffisante ;* 5° le délabre-

ment des *plus fortes constitutions* chez les plus vieux soldats, par suite d'une guerre sans relâche ; 6° la faiblesse des nouveaux contingents et les mille influences morales et physiques qui agissent sur les jeunes soldats. » Ainsi, dans cette pénible énumération des causes qui ont déterminé un état sanitaire déplorable, la faiblesse des recrues n'arrive qu'au sixième et dernier rang. A la même page (123), je trouve cette observation, notée par M. Chenu lui-même, et qui peut expliquer une recrudescence de mortalité : « Le couchage des ambulances en Crimée comprend 5,000 fournitures complètes : les deux tiers en service, l'autre tiers en réparation. Le reste des malades est couché sur des nattes, des couvertures et du foin. » Or, cette observation est inscrite au mois de février 1856, après 22 mois de campagne, et les entrées aux ambulances de Crimée pour ce même mois de février sont de 13,459. Donc 10,127 malades étaient couchés sur « des nattes, des couvertures et du foin. »

Le médecin en chef de l'armée dit encore : « C'est à peine si le quart des soldats des divisions d'Eupatoria a des abris convenables ; les autres logent dans des bouges humides, où pénètre à peine la lumière, souvent sans ventilation possible, *où chaque homme n'a pas la quantité nécessaire d'air respirable.* » Là encore il y a des causes de mortalité essentielles et particulières qui doivent atteindre les hommes forts aussi bien que les hommes faibles. Je sais que la volonté de bien faire ne s'est point trouvée en défaut ; je sais que

l'agglomération d'une armée de 150,000 hommes, sur
un terrain relativement resserré, comporte des difficultés infinies ; mais la santé des hommes a dû cer-
tainement être modifiée selon les soins qu'on a pris de
leur campement et selon les mesures hygiéniques que
des chefs intelligents leur ont appliquées ; je n'en voudrais pour preuve que l'état excellent du 17ᵉ bataillon
de chasseurs à pied, constaté par le médecin en chef
lui-même et dû aux dispositions habiles de son commandant, M. de Férussac. L'inspecteur médical ne
peut s'en taire, et il écrit cette phrase que j'ai déjà
citée : « C'est l'exemple le plus remarquable des résultats qu'une bonne direction peut obtenir. » Le *confortable* de la nourriture, du coucher, de l'abri, des vêtements doit être pour beaucoup dans la disposition plus
ou moins grande à être atteint par la maladie : « Les
officiers, dit M. Scrive, *qui jusqu'à cette époque
avaient assez bien résisté à l'infection*, fournissent
beaucoup de malades. » Cette seule observation est
une preuve de ce que j'ai avancé.

En voilà assez, je pense, pour démontrer que la
faiblesse des recrues que M. Chenu reproche amère-
ment aux choix trop faciles des conseils de révision,
n'est qu'une cause secondaire dans la mortalité qui
décime une armée en campagne ; les causes principales sont énumérées longuement dans les pages qui
précèdent ; elle ne me semblent pas douteuses, et c'est
sur elles qu'il conviendrait d'attirer l'attention de
l'administration militaire.

Quant au personnel médical, on a pu voir dans le cours de ce travail que si son héroïsme a toujours été à la hauteur de sa tâche, son insuffisance numérique a souvent paralysé ses efforts. Cette insuffisance frappe M. Chenu. Il ne veut pas entendre parler de l'admission de l'élément civil dans le service médical militaire ; l'exemple de l'Amérique ne le convainc pas ; l'arrivée de 40 médecins envoyés par la commission sanitaire de Sharpsburg sur le lieu du combat avant les ambulances du gouvernement, lui paraît presque une trahison ; j'avoue que j'y vois tout autre chose et que j'admire ce peuple qui, depuis le commencement de la guerre jusqu'au 1ᵉʳ mars 1864, a recueilli en dons de charité la somme de 1 *milliard* 144 *millions de francs*, destinés aux divers services des ambulances et des hôpitaux. Que l'on se décide enfin à neutraliser les ambulances et les blessés sur le champ de bataille, comme le savant docteur Palasciano l'a demandé, en fondant et en donnant de ses deniers un prix sur cette question, bien avant M. Dunant et les membres de la Société d'utilité publique de Genève ; qu'on adopte pour les médecins et les infirmiers de toutes les armées un costume uniforme qui les rende sacrés, les préserve autant que possible pendant le combat, c'est faire simplement œuvre d'humanité ; aussi nous approuvons sans réserve *la convention relative aux militaires blessés* que le *Moniteur* a publiée récemment. Mais n'y a-t-il que cela à faire ?

Pour donner une idée de l'insuffisance du personnel médical, je ne citerai que deux exemples qui me paraissent concluants : « M. Petiet, lieutenant au 80° de ligne, reçoit, dans la nuit du 23 au 24 mai 1853, un biscaïen à l'avant-bras droit ; la section du membre est complète, le poignet ne tient plus que par quelques lambeaux de chair meurtrie. L'amputation ne peut être mise un seul instant en doute, et cependant, en prenant son tour au milieu d'un grand nombre de blessés, cet officier ne put être amputé que le *surlendemain*, à cause de l'insuffisance du personnel médical. » (P. 703.) — « Pellé (Alphonse), de Selles-sur-Cher, soldat au 95° de ligne, reçoit, le 16 août 1855, au pont de Tracktir, un coup de feu qui lui brise la jambe gauche. Apporté à l'ambulance, il ne peut être opéré que le *troisième jour*, à cause du grand nombre de blessés à opérer. » (P. 706.)

M. Chenu n'hésite pas, et il nous semble avoir parfaitement raison quand il dit (p. 704) : « Le personnel de nos ambulances pourrait être doublé, triplé même, au grand avantage de l'armée, surtout depuis l'emploi d'armes plus précises et de projectiles plus puissants. » Et (p. 685) quand il s'élève contre « l'inexplicable tendance qui, pendant la paix, fait *négliger les moyens de secours aux blessés, pour diriger surtout le progrès vers la perfection des moyens de destruction*. » Et lorsqu'il cite (p. 691) le docteur Basting, chirurgien-major à l'armée hollandaise, qui dit : « Quant on voit se multiplier, comme c'est le cas de notre époque, les moyens de tuer les hommes, il faut bien que l'on s'occupe aussi de perfectionner les moyens de leur conserver la vie. »

Tout cela est fort bien dit ; mais l'expérience des désastres de la guerre de Crimée portera-t-elle ses fruits ? Je l'espère plus que je ne le crois. Ne pourrait-on cependant, éclairé par ce passé douloureux, agir, dès à présent, en prévision de l'avenir ? Pourquoi le service médical de nos armées, dès qu'une campagne se préparerait, ne serait-il pas mis immédiatement sur un pied qui permettrait de faire face aux éventualités les plus excessives ? Est-ce une question d'argent ? Elle est minime et disparaîtrait à l'instant devant l'intérêt de nos soldats. A l'homme qui va se faire tuer pour le pays, le pays doit tout, même des secours opportuns quand il est malade ou blessé.

La perfection toute moderne, la précision des armes, la puissance nouvelle des projectiles a été encore une cause de mortalité. Dans cette voie de recherches l'homme ne paraît pas près de s'arrêter. Théophile Gautier a eu raison d'écrire : « On dirait que les hommes ont peur de ne pas mourir, à voir tout ce qu'ils inventent pour se tuer. » La portée du fusil de guerre était autrefois de 150 à 200 mètres ; aujourd'hui le but en blanc offert au tir des armes rayées, chargées de balles cylindroconiques, est placé à 1,000 ou 1,200 mètres. On peut se rendre compte facilement de la différence des ravages exercés par les armes usitées jadis et par celles qu'on emploie aujourd'hui, en remarquant que l'armée du duc de Wellington, si rudement éprouvée pendant les journées des 16, 17 et 18 juin 1815, n'a eu que 8,000 blessés, tandis qu'à Solferino, pour un seul jour de combat, l'armée franco-sarde a accusé 16,000 blessés et l'armée autrichienne 21,000. Et cependant le calcul approximatif dit qu'il faut 1,000 projectiles (balles, obus, mitraille, etc.) pour tuer un homme. Pendant la campagne de Crimée les armées en présence ont consommé 89,595,363 projectiles et ont compté 175,057 hommes tués ou blessés.

Mais on ne s'arrêtera pas en si beau chemin, et les inventeurs de ces odieuses machines ne sont point à bout d'imagination. Le 15 juin 1865, à la séance du Corps législatif, on a parlé d'une expérience redoutable qu'on venait de faire à Toulon. Grâce à un nouvel engin électrique, on peut maintenant, à distance et fort commodément, anéantir une flotte, pulvériser un fort, et, dit-on même, détruire une armée. C'est au mieux, et le député concluait en disant : « En présence d'éventualités aussi menaçantes, aussi destructives de la pauvre humanité, le bien naîtra de l'excès du mal, et au lieu de s'entretuer et se pulvériser, les peuples, ramenés forcément à des idées de bien-être, réaliseront peut-être le rêve du vertueux abbé de Saint-Pierre, celui de la paix universelle [1] ? » Ainsi soit-il ! mais je n'y crois guère. L'homme, qui est un animal domestique mais féroce, n'a pas encore inventé à son usage de plaisir plus vif que la guerre, sorte de chasse

____

1. *Moniteur universel*, 16 juin 1865, p. 825.

émouvante où l'on est à la fois chasseur et gibier. La paix, la paix universelle descendra-t-elle jamais sur la terre? Je le voudrais, mais l'avénement me paraît encore lointain, et je dirais volontiers avec Chateaubriand : « Viendra peut-être un temps, quand une société nouvelle aura pris la place de l'ordre social actuel, que la guerre paraîtra une monstrueuse absurdité, et que le principe même n'en sera plus compris; mais nous n'en sommes pas là ! »

XV

GŒTHE [1]

Rien n'est plus curieux que de pénétrer dans la vie
intime d'un grand homme. Bien souvent, il est vrai,
celui qu'on s'était figuré d'après ses œuvres ne ressemble guère au portrait qu'on s'en était tracé ; mais,
quelque dure que soit la déconvenue, on n'en a pas
moins fait une expérience instructive en surprenant,
dans les détails les plus précis, l'existence familière de
celui qu'on admirait. Ce travail de reconstitution et
d'investigation, M. Alfred Hédouin vient de le faire
pour Gœthe d'une façon très-remarquable. Aidé de
lettres, de mémoires, de documents inédits, éclairé par
une recherche habile et patiente, il est arrivé à mettre

1. Alfred Hédouin, *Gœthe, sa vie et ses œuvres, son époque et ses
contemporains.*

en lumière, non pas le Gœthe légendaire de Faust, de Werther et de Mignon, mais le Gœthe réel, en chair et en os, avec son vrai cœur, son véritable esprit, et il nous le montre tel qu'il a vécu dans sa patrie, dans ses voyages, dans sa maison, dans son intimité la plus secrète. Je ne sais rien de plus attachant que la lecture de ce volume substantiel, sérieux, indulgent sans faiblesse, écrit avec une pureté rare, vibrant sous le souffle d'un cœur généreux, profondément honnête et singulièrement dévoué à tous les principes qui font la grandeur de l'âme humaine. Le livre de M. Alfred Hédouin a sa place marquée dans chaque bibliothèque, à côté des œuvres mêmes de Gœthe, qu'il éclaire, commente et complète d'une façon curieuse et inopinée.

M. Alfred Hédouin ne cache pas son admiration pour son héros; il l'a assez étudié pour le comprendre, et il l'a assez bien compris pour le beaucoup aimer. L'épigraphe de son volume semble dire ce qu'il contient et dans quel esprit il a été conçu; elle est empruntée à une notice de Jung Stilling, et dit: « Le cœur de Gœthe, que peu d'hommes ont connu, était aussi grand que son intelligence était admirée de tous! » J'admets volontiers que chez le grand Allemand l'égoïsme n'était que de surface, que c'était une sorte d'armure extérieure dont il se revêtait pour ne point laisser pénétrer les mystères de sa trop vive sensibilité. Cela, du reste, me semble peu important. Il y a des hommes qui ne sont que des cerveaux et qui subissent tyranniquement la fatalité de leur propre génie. Ceux-là sont la proie du dieu. Il ne faut leur demander ni vertus tranquilles, ni banalité dans les sentiments, ni rien de ce qui entraînerait pour eux l'oubli de leur mission. Ils sont, ils doivent être tout à leur œuvre, et ils ont rempli leur devoir, si rien ne les en a détournés. Bernardin de Saint-Pierre était un fort mauvais mari et battait sa femme; cela fut désagréable pour elle, j'en conviens, mais cela est absolument insignifiant à la postérité qui lit et relira sans cesse *Paul et Virginie* et *la Chaumière indienne.* Le chef-d'œuvre est la vraie vertu des artistes et des écrivains; il vaut mieux qu'ils soient des modèles de probité, d'honneur et de délicatesse, cela est incontestable, mais la critique doit seulement leur demander compte des dons naturels qu'ils ont reçus en naissant, qu'ils ont développés par l'étude, et dont le résultat est justiciable de tous. A ce point de vue, Gœthe est un des hommes les meilleurs que la nature ait produits.

Qu'importe qu'il ait un peu trop vécu dans le *cabotinage,* si c'est à cela que nous devons la première partie de *Wilhelm Meister?* Qu'importe qu'il ait fait souffrir des femmes, si leurs souffrances lui ont inspiré quelques-uns de ses drames? Qu'importe enfin qu'il ait été malheureux en amour, si de sa douleur est née l'histoire de Werther? Le vrai poëte sait, dans ses impressions particulières, distinguer ce qu'elles ont de général, et il les raconte alors au public qui croit reconnaître ce qu'il a ressenti lui-même. Les indiscrets soulèvent le voile ; sous la fiction, ils veulent découvrir la vérité ; ils font de grands efforts pour deviner, et ne parviennent à rien. Tous les personnages, toutes les situations, l'exposition, le dénoûment sont de pure invention ; mais ce qu'il y a de vrai c'est l'analyse des sentiments, et cela seul est intéressant ! Il n'est point utile de savoir pour quel désespoir spécial Alfred de Musset a écrit *les Nuits* et la *Lettre à Lamartine*, mais il était nécessaire qu'il fût désespéré, afin de produire un chef-d'œuvre qui rendra son nom impérissable. Il est probable qu'il en fut ainsi de Gœthe ; lui aussi, sans doute, il obéit à cet invincible besoin qui tourmente les véritables écrivains, et qui les pousse à se débarrasser de leurs souffrances en les livrant à la curiosité de la foule. M. Alfred Hédouin a le plus souvent respecté le mystère, et n'a pas voulu le fouiller trop profondément. Il s'est contenté de nous raconter la vie de Gœthe, ses rapports avec ses contemporains, ses amours avoués, ses voyages en Italie, ses impressions journalières ; enfin, avec un grand talent et une vive sagacité, il a essayé de dégager l'x de ce magnifique problème, et il a réussi.

I

Ce qui semble avoir dominé Gœthe pendant toute sa vie, c'est l'amour de la beauté et un besoin extraordinaire de régularité extérieure. A l'âge de trois ans, il poussait des cris lorsqu'il voyait un enfant laid ; dans sa vieillesse, nulle conversation, si attrayante qu'elle fût, ne pouvait l'empêcher de se lever et d'aller rétablir un pli de rideau dérangé. Dans ses œuvres, ce double caractère de son esprit se retrouve sans cesse. Il vise toujours à un idéal très-élevé, et de plus il pondère sa composition avec un soin mathématique. Avec lui nulle surprise ; la déduction des idées, la conséquence des faits sont tellement logiques, que l'art même semble absent et paraît avoir fait place à la nature elle-même. *Les Affinités électives* sont curieuses à étudier sous ce rapport.

Il était né violent, emporté, et beaucoup moins disposé aux larmes qu'à la colère. Avec l'âge, la colère se calma, mais les larmes ne vinrent pas, et son esprit resta dominateur. « Fier et fantasque » dans sa jeunesse, il passa alternativement de la simplicité à la morgue, de l'élégance au dépenaillement, sans motifs apparents, par pure fantaisie, ne sachant trop où chercher sa voie, changeant volontiers d'amourette et ne se souciant guère des femmes que son abandon désolait. Dans l'amour, ce qu'il semblait chercher c'était plutôt la lutte que le bonheur ; il l'a dit lui-même, et c'est un aveu qu'il est bon de recueillir : « L'homme aime à vaincre, et non à vivre dans la sécurité. » Avec ce principe-là on va loin ; on ne s'attache guère et l'on fait souffrir, mais on garde une imperturbable tranquillité. « Tout ce que je puis vous dire de moi, écrivait-il en janvier 1770 (il avait vingt et un ans), c'est que je vis paisiblement, vigoureusement, en bonne santé et activement, car je n'ai pas de femme dans la tête. »

M. Alfred Hédouin raconte avec détails les différentes liaisons de Gœthe. Elles ne sont point à son éloge ; presque toujours il se fait aimer et se sauve. On dirait qu'il devine les grandes choses qui lui restent à faire, et qu'il a peur, en s'engageant dans des liens indissolubles, d'être diminué, arrêté dans sa route et stérilisé. Les hommes de la trempe de Gœthe savent que, pour combattre le grand combat de la vie et courir les glorieuses aventures, il faut être seul, comme Daniel dans la fosse aux lions ; mais que si l'on s'oublie, comme Samson, on est bien souvent livré aux Philistins. Après s'être trop lestement conduit avec une charmante jeune fille de Strasbourg, Gœthe rencontra à Wetzlar Charlotte, qu'il devait immortaliser. Son amour pour *Lotte*, et le suicide d'un de ses amis qui portait le nom baroque de Jérusalem, lui fournirent tous les matériaux de son histoire de *Werther*. Il paraît avoir sérieusement aimé Charlotte, et lorsqu'il la quitta pour se rendre à Francfort, il lui écrivit: « Je suis seul maintenant et je puis pleurer. Je vous quitte heureuse et je resterai dans votre cœur. Et je vous reverrai; mais pas demain, n'est-ce pas jamais! » Aussi, quand il publia *Werther*, il mit dans ce livre un accent de vérité et une âpreté étranges. Son succès fut immense et ne ressembla à rien de ce que nous avons vu de nos jours; le nom de Gœthe devint tout à coup illustre; il avait vingt-trois ans alors, il y avait de quoi perdre la tête; mais la sienne était solide et n'en fut même pas ébranlée.

Charlotte et Kestner, son mari, furent très-blessés de ce roman qui dévoilait une partie de leur histoire. Ce sentiment ne leur fait point honneur et prouve une vanité passablement sotte. Qui donc la savait, cette histoire? Gœthe, Kestner et Charlotte. Ces deux derniers s'imaginèrent que le monde avait les yeux fixés sur eux et qu'on allait les reconnaître; nul n'y songea. Gœthe avait mêlé la fiction et la vérité dans des proportions telles, que toute curiosité indiscrète devait être déroutée. Les faits réels n'étaient connus que d'eux trois; mais ce qu'il exprimait en toute sincérité, en vertu de son droit absolu, c'étaient les émotions qu'il avait éprouvées. En lui reprochant avec amertune « cet acte inqualifiable, » ses anciens amis obéissaient à une impulsion médiocre; ils le reconnurent bientôt, et se réconcilièrent avec lui.

On pense bien que le succès de *Werther* ne nuisit pas aux amours de Gœthe; on pourra voir dans le volume de M. Alfred Hédouin ses luttes, ses infidélités, ses défaites et ses victoires. Il était à Francfort, en 1775, lorsque le prince Charles-Auguste y passa, s'engoua de lui et l'invita d'une façon sérieuse à venir le voir à Weimar. Gœthe promit et tint parole. De ce jour-là date pour lui une existence toute nouvelle. La cour de Weimar était, à cette époque, une sorte de Décaméron où la littérature et les arts tenaient tous les esprits en alerte; Gœthe y fut reçu comme il méritait de l'être. Sa célébrité l'avait devancé ; il était fort jeune et remarquablement beau, ce qui ne nuit jamais. Dès son arrivée dans ce petit monde intelligent, il le révolutionna ; personne, pas même Wieland, ne tint contre son charme et son impétuosité ; tout le monde, le duc lui-même, prit le costume à la Werther, et chacun se mit « à porter l'habit bleu à boutons dorés, les bottes à retroussis, la culotte de peau, la poudre et la queue. » Les mœurs étaient faciles, très-faciles dans cette aimable cour ; les femmes y vivaient fort à la diable. « Il n'y en a pas une, écrivait Gœthe à Kœrner, qui n'ait une liaison. Toutes sont coquettes. Rien de plus aisé que d'entamer une affaire de cœur ; mais, à coup sûr, elle ne durera pas longtemps. »

Gœthe s'amusait fort et mettait au service de ses multiples plaisirs une santé inaltérable. Il ne quittait plus le duc, qui l'avait pris en fervente amitié ; ils se tutoyaient, faisaient mille sottises, buvaient dans des crânes, s'empruntaient leurs habits, couraient la prétentaine à qui mieux mieux et n'édifiaient personne par leur conduite. On n'était pas au bout des scandales, car le duc, non content d'avoir admis Gœthe au conseil privé, le nomma conseiller intime de légation (juin 1776) au traitement de 1,200 thalers. Il fallut entendre les cris ! Jamais souverain n'avait poussé si loin l'oubli de ses devoirs. Appeler à une telle charge un petit bourgeois de Francfort dont l'unique mérite était de rimer quelques vers ou d'écrire des romans, c'était plonger dans la stupeur et l'indignation toute la noblesse de Weimar. On protesta, et le duc répondit : « Le génie et le talent de Gœthe sont connus. Charger un tel homme d'autres fonctions que celles qui lui permettent d'utiliser ses facultés extraordinaires serait en mésuser. » Puis, en termes polis mais très-fermes, Charles-Auguste « envoya promener » les mécontents. La sottise et la vanité humaines ont vraiment des ressorts bien étranges. La noble race des conseillers se trouva humiliée de siéger avec Gœthe; c'était faire affront à des fonctionnaires que de leur accoler un homme de génie. Il en est ainsi un peu partout, du reste, et c'es', paraît-il, pour un souverain faire acte de mauvaise politique que d'appeler dans ses conseils un homme qui a donné des preuves d'intelligence supérieure. Être médiocre, c'est avoir le droit de parvenir à tout ; être le premier écrivain de son temps, c'est ne pas même mériter une place de mille écus. Un littérateur d'une valeur bien mince, quoiqu'il ait été ministre, a dit : « La littérature mène à tout, à la condition qu'on en sorte. » Cela est tristement vrai ; mais ceux pour qui elle est un moyen et non pas un but ne sont point des écrivains; ce ne sont que des ambitieux vulgaires. Or Gœthe n'avait rien de vulgaire en lui, et s'il accepta sans hésitation son poste de conseiller intime , c'est qu'il lui apportait le pain quotidien, parait aux nécessités de la vie et lui permettait de se livrer sans soucis à ses travaux de prédilection.

Ce n'était pas seulement la faveur dont il jouissait près du duc Charles-Auguste qui lui valait des inimitiés : sa vie dissipée et ses plaisirs violents lui méritaient les reproches de ses amis. Klopstock lui écrivait de belles lettres pleines de remontrances et d'excellents conseils, où l'hygiène trouvait sa place à côté de la morale. La mercuriale ne fut point du goût de Gœthe : « A l'avenir, répondit-il, épargnez-vous de pareilles lettres. Vous devez sentir vous-même que je n'ai nulle réponse à vous faire. » Klopstock fut exaspéré : *genus irritabile vatum.* « Je vous déclare, écrivit-il à Gœthe, indigne du témoignage d'attachement que je vous ai donné. » Gœthe me paraît s'être médiocrement troublé de cette colère et de cette rupture. Il avait, du reste, bien d'autres soucis en tête, car à ce moment il était lié avec la baronne de Stein, qui était une des femmes les plus charmantes de la cour de Weimar; puis il jouait la comédie, et ce nouveau plaisir semblait l'avoir saisi tout entier. « Je n'oublierai jamais, écrit le docteur Hofeland, l'impression produite dans *Oreste* par Gœthe en costume grec; on l'eût pris pour Apollon. Une pareille alliance de la beauté physique et intellectuelle ne s'est encore vue chez aucun homme. » Cependant le succès de *Werther* ne se ralentissait pas, et au mois de janvier 1778 une demoiselle de Lassberg se jeta à la rivière, par suite d'un désespoir d'amour, « avec un exemplaire de *Werther* dans sa poche. » Ce fait affligea et révolta Gœthe, qui, afin de réagir contre le sentimentalisme qu'il avait si bien mis à la mode, fit *le Triomphe de la sensiblerie*, pour en montrer tout le ridicule.

Il n'avait point désarmé l'animosité, et, quoiqu'il fût l'âme de la cour de Weimar, on ne lui pardonnait pas son élévation ; aussi, lorsque le 24 août 1779, jour anniversaire de la naissance de Gœthe, qui venait d'avoir trente ans, le duc Charles-Auguste le nomma conseiller intime, la rage ne connut plus de limites : « La haine des gens d'ici, disait Wieland, contre notre Gœthe qui n'a jamais fait de mal à personne, est arrivée, depuis qu'il a été nommé conseiller intime, au point de toucher à la fureur. » Il faisait de son mieux, cependant, ce pauvre grand homme, si bien déchiré par la sottise et par l'envie. Il avait même des idées pratiques fort bonnes, qui auraient dû lui mériter quelque reconnaissance, car il organisa le premier corps de pompiers qui fonctionna à Weimar.

A sa turbulence passée avait succédé une gravité sérieuse qui ne le quitta plus. Il était entré en pleine possession de lui-même et commençait l'étude des sciences qui devait faire le charme et le soutien de la seconde partie sa vie. Sa *Théorie vertébrale du crâne* suffit pour lui donner une place importante parmi les savants naturalistes. Son cœur semble s'élargir au contact de ces belles études; il devient charitable, et sa bonté se double de son intelligence : « Le monde est étroit, écrit-il, et chaque pouce de terrain ne porte pas son arbre; l'humanité souffre, et l'on est honteux de se trouver privilégié entre tant de milliers d'hommes. » Cependant le Nord l'étouffait. Comme tous les grands esprits, il se sentait invinciblement attiré par le soleil et par la lumière; le Midi le conviait, et en 1786 il partit pour l'Italie, où il resta deux ans.

Ce fut à son retour en Allemagne qu'il fit la connaissance de Schiller; leurs premières relations ne firent point soupçonner l'amitié qui devait les unir plus tard. Schiller est âpre et amer quand il en parle, et il n'est pas difficile de deviner que l'envie l'a mordu au cœur. « Une fois pour toutes, écrit-il à Kœrner, cet homme, ce Gœthe se trouve sur mon chemin et me rappelle trop souvent combien la destinée m'a été dure. Avec quelle légèreté la fortune supporte son génie, tandis qu'il me faut encore lutter en ce moment. » Ce sentiment n'est pas louable et prouve que les plus grands esprits peuvent avoir le cœur assez pauvrement inspiré lorsque leur intérêt personnel est en jeu. Heureusement ces mauvaises impressions étaient destinées à disparaître et devaient faire place à une amitié que rien n'ébranla.

Sa liaison avec madame de Stein s'était brisée ou plutôt s'était déchirée avec d'insupportables tiraille-

ments; son ancienne maîtresse, vieillie, beaucoup plus
âgée que lui, redoublait d'exigences qui finirent par
exaspérer Gœthe et le poussèrent à une rupture qu'on
ne lui pardonna guère, car il s'éprit immédiatement de
Christiana Vulpius, dont plus tard il devait faire sa
femme. Ce fut là le revers de la médaille, l'horrible
côté de cette vie si complète, si bien remplie, si floris-
sante. Passons vite, car il est lamentable de voir les
grands hommes en proie à de telles misères, et con-
tentons-nous de dire que Christiana lui volait son argent pour aller boire et s'enivrer au cabaret. Madame
de Stein fut indignée de ce qu'elle appela la trahison de
Gœthe, et cependant c'était pour fuir ses violences qu'il
s'était réfugiée vers une autre. « Hélas! dit M. Alfred
Hédouin, les reproches de Gœthe, disons mieux, ses
plaintes, étaient fondées. Madame de Stein avait tué
elle-même son amour pour elle. Il lui offrit son amitié
en réclamant la sienne. Elle refusa. Le souvenir de son
long attachement, l'affection qu'il portait à son fils, ne
purent guérir la blessure faite à son orgueil. Gœthe
n'avait plus d'amour pour elle, c'en fut assez pour effa-
cer à ses yeux tout le passé, pour qu'elle ne lui pardon-
nât jamais. » Madame de Stein était femme et obéissait
aux fatalités qui pèsent sur son sexe.

II

La Révolution française éclatait et ne troublait pas la sérénité de Gœthe, qui se contentait de dire : « Une révolution vient toujours de la faute du gouvernement, jamais de celle des peuples. » Il avait accompagné en France le duc Charles-Auguste, qui commandait un régiment prussien. Malgré son indifférence apparente il comprit immédiatement la portée des événements dont il était le témoin, et le soir de la bataille de Valmy il dit : « En ce lieu et en ce jour a commencé une nouvelle ère de l'histoire du monde, et vous pourrez tous dire que vous avez assisté à sa naissance. » Il ne se trompait guère ; mais il est probable qu'en entendant cette prophétie, ses interlocuteurs ont dû sourire et lever les épaules. Il battit en retraite avec les Prussiens, ne tarda pas à rentrer à Weimar, dans l'existence calme et laborieuse qu'il aimait, et se livra avec ardeur à ses études d'histoire naturelle.

Son commerce d'amitié avec Schiller était devenu intime, et ces deux hommes, si différents par leurs qualités morales et par leurs qualités physiques, furent attirés l'un vers l'autre par leurs contraires plutôt que par leurs affinités. Il fallait à Schiller, pour qu'il pût produire, l'excitation du café, du vin de Champagne, et, chose étrange, l'odeur nauséabonde des pommes pourries; il en avait toujours plein un tiroir dans sa table même de travail. Gœthe, au contraire, impassible et beau comme un dieu de l'Olympe, écrivait sans stimulant, sans effort et comme obéissant à une fonction normale de sa nature. Ils s'aimèrent tous deux beaucoup, et il n'est point douteux que Gœthe n'ait eu une influence excellente sur le talent parfois un peu indécis de Schiller. Lorsque ce dernier mourut, le 8 mai 1804, Gœthe éprouva une douleur sans pareille : « Nul ne se sentit le courage de lui porter le funeste message, dit M. Alfred Hédouin; ses commensaux cherchaient à éviter ses regards. — Je le vois, dit-il; Schiller doit être bien malade. » Pendant la nuit on l'entendit sangloter. Le lendemain matin il dit à Christiana : « N'est-ce pas, Schiller était bien malade hier? » Elle fondit en larmes. « Il est mort! s'écria Gœthe. — Vous l'avez dit, répondit Christiana. — Il est mort, » répéta Gœthe, et il se couvrit la face de ses mains. « La moitié de mon existence est partie, » écrivit-il à Zelter. Il essaya vainement de travailler et d'achever le *Démétrius* de Schiller. « Mon journal, dit-il, est blanc à cette époque. Les pages blanches accusent un vide dans ma vie. Dans ces jours-là je ne prenais intérêt à rien. »

De cet instant il abandonne la direction active du théâtre de Weimar, à laquelle il donnait tant de soins lorsque Schiller vivait encore. Il ne menait pas sa troupe avec douceur, il faut le reconnaître, et les spectateurs n'étaient guère ménagés par lui. C'était simplement le despotisme le plus violent appliqué aux représentations scéniques. Quand les étudiants d'Iéna, venus au théâtre, essayaient quelque protestation, Gœthe n'y allait pas par quatre chemins, et les menaçait simplement de les faire jeter à la porte par les hussards de service. Quant à la critique, il l'avait supprimée. Cela prouve que les grands génies sont souvent de fort petits esprits; d'autres que Gœthe l'ont suffisamment démontré.

Cependant l'Empire était venu. Le 14 octobre 1806, le jour même de la bataille d'Iéna, la ville de Weimar fut envahie par la cavalerie française. Un jeune officier, fils d'une femme que Gœthe avait aimée jadis, vint lui dire qu'il n'avait rien à craindre, et que le maréchal Augereau avait choisi sa maison pour y établir son quartier général. La ville fut pillée et le palais mis à sac, doux usages de la guerre entre gens civilisés; mais la maison de Gœthe fut à peu près protégée par la présence d'Augereau. Ce fut alors qu'en face de la ruine de sa patrie il crut nécessaire de régulariser sa situation vis-à-vis de Christiana et de ses enfants; il l'épousa cinq jours après la bataille qui anéantissait la monarchie prussienne; ce mariage ne l'empêcha pas de se lier bientôt après avec Bettina d'Arnim, dont chacun connaît l'histoire.

En 1808, à Erfurth, lors de la célèbre entrevue, Gœthe fut présenté à Napoléon. Ce que fut cette entrevue, nul ne l'ignore. Au milieu de tant de souverains on ne se retrouvait guère : « Un jour, dit M. Alfred Hédouin, la sentinelle, trompée par l'apparence de la voiture du roi de Wurtemberg, ordonna le triple salut; mais l'officier de garde se mit à crier d'un ton furieux : « Taisez-vous donc! ce n'est qu'un roi! » M. Hédouin raconte en détail la conversation de Gœthe et de Napoléon; elle est curieuse, presque exclusivement littéraire, et l'écrivain put être flatté en apprenant de la bouche même de l'empereur que pendant la campagne d'Égypte il avait lu *Werther* sept fois de suite. Napoléon blâme toutes les pièces basées sur la fatalité, et en arrive à laisser comprendre qu'il ne croit guère à l'existence d'un *fatum* supérieur aux volontés humaines. Ce passage est intéressant à rapprocher des aveux faits à Sainte-Hélène lorsque le grand captif essaye d'expliquer ses défaites; il croit alors à la fatalité, il l'affirme, il la démontre et lui fait jouer le principal rôle dans ses affaires. Il faut croire que Napoléon subit l'ascendant du génie de Gœthe; car en le quittant il dit à Berthier : « Voilà un homme! » Il l'engagea fort à venir se fixer à Paris. Gœthe promit et se hâta d'oublier sa promesse.

En 1812, à Tœplitz, Gœthe rencontra Beethoven. Une anecdote montrera la différence du caractère de ces deux hommes. Il se promenaient tous deux, quand la famille impériale vint à passer : Gœthe, saluant, resta incliné pendant que les voitures défilaient. Beethoven, enfonçant son chapeau sur la tête, « boutonna sa grande redingote et traversa le cortége les bras croisés. » L'attitude de Gœthe avait irrité Beethoven. « Je l'en raillai vivement, écrit-il lui-même, et sans quartier. » On sait le dialogue, et le voici : « Quel plat valet que ce **M.** de Gœthe, dit Beethoven. — Ma foi, répondit Gœthe en souriant, je me suis toujours bien trouvé d'être l'ami des tyrans ! » Il paraît ne s'être que très-faiblement mêlé au mouvement de 1813, qui poussa l'Allemagne contre nous et entraîna la chute du premier Empire. Au fond, il n'appartenait à aucune patrie et n'aimait que l'humanité. Napoléon s'écroula ; l'Allemagne, trompée par ses princes, rentra dans le calme, et Gœthe reprit sa vie paisible. Les fibres de son cœur s'étaient-elles distendues avec l'âge ? On peut le croire ; car, lorsqu'en juin 1828 son ami, son protecteur, le duc Charles-Auguste, mourut à Postdam, et qu'il apprit cette nouvelle, il se contenta de dire à ses commensaux anxieux : « C'est fort triste... changeons de conversation. »

« Lundi 1ᵉʳ août 1830, dit M. Alfred Hédouin, citant le *Supplément aux conversations d'Eckermann*, la nouvelle de la révolution de Juillet est parvenue aujourd'hui à Weimar, et elle a ému tout le monde. Je me rendis chez Gœthe dans l'après-midi. — Eh bien ! s'écria-t-il à mon entrée, que pensez-vous de ce grand événement ? Le volcan a fait éruption enfin ; tout est en flammes. — C'est une terrible aventure, répondis-je ; mais que pouvait-on attendre dans d'aussi déplorables circonstances et avec un tel ministère, si ce n'est que tout cela finirait par l'expulsion de la famille royale ? — Nous ne nous entendons pas, mon bon ami, me dit

Gœthe. Je ne vous parle pas de ces gens-là, mais de tout autre chose. Je vous parle du débat, si important pour la science, de Cuvier et de Geoffroy Saint-Hilaire, qui vient d'amener une scission ouverte dans l'Académie. » Eckermann resta stupéfait, et pourtant Gœthe avait raison : une découverte scientifique aussi féconde que celle de Geoffroy Saint-Hilaire est plus importante à l'humanité que le renversement d'un trône et un changement de dynastie.

Gœthe, du reste, n'avait plus de longs jours à vivre ; arrivé au sommet de la gloire et de sa forte vieillesse, il allait bientôt franchir la barrière qu'on ne repasse jamais. Le 22 mars 1832 il s'éteignit sans convulsion, sans efforts, avec ce calme immuable qui semble avoir présidé à toute sa vie. Les dernières paroles qu'il prononça dans son délire furent encore un enseignement, et devraient servir de mot d'ordre au genre humain : « De la lumière ! de la lumière ! encore plus de lumière ! »

FIN.

TABLE DES MATIÈRES

FIN DE LA TABLE DES MATIÈRES.

9 782019 159610